高校秘书学专业系列教材　总主编◎杨剑宇

U0662858

人际沟通概论

强月霞　唐邈芳　陈伟莲◎编著

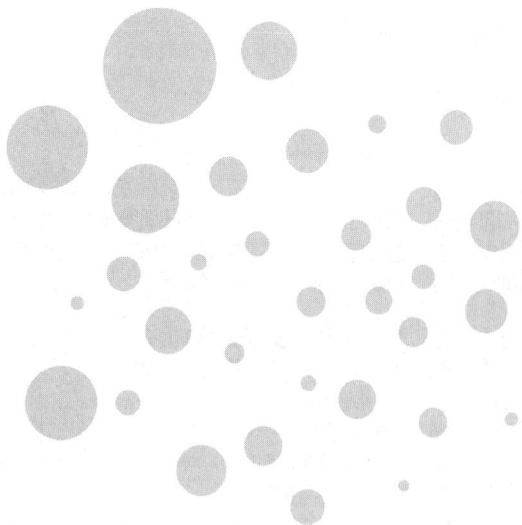

华东师范大学出版社

·上海·

图书在版编目(CIP)数据

人际沟通概论/强月霞,唐邈芳,陈伟莲编著. —上海：
华东师范大学出版社,2014.11
高校秘书学专业系列教材
ISBN 978 - 7 - 5675 - 2805 - 5

Ⅰ.①人… Ⅱ.①强…②唐…③陈… Ⅲ.①人际关
系学—高等学校—教材 Ⅳ.①C912.1

中国版本图书馆 CIP 数据核字(2014)第 277894 号

人际沟通概论

编　　著　强月霞　唐邈芳　陈伟莲
项目编辑　范耀华
审读编辑　许环环
责任校对　王丽平
装帧设计　卢晓红

出版发行　华东师范大学出版社
社　　址　上海市中山北路 3663 号　邮编 200062
网　　址　www.ecnupress.com.cn
电　　话　021 - 60821666　行政传真 021 - 62572105
客服电话　021 - 62865537　门市(邮购) 电话 021 - 62869887
地　　址　上海市中山北路 3663 号华东师范大学校内先锋路口
网　　店　http://hdsdcbs.tmall.com

印 刷 者　浙江临安市曙光印务有限公司
开　　本　787 毫米×1092 毫米　1/16
印　　张　17.75
字　　数　356 千字
版　　次　2015 年 6 月第 1 版
印　　次　2025 年 7 月第 4 次
书　　号　ISBN 978 - 7 - 5675 - 2805 - 5
定　　价　35.00 元

出 版 人　王　焰

高校秘书学专业系列教材
编委会

总主编　杨剑宇

编　委　杨剑宇　钱明霞　杨　戎

　　　　　黄存勋　郝全梅　郑健儿

　　　　　何宝梅　李玉梅　朱欣文

秘书学专业已于 2012 年正式被列入教育部本科专业目录。我们努力了 30 余年,终于使学科正式跻身于高等教育本科专业之林,这是学科发展史上里程碑式的跨越,是学科正规化大发展的起步。秘书学科的春天真正来临了!

教材建设成为专业建设的首要任务之一。近年来,全国多家出版社纷纷组织编写秘书学专业系列教材,呈现出百家争鸣、百花齐放的势头,这是专业兴盛的表现,同时,通过竞争,教材也能越编越好。

回顾 30 余年来,秘书学专业的教材大致经历了两代。

第一代教材产生于 20 世纪 80 年代前期,名称有《秘书学概论》、《秘书工作》、《秘书学和秘书工作》、《秘书学》等等。各书的内容一般分三部分:首先是对秘书工作粗浅简单的经验总结;然后,大部分篇幅是文书工作程序介绍和法定行政公文的介绍及写法;最后,再加些秘书工作、档案工作等法规的附录。对这一代教材,宽容者称之为集专业教材、学术著作、工作手册三位一体的连体。批评者斥其难以用作教材,不成工作手册,更远非学术著作,属生硬拼凑、不伦不类的三不像和大杂烩。客观而论,与文史哲等成熟的学科相比,这一代教材确实粗糙、幼稚,难登大学殿堂。然而,任何学科总是从低级到高级,从幼稚逐步到成熟的,因此,其开拓、铺路之功不可抹杀。

第二代教材产生于 21 世纪初,以全国统编秘书专业自考教材为代表作。其主要标志是将秘书学专业的内容分解为"论"、"史"、"应用"三部分,出现了《秘书学概论》、《中国秘书史》、《秘书实务》、《文书学》、《档案学》、《秘书写作》、《公共关系学》等课程教材。这些课程教材既有相对独立的内容和理论框架,又彼此联系,初步形成了学科体系。但是,这一代教材一定程度上存在着基本概念含混、学科界限不清、研究对象欠明、体系不够完整等不足之处。

近年来组织编写的一系列教材,总结了 30 余年来的经验,是为第三代教材。本系列教材就是试图弥补第二代教材的缺陷,希望成为第三代教材中的集大成者。为此,我们要求各册达到基本概念明确、研究对象明确、课程界限明确、体系基本完整的要求。

本系列教材具有专、全、新的特点:

专——秘书学已成为独立的本科专业,其系列教材应当具有明显的专业性,即:

第一,每册教材都有各自专门的基本概念、研究对象、课程界限、基本体系。而不再是既夹有"史",又有所谓"论",还有文书写作、实务等等于一书的三不像和大杂烩,也不能是相互混淆、重叠的复制品。

第二,本系列教材全部由长期从事该课程教学、研究的具有高级职称的专业教师对口主编,凝聚了他们十多年或者几十年的教学经验和研究成果。例如,我们邀请四川大学知名文书学专家杨戎教授、知名档案学专家黄存勋教授主编《文书处理和档案管理》，邀请山西省写作学会会长、山西大学郝全梅教授主编《秘书应用写作》，邀请从事秘书专业管理学课程教学近二十年的常州工学院人文学院院长钱明霞教授主编《管理学原理》，等等，以此保证本系列教材的专业性和高质量。

全——我们同时着手编撰秘书学专业系列教材和涉外秘书专业系列教材，这两个系列的教材，可相互交叉使用。这是至今最全的秘书学本科专业系列教材。

秘书学专业的主干课程，经学界在哈尔滨、杭州、厦门等召开的几次全国研讨会上反复讨论，认为应以七门课程为核心课程，在此基础上编写教材，即《秘书学导论》、《中国秘书史》、《秘书实务》、《秘书应用写作》、《秘书公关原理与实务》、《文书处理与档案管理》和《管理学原理》。本系列教材除此七册外，还包括了专业主要课程《秘书心理学》、《秘书实训》等。

鉴于涉外秘书专业与秘书学专业有明显区别，我们策划、组织一批长期从事涉外秘书课程教学的专家编写了涉外秘书专业系列教材，共七册，包括《涉外秘书导论》、《涉外秘书实务》、《涉外秘书英语综合》、《涉外秘书英语阅读》、《涉外秘书英语写作》、《涉外秘书英语听说》和《涉外商务单证》。

新——各册尽可能增加新内容、新观点，选用新案例、新数据、新材料。同时，文风和版面适应新时代大学生的需求，力求新鲜活泼，一改秘书专业教材严肃、刻板的面貌。

参与这两套系列教材编写的专业教师，多达几十人，来自各高等院校，北到哈尔滨、南到湛江、东起上海、西到广西，遍布全国，是一次学界的大兵团作战。我们希望将教材编写得尽可能好些，能成为受大家欢迎的教材，我们也为此付出了不少努力。但是，由于秘书学专业尚是发展中的新专业，还在摸索探讨中行进，也由于参编人员能力有限，所以，书中不足之处难免，还望学界同仁批评指正，不吝赐教。

总主编：杨剑宇

2012 年 12 月于上海

目　录

前　言

党的二十大报告指出："培养造就大批德才兼备的高素质人才，是国家和民族长远发展大计。"良好的人际沟通能力是大学生未来在社会上立足并取得成就必备的素质。因此，大学生沟通能力的培养就成了大学的必备课程。美国现代人际关系教育的奠基人戴尔·卡耐基曾经坦言：一个人的成功 15％取决于专业知识，85％则取决于社交能力；掌握了与人交往的技巧，才会拥有一个好人缘，在通往成功的道路上才能左右逢源，如鱼得水。正因为意识到人际沟通的重要性，在这个万事都被量化的"Q 时代"，人们在"IQ(智商)"、"EQ(情商)"之外又提出了融二者于一炉的新概念"ICQ"作为人际沟通指数，因为人际沟通对智商和情商都有要求，这个指数的高低除了直接反映沟通能力的强弱，还能间接反映智力和情绪管理能力的高低。

的确，人人都渴望成功，更渴望被人认可、接纳和喜欢。但很多人发现，要做到在社交、职场关系中如鱼得水，成为受人欢迎的宠儿，并不是一件容易的事。由于应试教育和非面对面沟通的现代通信方式大行其道的影响，当代大学生普遍缺乏良好的沟通及合作能力；而人才招聘信息却显示，沟通能力及合作精神是各大企业录用人才时重点考察的因素。两相矛盾的现实，给人才培养者提出了严峻的课题，培养人才沟通合作能力的任务迫在眉睫。

本书以满足读者人际交往需要，真正提升读者沟通能力为目标，在大量参考国内外有关沟通文献、广泛收集各类沟通案例的基础上，并经过四年"人际沟通"课程的教学实践检验，最终形成现有的内容和结构体系。本书具有以下特点：

一是全面与重点相结合。本书的前两章重在为人际沟通提供基础理论指导：第一章阐述沟通的功能、媒介、类型和过程，影响人际沟通的主要因素以及阻碍人际沟通的常见问题；第二章指出提高沟通能力应具备哪些正确的理念和心态，应养成哪些良好的沟通习惯。第三章到第八章就各单项沟通能力提供系统的方法论指导，以将日常的人际沟通能力培养落到实处：第三章阐述了提高语言表达能力和非语言表达能力的方法和技巧；第四章阐述了倾听与反馈的原则、方法及其具体运用；第五、第六章对赞美、批评、接受批评、致谢、致歉、说服、请求、拒绝等沟通中的难题一一进行破解；第七章专门探讨影响事业成败的职场沟通，重点指出应如何与同事、下属、客户有效沟通；第八章则指出应如何利用各种现代沟通媒介实现更高效的人际沟通。第九章探讨特殊情境下的、难度很大的人际沟通问题，系统阐述人际冲突的原因、过程及作用，以及应如何有效预防和正确处理人际冲突。由此可见,本书既注重知识和技能点的全面性,也注重根据实际沟通需要而突出重点和难点,在兼顾全面和重点的前提下安排整个内容和结构体系。

二是理论性与实践性交融。沟通是一项需随时随地运用的实践能力,而实践能力的提升有了理论的指导才能变成自觉行动。本书除了章节的安排有理论部分、方法部分、理论与方法的结合部分,在具体的阐述中也紧紧抓住人际沟通的实践应用性本质,注重将理论与实践相结合,很多理论阐述都是在大量实践性论据的支撑下完成的。为了巩固和提升实际沟通能力,本书在每章后面也按由浅入深、由易到难的顺序设置了思考和练习题,兼顾对理论和实践能力的考察,其中思考题重理论分析,练习题重实践演练。

三是注重前沿性与创新性。"人际沟通"是一门新兴学科,中外的理论和实践成果都相对较少,体系化的、严谨的专著更是凤毛麟角。"人际沟通"还是一门跨专业的综合性学科,涉及哲学、人类学、社会学、传播学、管理学、语言学等多个领域,研究难度较大,没有现成的模式可循。在这种情况下,我们在广泛吸取相关专业理论和实践成果的基础上,整合与重新定义了一些基本概念,对一些已有的理论进行了修正和补充,提出并实践检验了一些新的沟通方法、策略与技巧,力图将大胆创新与严谨治学相结合,推动"人际沟通"学科走向独立和成熟。同时,本书除了注重人才培养意识的前瞻性、参考资料的前沿性,在内容上也具有前沿性,及时为读者提供了电子信息时代最新的沟通媒介使用礼仪、方法与技巧。

四是具有广泛的适用性。本书内容丰富、体系完整、案例生动有趣、表达深入浅出、语言精确洗练,既适合高等院校作为本科的沟通课程教材,也可作为国家机关、企事业单位的沟通能力培训教材,还可供组织管理人员、营销服务人员及所有希望提升沟通能力的人自学使用。

下面介绍一下本书的学习方法:

一是将反思与借鉴相结合。在人际交往过程中,我们自己亲身经历,也观察到他人经历了众多沟通的成功和失败。学习本书之前,对沟通经验教训的总结是感性的、带有思维定势和成见的;学习本书之后,应结合书中的理论和技能指导,反思自己以前的沟通经历,总结自己沟通的特点和问题,规划今后提升沟通能力的训练方案;同时,注意分析书中案例,观察他人沟通活动的成败得失,总结其经验教训,作为提高自己沟通能力的借鉴。

二是自觉将所学用于指导沟通实践。学习本书的最终目标是提高沟通能力,而不是仅仅知道一大堆知识和技巧。因此,我们应积极地将所学的内容用以指导所有的沟通实践,自觉将其外化为良好的沟通行动。例如,了解了沟通应有的心态后,当和家人、同事发生矛盾时,就要明确意识到不该和对方计较,应该有宽容的心态;当向他人请教问题时,即使自己是"学霸",也要怀着空杯的心态倾听。

三是学习方法要多样化。学习方法的多样化由学习内容的多元化决定:系统提升沟通能力,需要我们充实自己的知识储备,进行良好的沟通思维、心态及语言的训练,还要针对具体的沟通情境,学习如何采取恰当的言行完成沟通任务。建议综合运用下面几种技能训练方法:一是观察揣摩法,观察同学在沟通中的行为表现,揣摩其在沟通中的心理活动,并巧妙地进行确认,以此学会换位思考;二是小组讨论法,对沟通案例或小组成员在沟通实训过程中的心态、行为进行讨论分析,总结成败得失,提出改进措施;三是结对互助法,两人结成一对,进行倾听、反馈,说服、拒绝等沟通技能练习,互相指出语言表达及身体语言运用上的问题,并加以纠正。

本书由三位编著者紧密协作、共同商议确定结构和内容。第一、二、三、四章由唐邈芳执笔,第五、六、八章由陈伟莲执笔,第七、九章由强月霞执笔。强月霞、唐邈芳负责书稿的审核、校对工作。

本书在编著过程中,参考了国内国外、网上网下大量的文献资料,引用了部分科研成果,在此表示诚挚的敬意和感谢;本书的编著工作还有幸得到杨剑宇教授的大力支持和耐心指导,在此表示深深的谢意。

虽然我们付出了努力,但因编写者水平有限,不尽如人意之处在所难免。本书尽量将所参考的资料来源列入注释和参考文献,但也难免疏漏。不足之处,敬请各位方家指正。

强月霞　唐邈芳　陈伟莲

第一章　人际沟通概述

沟通作为信息交流活动,是人类基本的社会化行为。人际关系的建立、情感需要的满足、分工协作的实现、利益分配的协商、矛盾冲突的化解等等,无不依赖于有效沟通。了解沟通的四大功能、两大媒介系统、四种类型划分、完整沟通的五个阶段,理解影响人际沟通的个人因素、人际因素、过程因素、任务因素,反省阻碍人际沟通的沟通理念问题、自我意识问题、主观臆断问题、沟通技能问题以及情绪化问题,是培养正确的沟通理念、心态和习惯的基础和前提。

第一节　沟通的功能、媒介、类型和过程

一、沟通的含义

沟通是指两个或两个以上的人或组织之间借助一定的信息传递途径,达成对某一特定信息的相同理解的过程。

这里的"人或组织"是沟通者,即沟通信息的发出者和接收者。如果沟通是以个人名义进行,就是广义的人际沟通;如果是以组织名义在组织内部或外部进行的沟通,则被称为组织沟通,也称管理沟通。

这里的"信息"一词,包括沟通双方了解和把握的事实、过去和现在的情感历程、对自身和外部世界的认识和观念,以及彼此的需要、要求和欲望等。

"信息传递途径"是指信息得以在沟通者之间进行交流的渠道、媒介,或借助的工具、手段。它既可以是口口相传,也可以是书面往来,还可以是手势暗语;既可以通过正式文件,也可以通过捎话、便条;既可以当面直接交流,也可以借助电话、传真、电子邮件、微信、QQ 即时交流等等。

沟通信息的传递是双向甚至多向的,沟通者们期望自己传递出的信息能被对方正确理解,同时也期望对方传递出的信息被自己准确把握。

可见,沟通就是把沟通者之间信息交流的"管道"打通,让彼此存储的信息"死水"成为可以交流分享的信息"活水",让彼此能对话、能理解、能协作、能共赢。

二、沟通的功能……………………………………………………………………………………

人们在生活和工作中需要建立起一定的人际关系,并在此基础上进行人际交往、分工合作,以满足自身物质和精神上的需要。人际关系的建立和维护,乃至世间绝大部分工作的完成、问题的解决,都依赖于人和人之间的沟通。沟通能力和学习能力、创新能力,被视为决定现代人事业成败的三大能力。不仅是事业,整个人生的成败很大程度上也都取决于是否愿意去沟通,是否能有效地沟通。

沟通的巨大作用,是由沟通的四大功能决定的:

(一) 分享资讯

这里的资讯是指人们亲自看到、听到、经历,或通过各种渠道(他人、报纸杂志、广播电视、电子网络等)了解到的信息,这些信息在传递过程中不带有个人的主观感受和评判。

人们在日常沟通中,常用寒暄、聊天的方式较为自由地分享大家共同感兴趣的资讯,如天气情况、股票行情、社会新闻等。较为熟悉的人之间还会分享彼此最近的身体状况、生活工作经历等。至于同事、同学之间,主要是分享和工作、学习任务有关的各种资讯,包括学习工作的内容、调研报告、决策计划、统计汇报、规章制度、操作方法等。例如:

"我从电视上看到,明天最高气温会达到摄氏40度。"

"她在昨天的晚会上穿着一件宝蓝色的无袖旗袍。"

"小樊,你要查的资料在小李旁边的柜子里,左上边。"

资讯的分享,使人们对外界和他人有更丰富、更客观的了解,并在较短的时间内掌握较多的信息,是自我学习、把握世界的重要手段。

(二) 交换意见

意见也称"看法",是指人们对听到、看到和观察到的事情的总结、推论、评价,是头脑对客观资讯进行进一步加工之后的产物,带有较强的主观色彩。人们通过交换对各种事情的看法,借以帮助双方对所了解到的一切信息进行正确全面的分析,弄清事情的本质,理解事情发生的原因与机制,并预测未来发展的趋势。如果再加入价值评判,还能够进一步判断出好与坏、对与错。

沟通者的意见常以信念(我相信)、观点(我认为、我推测)以及评价判断(我断定)等形式进行表达。例如:

"(我相信)包容对于友谊能否长久是至关重要的。"(信念)

"(我推测)他一定很怕老板,去老板办公室的时候总是显得很紧张。"(观点)

"(我断定)你不分青红皂白就乱发脾气是要不得的。"(评判)

充分交换意见对于做好需要大家合作的事情至关重要。对于任何事情,大家的意见不可能完全一致,需要通过反复细致的沟通,使相关人员理解和认可彼此的观点,才能最终统一思想,顺畅地分工协作以解决问题、完成工作。

(三) 交流感受

感受是指人们在所见、所闻、所思、所遇过程中的情感状态和情绪体验。感受是主观的、具有隐私性的，常与内在需要的满足与否紧密联系。相对来说，情感较为稳定，情绪则起伏波动较大。如：

"她是我最好的朋友，我为她感到自豪！"(情感)

"哈哈哈，我中奖啦，中午咱们庆祝一下！"(情绪)

人们的情绪、情感很多时候需要与人分享，在分享的过程中，人们的正面情绪得以感染他人，负面情绪得以疏导宣泄。通过交流彼此的感受，人们可以得到精神抚慰和支持，从而更好地维持心理平衡、心境安宁。人们彼此分享感受的频率高低，可以显示出彼此间关系的亲密程度。

与人分享感受需要较大的自我坦露，而自我坦露对很多人来说是一件窘迫甚至危险的事，所以，比之于资讯和思想，感受的交流更困难、更难以把握好时机和分寸。

感受的交流比较难，但交流彼此的感受却是拉近人们之间距离的捷径。例如，当你告诉别人什么情况下自己会生气、害怕和高兴的时候，会有两种结果：一是对方对你有了更深的了解，二是对方会自我调整以更加配合你的喜好。所以，感受的沟通对人际关系和彼此合作的作用是微妙而重要的。

(四) 影响行为

不论是与他人分享资讯、交换意见还是交流感受，其都是一个行为过程，有时我们的沟通目的就是这个行为过程本身；而更多情况，我们是希望通过这个行为过程来影响他人的行为：希望对方听取我们的忠告、接受我们的建议、按我们的意愿行事，能与我们和谐相处、默契合作等。

影响他人行为是沟通的主要功能，也是很多沟通活动的根本目的；是否能影响他人的行为，影响的程度如何，是衡量沟通能力强弱的重要标志。

三、沟通的媒介

媒介本意是指事物之间得以建立联系的中介和桥梁。在沟通活动中，人们头脑中的信息要传递给对方并让对方理解，就必须将头脑中的信息编码成双方都能理解的语言(包括口头语言和书面语言)、符号、动作、仪式等。这些语言、符号、动作、仪式是沟通双方最基本的信息链接纽带，如果没有这些沟通媒介，人们彼此之间就无法交流信息。

具体而言，沟通媒介主要包括两大类：

(一) 语言符号系统

语言符号系统，包括一定人群之间约定俗成或人工制定的语言、符号或信号系统。这些信息媒介由群体成员共同使用,是群体之间进行交流的基本工具。由于其具有系统性、复杂性的特点,群体成员都必须通过学习才能掌握,群体成员之外的人要想与这一群体的成员交流,必须请人进行"翻译"。

人类发明的语言符号系统具体又可分成以下几种:

1. 口语和文字

口语和文字共同构成狭义的语言(广义的语言指一切可传递信息的沟通媒介),分别是语言的听觉和视觉形态。正常人大部分的资讯、看法和感受都是借助口语和文字来传达的。

2. 各类符号、标识

传递抽象信息的视觉沟通媒介,除了文字,还有人们进行信息提炼、浓缩后设计出的各种符号、标识,以表明特定的含义。目前,这些符号、标识在各个专业领域广泛使用,如各种数学、物理、化学的符号和公式;商品包装上表明该商品性能、成分、体积等的标识;表明危险、转弯等信息的交通标识等。各种符号或标识尽管抽象,但如果对公众进行广泛宣传与教育,它们会越来越普及,逐渐成为公众共享的沟通媒介。

3. 图形、图表、图片、图像等

这几种都是比较形象化的视觉沟通媒介。其中,图形和图表是将抽象的信息进行视觉形象化,图片和图像是直接传递视觉信息,比图形、图表更形象,接受起来更容易。相比于抽象的文字、符号和标识,人们更乐意接受较为形象化的图形、图表,当然,图片和图像更受欢迎。所以,在语言符号系统的选择上,能使用图片、图像的,不使用图形、图表;能使用图形、图表的,不使用符号、标识;能使用符号、标识的,不使用文字——因为信息传递越形象、直观,信息接收、理解和记忆就越容易。

4. 手语、旗语、信号灯语等

在特殊情况下,口语或文字、符号或标识、图表或图像等无法满足沟通的需要,人们就自觉发明了借助一定动作或工具传递信息的语言体系,如为无法使用口语的聋哑人发明了手语;为在工作中彼此能看见对方,但距离较远无法听到对方说话的人们发明了旗语;为距离更远,使用口语、文字和旗语都不方便的人发明了信号灯语(如交通灯语、航海灯语、航空灯语等)、密码电报等。可以预见,出于更多特殊需要,将来还会有更多借助一定工具来传递复杂信息的新语言系统被发明。

(二)非语言的沟通媒介

非语言的沟通媒介不像体系化的口语和文字那样需要后天专门的学习,多数是人类代代遗传下来的,具有某种程度的"世界通用性"。当然,它也难免受到文化传统和社会习俗的影响,在不同地域或国家呈现出一定的差异,需要在理解和使用时加以注意。

非语言的沟通媒介包括两大类：

1. 副语言

副语言也称辅助语言，指的是与口语信息表达相关的听觉因素，包括音色、音量、音调、语速、重音、节奏和停顿等。

心理学研究成果显示，副语言在沟通中起着十分重要的作用，人们通过副语言无意间就可以流露出真实的情绪和态度，所以副语言也被称为"口语的表情"。语音语调的变化，可以使同样一句话具有完全不同的含义。比如：一句简单的口头语"太好了"，当音调洪亮、语气肯定时，表示由衷的高兴；而当音调高细、尾音上扬时，则变成了嘲讽。

叹息、呻吟、吐一口长气、两句话之间"嗯"、"啊"等声音，尽管并非语言，却能向他人传递担忧、痛苦、放松、在思考、很犹豫等个人身心状态的信息，也属于副语言的范畴。

2. 身体语言

身体语言是指通过目光、表情、身体动作、姿态、空间位置及衣着打扮等"无声"的手段来传递信息的视觉沟通媒介。人的面部表情和目光可以生动地表现恐惧、腼腆、傲慢、愉快、愤怒、攻击等情绪或意图；人的身体姿态和肢体动作可以为口头语言增添色彩和气氛，对话语起加强、重复、替代等作用；人们的衣饰打扮可以严重地影响别人对他的第一印象和整体感觉；人与人之间的身体距离可以反映彼此间的关系亲疏；人与人之间的空间关系也对沟通有着重要的影响，如同样内容的发言，站到讲台上讲话与在台下自由发言，产生的效果可能相差很大。

四、沟通的类型……………………………………………………………………………………

沟通的种类很多，根据不同的划分标准，可将沟通划分为不同的类型。

（一）按沟通渠道划分

这里的沟通渠道是指沟通时使用了何种沟通媒介，采取了何种沟通方式，运用了何种沟通工具。根据沟通渠道的不同，可以划分为以下几种：

1. 当面口头沟通

当面口头沟通指人与人之间能彼此看着对方进行沟通。当面沟通运用的沟通媒介既包括口头语言，也包括语气声调等副语言，还包括目光、表情、身体动作、人际距离等身体语言。根据参与当面沟通的人数不同，可以进一步将当面沟通分为：

（1）单独沟通：指只在两个人之间进行的当面口头沟通。

（2）小群体沟通：包括家庭聚会、团队成员讨论等。

（3）会议沟通：指有较多人数参加的、有明确议题的正式团体沟通。

（4）公众演讲：指一人发表议题明确的讲话，同时有多人倾听的沟通。

当面沟通是所有沟通形式中最直接、最高效的,它的优点是信息传递全面、快速、及时。沟通者可综合运用听觉、视觉、触觉等,使信息在最短时间内被最有效地传递,并在最短时间内得到理解和回应。如果接收者对信息有疑问,可以直接提出,谈话者可以及时加以说明和补充。当面沟通还能拉近双方的心理距离,深入了解彼此的内在需求,增进双方的感情,如《三国演义》中的刘备"三顾茅庐",感动了诸葛亮,诸葛亮才答应出山。

当然,当面沟通也有缺陷:交流的信息转瞬即逝,难以被记录和保存,也就不便事后的核查和记忆;当面沟通的信息还会随着不断转述而逐渐失真,因为传递信息的每个人都习惯根据自己的兴趣增删信息,根据自己的理解诠释信息,使得到达终点时的信息,往往与始发信息之间存在很大误差。

2. 语音沟通

语音沟通指沟通者之间无法见面,只能借助一定的交流工具进行语音通话,口头传递信息。语音沟通的媒介只有口头语言和语气声调等副语言,无法运用身体语言传递信息,所以传递信息的质和量都比不上当面沟通。

根据使用的沟通工具不同,语音沟通又分为:电话沟通、语音网聊、网站的语音会客室交流、语音短信等。

3. 书面沟通

书面沟通是指借助一定工具和物品,让接收者可以用阅读的方式接收信息的沟通方式。书面沟通可以动用文字、符号、标识、图形、图表、图片等多种付诸视觉的信息传递媒介。

就使用的工具和物品而言,书面沟通又分为以下几种:

(1) 手写。它包括便条、书信、备忘录等。较之其他书面沟通形式,手写方式的最大特点是从书写者的笔迹中能阅读出其性格、健康状况以及书写时的情绪状况。

(2) 借助电信系统。它包括借助传真机的传真,借助无线通信的短信和图片收发,借助互联网的电子邮件、QQ等即时交流平台的文字聊天或留言、论坛发帖、博客等。如今借助手机上网已非常便捷,还涌现出了微博、微信等参与人数多、交流效率高的书面沟通形式。

书面沟通具有可以有形展示、长期保存、便于复制、能充当法律依据等优点。同时,较之口头沟通,书面沟通更加周密,且条理清楚、逻辑性强,因为在发布之前,作者可以反复修改,确保信息能被充分、完整地表达出来,减少自身情绪、他人影响的干扰。

但是,书面沟通也有自身的缺陷。相对于口头沟通,书面沟通耗时较多,而信息传递效率较低。同时,书面沟通常常难以得到即时反馈,无法确保所发出的信息能被接收、理解,并达到预期目的。另外,书面沟通方便反复阅读和大量传播,一旦用书面方式来传播负面信息,如网络谣言所带来的网络暴力等,其造成的伤害将是非常持久、巨大的。

4. 视听综合沟通

随着计算机和多媒体技术的广泛应用,越来越多的新型沟通工具被开发出来,谋求以更方便快捷、省时省力的方式,将多种信息传递媒介结合到一起,在同一时间内以更生动的方式呈现更丰富的内容。视听综合沟通主要有两种情况:

(1) 在当面沟通时综合运用各种视听媒介。例如:老师在课堂上给学生讲课,或营销员在给客户演示产品性能时,不仅动用口头语言、语气声调等副语言,还可以结合写字板书写演示、幻灯片展示、用计算机和投影仪进行 PPT 或电子报刊演示等。尤其是借助 PPT 或电子报刊,不仅可以在讲解时展示书面文字、图形图片,还可以配上背景音乐、播放视频文件等,使得整个沟通过程生动活泼,如果运用合理的话,效果比单纯的口头沟通好得多。

(2) 借助互联网进行远距离视听综合沟通。例如:借助多媒体网络,不同地方的人可以进行远程视频会议、远程课堂教学、QQ 视频聊天、网络会客等。这样的远距离视听综合沟通,信息沟通的效果与当面沟通相近,但沟通的时间和经济成本比当面沟通少得多,成为广受欢迎的新型高效沟通方式。

(二) 按沟通目的划分

1. 人际沟通

这里的人际沟通是狭义的,仅指人与人之间为了彼此建立关系、交流感情而进行的沟通,即人们借助它进行人际互动以建立和维护良好的人际关系。(广义的人际沟通是相对于组织沟通而言的,包含了以个人名义进行的所有沟通。本书主要是从广义的角度使用人际沟通这一概念。)

(1) 人际沟通的目的:建立良好关系,为进一步的互助合作奠定基础。

(2) 人际沟通的核心:融洽感情、理解需要。

2. 工作沟通

工作沟通是指为了实现某个目标、完成某项任务的团队成员在分工协作过程中进行的沟通。工作沟通既可以是个人之间的沟通,如下属给上司提工作意见和建议,也可以是组织内各部门之间的沟通,如某企业营销部和市场部就本企业的品牌营销问题进行任务分工。

(1) 工作沟通的目的:完成规定的工作任务,最终实现沟通双方的目标。

(2) 工作沟通的核心:配合协调到位、保证工作准确高效。

3. 商务沟通

商务沟通是指沟通双方为了达成一定协议而就各种利益问题进行的协商、谈判等沟通活动。例如:两个公司为了共同开发一个项目而进行商谈,营销员为了卖出产品而向顾客进行推销等。

(1) 商务沟通的目的:赢得顾客和良好的合作伙伴。

（2）商务沟通的核心：实现合作、完成交易。

表1-1　三种不同目的的沟通活动举例比较

	人际沟通	工作沟通	商务沟通
案例一	刘娟来上海出差，抽空去看望在上海工作的老同学。	张经理发现小刘没能准时完成工作任务，便与小刘就如何合理地安排工作时间进行沟通。	客户在产品使用中出现问题而要求退货，公司派客服部小余与客户协调解决此事。
案例二	小陈在国外留学，春节期间给家乡的亲人一一打电话拜年。	营销部开会，就上一季度的销售情况展开讨论，并分配下一季度的销售任务。	马宏是一家酒店用品专卖店的店员，与客户就一款餐具的价格进行协商。

（三）按沟通方向划分

沟通的方向指沟通过程中主要信息流动的方向。按沟通方向不同，可将沟通划分成以下几种：

1. 下行沟通

下行沟通是指长辈、上级将信息传递给晚辈、下级的沟通活动，信息的流动主要是自上而下的。下行沟通一般采取命令、指示、要求、指导、检查、讲话、文件等方式，既可以是口头的，也可以是书面的。

2. 上行沟通

上行沟通是指晚辈、下级主动将信息向长辈、上级传递的沟通活动，信息的流动主要是自下而上的，如晚辈向长辈问安、请教；下级向上级汇报、请示等。

3. 平行沟通

平行沟通也称横向沟通，是指同级人员或组织内同级部门之间横向的信息传递活动。前者如朋友、同事、同学之间的沟通；后者如某企业后勤部和行政部之间的沟通。

4. 斜向沟通

斜向沟通是指没有直接隶属关系的人员、部门或组织之间的信息沟通。例如：后勤部的王科长与营销部的小王没有直接的隶属关系，他们之间的沟通就是斜向沟通；中国工商银行和中国银行都是商业银行，它们之间的沟通也是斜向沟通；中国银行和中国人民银行的沟通就不是斜向沟通，而是上行沟通，因为中国人民银行是中央银行，中国银行接受其管理。

（四）按信息沟通的正式程度划分

1. 正式沟通

正式沟通是指由沟通双方正式约定按某种方式、渠道、手段、时间、规格进行的沟通。

正式沟通一般有明确的任务，时间地点选择严格，沟通形式一般以文字或者公开的面谈为主，沟通前双方都有较好的准备，沟通时气氛严肃。比如各种形式的会议、正式的宴会、领导和下属之间约见式的谈话等。

2. 非正式沟通

非正式沟通是指正式沟通渠道以外的信息交流,如领导与下属的随意谈话、同事间私下议论、朋友家人之间的聊天等。

非正式沟通一般没有明确的主题,以双方的资讯分享和情感交流为主,时间和地点一般都比较随意,氛围轻松。

解决复杂问题时,常常需要正式和非正式的多种沟通形式相结合。

五、沟通的过程

沟通是一个复杂的互动过程,从不同角度对沟通过程的具体理解和表达有所不同。

从信息传播的角度来看,沟通就是信息发送、接收与反馈的过程。在沟通过程中,信息的发送和接收者不断进行着信息编码和解码,并设法减少信息传递过程中的干扰,以保证信息传递遗漏、失真的可能性降低。信息沟通的过程如下图所示:

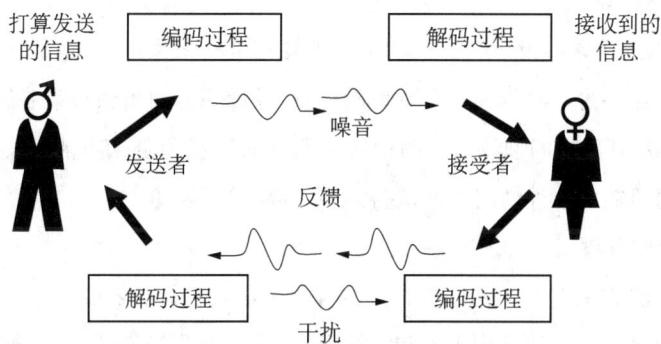

图 1-1　沟通中信息的传递过程图

从人际交往的角度看,其沟通多采取当面口头方式,根据参与沟通人数的不同,可以是双向甚至多向的信息、思想、情感和愿望交流过程,借助说、听、问,讲话者与倾听者的角色不断相互转换,直到最终达成相互理解。

在现实的沟通活动中,大多数的人际沟通较为灵活随意,而各类组织的内、外部沟通则要正式和复杂得多,大多要求事前有严谨的策划,事中、事后有正确的运作。不管是人际沟通还是组织沟通,正式、完整的沟通过程都包括以下几

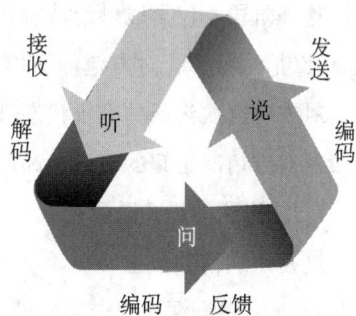

图 1-2　当面口头沟通中的双向互动图

个阶段:

(一) 沟通的准备阶段

事前充分准备,方能有备无患。不经过充分准确就仓促进行的沟通,一般效率不高,常因为没有事前的严密策划而无法顺利实现沟通目标。在准备阶段,沟通双方需要完成以下工作:

1. 明确自己的沟通目标。弄清这次沟通的总目标和各个方面具体的分目标是什么,确定各个目标之间应如何取舍、配合以实现总目标。

2. 调查了解沟通对象。包括:沟通对象的基本情况,他们对这次沟通有哪些目标、期望和需要,为这次沟通可能准备哪些资源,会采取哪些沟通战略和策略,等等。

3. 准备达成目标所需的条件。具体包括:

(1) 沟通者的素质。包括身体条件、心理状态、知识技能储备等。

(2) 沟通所需的资料。明确需要进一步了解和掌握哪些信息,应准备哪些文件和资料,应取得哪些资格,等等。

(3) 沟通的时间、地点安排,环境布置等。

(4) 沟通的费用预算。

4. 沟通步骤、沟通策略的设计与安排。沟通步骤和策略根据沟通目标、沟通对象、沟通内容的不同而有所不同,需要为每次沟通制定具体的计划,设计相应的步骤和策略。

5. 对沟通过程及其后果的预测。预测沟通时遇到的异议和争执可能有哪些,万一碰上该怎么办。通过预测,对可能的意外情况有所准备,以免到时猝不及防。

(二) 沟通的初始阶段

一般而言,沟通双方见面后,不会立刻进入主题,而是先进行必要的情感沟通,这在人际交往中称为"寒暄",即通过表达对彼此的兴趣和关注,调动彼此的积极情绪,敞开彼此的心扉,营造出融洽的沟通气氛,以增加后面正式沟通时相互理解和反馈的效率。

这一阶段不仅可以融洽情感,还可以借此观察和确认对方的一些情况,如对方是什么身体状况、什么情绪状态? 对方流露了哪些兴趣、愿望和需要? 对方希望通过与自己沟通实现哪些需要? 对方对这次沟通的准备状态和期望值如何? 等等。通过观察和试探,可以印证自己在准备阶段对对方情况了解的正确性和严密程度。

(三) 沟通的正式阶段

这是正式沟通最主要也最重要的阶段,由三个过程组成:

1. 双方逐渐深入地交换意见。在这一过程中,双方各自细致地提出自己的看法、对对方的要求、能满足对方哪些需要,双方应如何分工协作、如何平衡彼此的需要和利益等等。这个过程需要逐条反复讨论,费时较长,对彼此的沟通态度、沟通策略要求较高。

2. 针对矛盾,处理异议。在沟通中,双方出现分歧、异议是很常见的,因为各自看问题的视角不同、利益诉求不同、期望值不同,必然导致对同一事情的观点和态度不同。一旦遇到异议,双方要本着互利互惠的原则,建设性地处理矛盾和分歧。否则,很容易因无法达成共识而导致沟通破裂。

3. 达成共识,确定协议。沟通双方通过充分协商,彼此达成共识,就会通过眼神、意会或文件的形式,表达彼此的理解、默契与协议。协议的达成,表示双方沟通取得了成果,为沟通所作的付出得到了回报。

(四) 沟通的结束阶段

沟通达成协议后,双方往往会进行一些仪式,如握手、拥抱、开香槟庆祝,甚至举行酒宴等,以表达对对方的感谢、对协议达成的欣慰之情。

(五) 沟通的善后阶段

双方在进行沟通之后,有必要对本次沟通的经验教训进行总结,为以后类似的沟通活动提供借鉴。

遵守双方的约定,认真实施协议是本次沟通的最终目标,并为以后的进一步合作打下良好基础。在实施协议时应注意做到:严格按协议的约定履行;履行的态度积极、合作;如果发现情况变化,应及时沟通,协商如何进行调整,不可不经对方同意擅自做主。

第二节　影响人际沟通的主要因素

全面深刻地理解究竟是哪些因素影响沟通的质量或效果,才能对这些因素进行必要的调整和控制,以争取实现高效的沟通。影响人际沟通质量和效率的因素可分为四大类:

一、沟通双方的个人性因素

沟通双方的个人性因素是指沟通者自身的因素。在沟通活动中,沟通双方的个人性因素对沟通的质量起着决定作用。

(一) 沟通双方的理解背景

所谓理解背景,就是人们在学习、生活和工作中逐渐形成的知识积累,以及一整套用于观察问题、分析问题、解决问题的信念系统与思维模式。也就是说,我们在思考任何问题、做任何事情时,头脑中并不是一片空白的,以往多年生活经历和所学知识,使人们形成了一系列对人、事、物的认识和评价,以及该怎么对待和处理问题的方式与方法。

在沟通过程中,大脑中的理解背景是我们理解他人信息、考虑如何应对的基础。没有理解背景，我们就不知该如何解码和处理信息；不同的理解背景，对信息的接受、选择和理解不同，也就导致不同的回应方式。

1. 客观因素

尽管理解背景作为人们头脑中的信息"储备"，是纯粹主观的，但在影响理解背景的各种因素中，有很多却是客观的，即这些因素是不以人的意志为转移的，不管你愿不愿意，这些因素一样起作用。

（1）个人的生物学因素

个人的生物学因素即父母所赐的生理性因素，这些因素主要有：

＊性别。很多人对异性感到很迷惑，不知他（她）们在想什么、为什么要那么做，是因为男女之间的思维方式和行为模式有很大不同，如果不重视这些差异，在与异性的交往中会矛盾重重。

＊年龄。年龄不同，对自我、社会、人生的看法和角色意识、责任意识等会有很大不同，这些都会影响到理解背景。

＊性格。性格指的是通俗意义上的脾气、秉性，主要受遗传的神经系统、血液循环系统和内分泌系统的影响，形成了相对稳定的接受信息、处理信息和面对自己、应对外界的思维定势和行为习惯。不同性格的人之间常因思维定势和行为习惯的不同，导致沟通中的误会和不满。

＊外貌。人际交往中，好的外貌更易赢得他人的好感甚至信任，与人沟通也就更容易。更重要的是，外貌会严重影响人们的自我印象和自我评价，而自我印象和自我评价不同，在沟通过程中面对与自身有关的问题时，其态度和行为会有很大差异。

（2）个人经历

个人经历会在每个人心中留下很深的烙印，形成对某些情形的固执看法，指导其对以后发生情况的"预测"。个人经历可能有助于解决与过去同类型的问题，但也常常导致"以老眼光看新事物"，引起思想僵化和偏见。个人经历主要包括：

＊生活经历。包括自己成长的家庭环境、成长过程中的社会环境和朋友圈子以及爱情、婚姻经历等等。这些经历为人们积累了丰富的生活经验和情绪体验，极大地影响着人们的人生观、价值观等信念系统。

＊受教育经历。不仅包括小、中、大学期间的学校脱产教育，还包括自学、工作期间的培训等。受教育的过程是知识积累、技能培养的过程，也是完整世界观形成和发展的过程。受教育经历极大地影响自我认知和评价，以及他人对自己的评价和期待。

＊工作经历。包括在工作中获得哪些经验、技能、资历，结识了哪些同事、顾客和其他与工作有关的人际关系等。一个人的工作经历决定了其个人的专业能力、个人权威、个人信誉等，是自我价值得到体现和被社会认可的最重要途径。

（3）所处社会阶层

根据拥有的政治、经济、人际资源的不同，会形成一定的社会分层，这就是所谓的社会阶层。社会阶层的差异，既体现在衣食住行等日常生活方面，也体现在职业类型、职业地位等方面，还体现在休闲娱乐方式、兴趣爱好的追求方面，在沟通方面也有着各自的价值标准和行为模式。

（4）社会文化背景

人总是在一定社会文化氛围中生存发展的，社会文化背景是人们生活的"大前提"。自己所属民族的历史传统、道德体系、宗教信仰体系、风俗礼仪，自己所在区域的社会制度、法律法规、日常行为规则等，都会潜移默化地影响乃至塑造我们的思维方式、价值标准和行为习惯。

2. 主观因素

（1）自我意识

人们最重要的信念可能是关于自己的体验、看法和评价。自我意识是对自己身心活动的觉察，即自己对自己的认识，具体包括：自己的生理状况，如身高、体重、外貌、体态等；自己的心智特征，如兴趣、能力、性格等；自己与他人的关系，如自己与周围人们相处的关系、自己在集体中的位置与作用等。自我意识主要包括三种心理成分：

＊自我认知。它是"主观自我"对"客观自我"的认识与评价，即认为客观上自己是个什么样的人，有哪些优点和缺点。事实上，人们对自我的认知和对他人的认知都难以做到客观，多半对自己评价过高，对他人评价偏低。当然，也不排除少数人有自卑感，对自己评价较低。

＊自我体验。它是由对自身的认知而引发的内心情感体验，是"主观的我"对"客观的我"所持有的一种态度，如自信、自大、自卑等。人的自我体验会极大地影响人的精神状态和行为方式，具体到沟通过程中，自我体验不同的人会呈现出完全不同的沟通态度和表达以及倾听模式。

＊自我调控。根据自我认知和对外界的认知，对自身的思想、情绪、语言、行为进行调节和控制，以更好地适应外界、完善自我。自我调控是以自我认知和自我体验为基础的，并可根据理性而进行培养训练。

（2）世界观

广义的世界观是人们对自然、人生、社会和精神世界的总的看法，包括自然观、社会观、历史观、人生观和价值观。世界观是人们适应世界、改造世界的认知背景，随着生活、学习、工作经历的不断丰富而变得更系统、更理性。

在世界观体系中，价值观对沟通的影响最大，它是一个人拥有的深刻而强有力的信念或原则，用来判断是与非、好与坏、重要与次要、应当和不应当。许多价值观深深地埋在人们的潜意识中，人们甚至意识不到，因此，洞悉自己在各种情况下的价值观是非常必要的。同时，还应了解和尊重他人在同样情况下的价值观,这可以避免大量的争论,使沟通更和谐顺畅。

（3）政治倾向

人们对当前的政治、经济形势有自己的看法,对不同政治理论有不同的评价,对不同政治势力或派别所提倡的政治纲领、策略等有不同的偏好,这些评价与偏好,将极大地影响个人的政治态度和以后的政治选择。政治倾向相同的人容易沟通,而政治倾向不同的人很容易发生争论甚至相互仇视。

（4）宗教信仰

支配人类思想的两大理论和实践体系,一个是科学技术,一个是宗教信仰。宗教信仰指人们对自己认为神圣的事物和理念的坚定信念和全身心皈依。这种信念和皈依借助特定的仪式和活动来表现,并用以指导和规范自己在世俗社会中的行为。宗教信仰对人的影响是深邃、彻底的,很多人甚至愿意用生命捍卫自己的宗教信仰。

（5）兴趣爱好

兴趣是最好的老师,兴趣是最好的激励。兴趣爱好不仅推动人们积极主动地从事自己爱好的活动,也使具有相同爱好的人们之间交流格外顺畅。要想别人更容易接纳自己,最简单的办法就是表现出对对方兴趣爱好的兴趣,并鼓励对方谈论他们的兴趣。

（6）需要动机

人在生存与发展过程中,需要各种物质与精神的资源来支撑自己,这些资源被我们称之为"利益"。人做任何事情,都是由一定动机推动的,而动机的背后,就是我们对某些利益的需要。这些需要也许是物质的,如钱财、物品;也有可能是精神的,如关注、爱、尊重、成就感等。在与人沟通时,应了解对方的各种需要,以此理解对方的心理,也就能预测对方的行为。

（二）沟通双方的沟通态度

沟通态度是在自我认知、自我体验基础上形成的,为整个沟通的氛围确定了"基调",一直影响甚至决定着沟通的整个过程。在具体沟通情境中,人们的沟通态度也会受到对他人能力的评估、对他人情感接纳程度的影响。例如,一位沟通态度较为强硬的人,在面对一位自己很尊敬的人时,会比较礼貌、克制;在面对一位较为弱势、温和的人时,就会显得更加傲慢。

沟通的态度根据其合作性（愿意接纳他人意见、积极与人配合）和果敢性（坚持自己的意见,并且要求他人接受）的不同,可以分为五种:

1. 强迫的态度

强迫态度是果敢性非常强,却缺乏合作精神的沟通态度。在工作和生活中,这样的情况在父母对孩子、上级对下级、老师对学生时较为常见。在强迫的态度下,很容易造成处于弱势的一方口服心不服,有什么想法或事情也隐瞒着,不愿意与强势的一方沟通。

2．回避的态度

回避的态度指在沟通中既不果断地作决定，也懒于主动去合作，总是回避问题和矛盾，甚至回避想与其沟通的人。这种"鸵鸟政策"会使沟通对象更加恼火，也会使问题越积越多。

3．迁就的态度

迁就的态度指出于沟通对象的强势或出于对对方的感情等原因，不说出自己的看法或需要，而一味迁就对方，对方说什么都会表示同意，对方提出什么要求都答应。事实上，这种对沟通对象看法或行为的"认可"是一种假象，并不是发自内心的，这样的沟通是以信息交流的不对等、不互动为代价的，将来必有后患。

4．折衷的态度

折衷的态度是一种圆滑的沟通态度，即在沟通时先承认对方的正确性，再指出对方存在的不足，接着谈自己的不足，最后提出自己正确的一面。这样，既承认了对方合理的一面，表示了与对方合作的兴趣，也坚持了自己的意见，让人知道自己其实"软中带硬"。这种态度不容易激发矛盾，但这种"玩太极"的表达方式一般效率较低，且久而久之会让人觉得不够实诚。

5．合作的态度

合作的态度指在与人交流时，既要有一定的果敢性，勇于承担责任、作出决定，同时又要有合作性，愿意与对方共同努力解决问题。这样的态度，能帮助双方直奔解决问题这一共同目标，不纠缠于细枝末节的争辩，能较快地、建设性地达成协议。

良好的沟通呼唤合作的沟通态度。只有持合作态度时，沟通双方才能坦诚地阐明各自所担心的问题，积极表示解决问题的意愿，共同研究解决问题的方案；在发生意见分歧时，能做到对事不对人，不揭短、不指责，致力于达成双赢的沟通目标。

(三) 沟通双方的沟通技能

阅历丰富的理解背景、良好的沟通态度只是有效沟通的基础，要想成为沟通高手，还需要系统地学习和掌握沟通技能，才能在任何情况下都有的放矢、从容不迫地进行沟通，在解决问题的同时还能赢得好感和尊敬。沟通技能主要包括：

1．语言理解与表达能力

(1) 语言表达能力。它是一种将自己头脑中的信息组织成让他人能理解的语言的能力。语言表达能力要求我们首先要精通一门乃至几门语言，然后在此基础上训练自己语言的组织、表达能力。

语言表达首先要求准确，准确才会让接收者尽量减少"猜测"和"误解"；其次要求生动，生动才会让接收者兴致盎然，愿意进一步交流下去。

比之于口头表达，书面表达难度更大，经常是胸中有千言万语，付诸笔端却总觉词不达意，需要付出艰苦努力,多加练习揣摩才会逐渐得心应手。

(2) 理解他人,积极反馈的能力。它是一种对他人发送给自己的语言进行"解码",能够理解对方语言传递出的真实信息,而不会产生"误听"、"误读"、"误会"的能力。

2. 非语言理解与表达能力

比之于语言,非语言手段可以传递的信息更丰富、更微妙。所以,应像学习和运用语言一样认真对待各种非语言的沟通媒介。首先,对自己在日常沟通中运用非语言媒介的情况进行自省自查和自我调整,使其能更好地表情达意。同时,应多注意观察他人运用非语言手段的情况,以保证对他人用非语言表达方式所传递信息的正确、全面理解。

3. 沟通策略与技巧

这些策略与技巧包括:熟悉和正确使用各种沟通手段和渠道的能力;把握沟通时机的能力;根据不同对象、不同目标和主题,灵活采取沟通策略的能力等。

4. 专业能力

人们对于自己不熟悉的领域,总是倾向于相信该领域的专业人士。在工作过程中,自己想要与同事、客户就有关问题进行良好沟通,就必须有让对方信任自己的专业能力。

二、沟通双方的人际因素……………………………………………………………………………

这里的人际因素,指的是沟通双方之间彼此影响、彼此作用的因素,是两个人交往互动才会起作用的因素。主要包括以下几个方面:

(一) 沟通双方的社会关系

1. 交情深浅

这里的交情指的是双方交往过程中融洽感情、彼此帮助、实现合作的程度。程度越高,两个人的情感和利益联系越深,在沟通时就越容易达成一致;程度越差,在沟通时戒备心理就越重,达成一致就需要付出更多努力和代价。

2. 地位差别

沟通时,彼此地位的高低对沟通方式和礼仪有很大影响。在实际沟通中常有这样的体验:我们在地位比自己高的人面前往往会惊慌失措、表现失常;在地位比自己低的人面前却可应付自如,乃至有超常发挥。

一个组织中成员的地位差异主要体现为职位的高低差别,这种差别对沟通效果的影响更明显。心理学中把组织成员间因地位不同而造成的心理隔阂称为"位差效应",即由于地位的不同使人形成"上位心理"与"下位心理",具有"上位心理"的人因处在比别人高的层级而有某种优势感,具有"下位心理"的人因处在比别人低的层级而有某种自卑感。有"上位心理"的人的自我感觉能力等于他的实际能力加上"上位助力",而有"下位心理"的人的自我感觉能力等于他的实际能力减去"下位减力"。双方的职位悬殊越大,沟通时信息越趋向于从地位高的流向地位低的。

正因为如此,不同层次、等级的员工之间由于职业地位不同,很容易造成沟通障碍;即便都是属于管理阶层,由于所处地位不同,对同一问题的看法也会有很大不同。以下表为例:

表1-2　公司的中级主管和高级主管的看法比较

中级主管	高级主管
老总总是对我们提出一大堆要求,还经常改变主意,让人摸不着头绪。	我下达的任务,下属执行起来总是一副心不甘情不愿的样子,让人恼火。
我每天得准点打卡,晚上和周末还经常加班,而老总却可以晚来早走。	我在做中层的时候,从来不跟上级谈条件,为了超额完成任务,没日没夜地干活。
老总太高高在上了,从来不正眼瞧我,我累死累活地干,他也从不说句好话。	为了实现公司目标和培养下属,我费尽苦心,他们却体会不到。
外来的和尚好念经,公司不把我们当回事,一有好的职位空缺,先想到的就是外聘。	我们自己花钱培训出来的人,一有本事就辞职另谋高就了。
我到别的公司,可能会干得更加风生水起。	他们现在挣的钱比我那时多多了,还不满足!
要是能坐第一把交椅,就不用整天被呼来唤去了。	下面的人,哪里知道我的压力有多大!

3. 角色分工

长辈和晚辈、上司和下属、父母和子女这些身份的差异,不仅暗示了彼此地位的差异,也直接导致了彼此沟通的角色差异。由于所扮演的角色不同,沟通的过程和结果也不同。例如,一位中年女士在课堂上给一群年轻人讲课时,扮演的角色是"教师",年轻人的角色就是"学生";下课后,一位女孩找到这位女士,说有心事想跟她聊聊,如果聊天时她们是以彼此平等的态度,那彼此扮演的角色是"朋友";如果中年女士更多表现的是呵护、关怀,则彼此就扮演了"姐—妹"甚至"母—女"角色;如果中年女士重在对女孩进行心理方面的咨询和引导,那彼此扮演的角色就是心理"咨询者—被咨询者"。

可见,在沟通时,不同的角色分工会导致不同的角色扮演。角色分工规定了自己承担的责任和沟通模式,也对对方的责任和沟通模式有一定期待。

(二) 沟通双方彼此的相似程度

人们在情感上更容易接纳和喜欢与自己相似的人,因为这是人们自我肯定的一种隐蔽方式。有某种相似的沟通双方不仅容易找到交流的话题,并且相似的理解背景使双方更容易情感相通、意见一致。古代交往讲求"门当户对",除了利益上的考虑,沟通上的顺畅也是重要原因。

一般说来,对沟通影响最大的相似之处包括:相似的生活、学习、工作经历;相似的价值观、宗教信仰;共同的兴趣爱好等等。相似的地方越具体、相似的内容本人越看重,接纳和喜爱的程度越深。相似性越小,就越难以理解对方的所思所想、所作所为,也就越容易导致误会和冲突。当然,有时因为相似性小而互相好奇,会产生互补效应,但要达到彼此的真正理解会需要更多努力。

(三)沟通双方彼此的信任程度

沟通双方彼此之间越是以诚信相待,化解矛盾冲突的能力就越强,达成一致的可能性就越大,效率也就越高。因此,树立诚信意识,获得他人信任,是良好沟通的重要保障。

在诚信问题上要注意克服两个误区:一是为了取得信任而轻率地作出承诺,后来又因为时间、精力或能力所限最终抛弃了这些承诺,这比不作承诺更易失信于人;一是盲目地相信别人,轻信比善意的怀疑更容易产生严重后果。

三、信息传递的过程因素………………………………………………………………………………

(一)沟通漏斗现象

人们在研究信息传播的过程中发现了一个有趣的现象:信息传递过程就是一个不断丢失信息的过程。接收者最终能接收和回应的信息,只占发送者想要传递信息的 20% 左右,也就是说,信息的流失量可高达 80%。这种流失状况,好像大量信息经过一个漏斗被漏掉了一样,故称为"沟通漏斗",见下图:

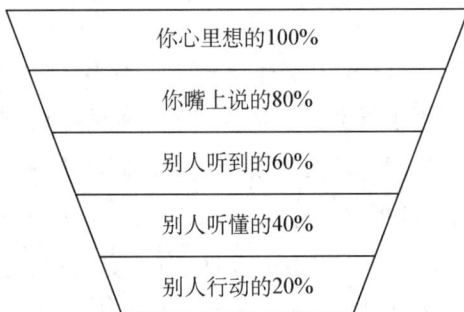

你心里想的100%

你嘴上说的80%

别人听到的60%

别人听懂的40%

别人行动的20%

图 1 - 3　沟通漏斗图

沟通漏斗现象显示,在沟通过程中,传送信息时,我们想表达的未必就真的表达出来了,表达的内容里,可能有些并非是自己的本意;解读信息时,我们可能接收到了,但未必接收全了,所理解的内容,也可能不是对方所要表达的本意。在信息传递过程中,发送者表达能力不佳、信息传送不全、信息传递不及时或不适时、传递媒介选择不当;接收者由于受到外界的干扰、倾听时注意力不集中、自身知识经验的局限、接收信息时按照自己的需要和兴趣对信息进行过滤等,都会导致信息的遗漏和失真。

可以说,信息的传输过程就是信息的"遗漏"和"变形"过程,想要知道遗漏了多少信息、遗漏了哪些信息,就只有不断地彼此确认、纠正和补充。

（二）信息不足与信息过量

沟通过程中信息传递的量也会影响到沟通效果。导致沟通不畅的情况有两种：

1. 信息不足

发送者发出的信息偏少，让接收者不能全面、准确地了解对方的意思，从而感到困惑；信息接收者缺乏反馈或反馈较少，使信息发发送者不清楚对方是否弄清楚了自己的意思，这两种情况都会因为信息沟通不充分、不透明而彼此疑窦丛生。

导致信息不足的原因主要有：对沟通的准备不足，没有事先掌握应有的资讯；语言表达能力不强；对反馈的重要性认识不足；沟通不够积极等。

2. 信息过量

将一大堆未经整理的信息提供给接收者，接收者若要整理、使用这些信息，会花费很多时间和精力，这就是通常意义上的信息过量。在网上搜索一个关键词，结果搜到的信息有上百万条，对网民来讲就是信息过量。

在日常沟通中，信息过量有两种情况：一是不了解接收者的理解背景和接收能力，只管向其进行信息的狂轰滥炸，接收者根本就没有消化吸收的时间，难以抓住关键和重点；二是反复向接收者灌输相同或相似的信息，企图借此让接收者加深印象，结果是越唠叨效果越差。沟通中的信息过量是不了解或不尊重沟通对象，将自己的意愿强加于沟通对象的结果。

有效率的沟通需要适量的信息。适量的信息使我们拥有可以作出正确判断与决定的足够信息资源，又不至于因传递和接收过多的信息而浪费人力物力。

（三）沟通层次与沟通渠道

1. 沟通层次

沟通层次又称沟通的信息传递链，即信息从初始的发出者传到最终的接收者，需要经过多少层传递"中介"。沟通层次越多，越容易造成沟通障碍，因为信息从一个层次传到另一个层次，会发生一定的"信息遗漏"和"信息失真"现象，需要传递的层次越多，遗漏和失真的信息越多，沟通效果越难以保证。

2. 沟通渠道

沟通渠道是沟通双方得以进行沟通的途径。例如：一对异地工作的恋人要保持经常的沟通，可以打电话，可以上网聊 QQ，可以发电子邮件，可以亲笔写信，甚至可以买机票见面再聊。

畅通的沟通渠道对个人和组织都至关重要。人际沟通时，对沟通渠道的选择一般遵循节约、高效的原则；而组织沟通更看重信息传递的全面、准确、及时。为了做到这一点，很多组织通过进行专门的制度设计合理安排沟通渠道，使上情下达、下情上达、平级交流都能顺畅充分，以提高整个组织的凝聚力和工作效率。

（四）沟通时机

沟通时机包括沟通的时间和沟通的场合，即在什么时候、什么场合沟通效果最好。

1. 沟通时间

沟通时间是否适宜，对沟通的效果影响很大。例如：在上司很忙、心情不好时向其请求增加预算，在下属周五傍晚急于下班时找其细谈公事等，都难以取得满意的沟通效果；而在上司刚刚休息之后、心情较好的时候去请示汇报，在给员工发完奖金后再提期望，就容易得到满意的结果。

2. 沟通场合

沟通时处于一种什么样的工作、生活情境或心理氛围中，周围都有哪些人在场等，这些构成沟通的"信息场"，影响信息传递和接收的内容和方式。例如：在朋友聚会场合，人们可以随意自由地谈论各种话题；而在公司会议时，稍微一句跑题的话都会招来不满。

（五）沟通环境和距离

1. 沟通环境

这里的沟通环境仅指物理环境，即在什么地点沟通、房间的布置如何、沟通时需要用到的设备情况如何、周围是否比较嘈杂、是否有人打扰等。

在沟通时，为了使效果更好，选择的环境应较为安静，并保证使用的设备正常工作，在这样的环境中，人们不受打扰，能够顺畅、高效进行沟通。

2. 沟通距离

这里的沟通距离指沟通者之间的物理距离。一般而言，让两个人既不感到不适，又不至于交流起来吃力的沟通距离是最理想的。沟通距离太近让人有压迫感，沟通距离太远让说话、听话的人都很费劲，同时容易导致信息遗漏和失真。

四、沟通任务因素

每一次沟通的具体任务都不一样，而沟通任务的不同也会很大地影响沟通效果。与沟通任务相关的因素包括：

（一）沟通目标的难度

沟通的目标越难，达成目标的沟通难度就越大。例如在《触龙说赵太后》中，想要说服赵太后将自己的小儿子送到他国做人质，无异于剜去赵太后的心头肉，所以无数大臣的说服都变成了"碰钉子"。反之，沟通目标难度小，沟通目标就容易达到。

（二）沟通议题的重要程度

越是客观上涉及自己和他人重大利益、涉及很多人的利益、涉及紧迫状况的沟通议题，越能引起沟通双方的重视和为达成共识的努力。例如：涉及战争、救灾抢险、救死扶伤、公共安全等主题。沟通议题无关紧要，就容易被随便地对待，甚至被忽视。

（三）沟通者的群体规模

沟通既可以是一对一的双向交流，也可以是在人群中的多向交流。在没有组织的、自发的群体沟通活动中，群体规模与沟通效率经常是成反比的，即参与沟通活动的人数越多，用于化解分歧、达成意见统一所需的时间和精力也就越多。

鉴于群体规模对沟通效果的影响，人们逐渐摸索出一些提高群体沟通效率的方法，如能用小组讨论方式沟通的，就尽量不用中、大型会议的方式；能进行有组织的、有秩序的沟通的，就尽量不要让沟通处于散漫状态；能找到每种意见的代言人的，就尽量不让大家都发言等，以节约时间，提高效率。

（四）信息的复杂程度

越是复杂的信息，事前收集准备资料的工作量越大，在沟通时全面、准确地表达的难度也越大，被完整地接收和正确理解的难度也越大。例如，"今天的天气情况"和"原子弹的能量释放原理"，这两者的信息复杂程度是不可同日而语的，进行有效沟通的难度也就大不相同。

人们在短时间内接收复杂信息是有困难的，所以对于复杂信息的精炼化、形象化就非常重要，须化繁为简、化抽象为形象、深入浅出。做到这一点，需要较长时间的沟通实践的磨砺。

第三节　阻碍人际沟通的常见问题

一个正常人每天要花大量时间进行沟通，但这些沟通活动的效果却经常不能让人满意。之所以出现这种状况，除了第二节中谈到的沟通双方理解背景的差异、缺乏彼此信任和感情融洽、沟通漏斗、不良的外部沟通条件、沟通任务太艰巨等原因，还在于人们对待沟通问题在认识和实践上存在误区。这些误区都是人为的、可以纠正的。认识到这些人际沟通中存在的常见问题并设法加以避免，是提高沟通能力的重要前提。

一、对沟通的认识问题

正确认识沟通，是进行良好沟通的基础。有些人不仅认识不到沟通对生活和工作的重要性，反而由于错误认识而拒绝沟通，甚至把沟通当作与对方较量的工具，从而导致沟通不良。常见的"错误认识"包括：

（一）语不如默，沉默是金

有些人在沟通问题上消极被动，甚至不进行沟通，原因有二：一是受传统观念的影响，认为"病从口入、祸从口出"，"言多语失"，为了"明哲保身"，做人应"善于守拙"，多一事不如少一事，多一言不如少一语,沉默是最好的保身之道。二是因为有过沟通失败的痛苦经历,就认为沟通注定充满了唠叨和误解,沉默可以避免矛盾,沟通只会惹来更多的麻烦。比如:和妻子解释一件事情,妻子却发现了更多的问题;和领导解释事情的来龙去脉,却遭到领导更多的批评。殊不知,这是自身沟通方法的问题,而不是沟通本身的问题。

(二) 沟通是一件简单的事

与不敢沟通或不愿意沟通的人相反,有的人性格外向,乐意与人交往,认为自己天天都在沟通,早就是沟通熟手甚至高手了,没必要每次跟人沟通时都瞻前顾后、思来想去。这些人既然将沟通看成像吃饭睡觉一样每天都在做的简单事情,自然在沟通时不会认真对待,不肯多动脑筋。结果常常因为沟通随意性大、效率低、可信度低而让人不愿与其建立持久、深入的合作关系,甚至还会因为准备不充分,没有考虑好该如何更好地沟通而错失很多的机会,蒙受不必要的损失。

(三) 语言是沟通的主要手段

不少人认为,不说或不写就无法进行沟通,于是沟通时将主要精力用于对他人进行语言的"狂轰滥炸"。其实,许多信息,尤其是涉及情感、欲望方面的信息,常常不是用语言而是通过非语言手段传递的。人们可以采用抑扬顿挫、长吁短叹、停顿甚至沉默等方式辅助口语传递信息,还可以借助人体空间位置、姿势、表情、眼神、动作、身体接触、衣饰打扮等传递内心的真实想法、情感、需求及其强烈程度,而这些方式都是非语言的沟通媒介。沟通时仅仅依赖语言,很容易造成对沟通对象用非语言手段暗示出的情感、需要和真实意图视而不见,从而导致沟通不畅。

(四) 对同样的词语,人人会有相同的理解

很多人在向不同的人传递同一信息时,以为每个人都会有同样的理解,从不根据每个接收者的兴趣、性格、知识经验等进行有针对性的表达,结果常常闹出误会和麻烦。例如:一名采购员到农贸市场上买鸡,他请摊贩将鸡"分成两半",摊贩利索地将鸡剁成两块给了他;他去批发市场上买鸡时,也吩咐批发商将买的鸡"分成两半"后送货上门,结果等他收到货打开一看,鸡被分装在两个箱子里,箱内的每只鸡却没有如他所期望的被一分为二。类似的情况常常在父母同时对几个孩子吩咐一件事情、领导同时要求几个下属去完成某个任务时发生。

(五) 沟通是双方你输我赢的较量

沟通是为了找出思路,化解矛盾,解决问题,实现双赢。有些人却把沟通当作较量和控制对方的工具,认为沟通双方是赢家与输家的关系。所以,他们采取的沟通方式常常是警告、威胁,甚至动用武力,比如某些家长对孩子的体罚,谈判桌上对对方的威胁等。

二、自我意识问题··

前文述及,自我意识包括一个人对自身的认知、体验和调控。自我认知是人们头脑中的思维

活动,自我体验则会通过人的精神状态和言行表现出来,从而极大地影响沟通的质量和效果。常见的不利于良好沟通的自我体验包括:

(一) 自豪

自豪的主要心理体验是:"我为自己感到骄傲!"自豪的人因为在生活工作中表现优秀并经常得到他人赞赏,因而有高度的尊严感,喜欢表现得比别人高尚、英勇等。自豪的人面子观念强,自我认识高度依赖他人的评价,重视维护自己的荣誉,在沟通时常变成谈话中心,喜欢反复宣讲自己的种种令人羡慕的经历,听不得怀疑和否定的声音。听者被迫接受灌输,仅仅成为沟通的配角,因沟通活动缺乏对等性而饱受挫折感。

(二) 自大

自大的主要心理体验是:"我就是比别人优越!"自大的心理体验来源于不客观的自我认知,即夸大自身的优势,而贬低甚至忽视他人的优势,从而自认为比别人高明、实力更强等。因为瞧不起他人,就很难听进他人的意见,也不注意照顾他人情绪,甚至有随意侵犯他人利益的可能。在沟通时,常显得傲慢,喜欢给人出主意或教训他人。

(三) 自我

自我的主要心理体验是:"我是独特的,谁也别想掌控我的命运!"自我中心本来是人的天性,是人类得以生存和发展的基本推动力,是应予以理解和尊重的。但过于关心和强调自身的独特性,总要显示自己与众不同,竭力捍卫自己的权益,在沟通时就容易情绪化,常常只站在自己的角度思考问题,不顾及他人的感受和利益,忽视了他人也是自我中心的,因而令沟通对象很不愉快。

(四) 自卑

自卑的主要心理体验是:"别人怎么都比我强!"自卑的人不敢积极争取自己渴望的种种利益,总是为自己的胆怯寻找借口。他们其实很希望与人沟通,但却没有勇气,害怕不被对方接受或认可,害怕表露了自己的情感和看法而被人误解等。这使得别人无从了解他,也就不知如何更好地与其进行沟通。

(五) 自贱

自贱的主要心理体验是:"尊严算什么,适者生存最重要!"自贱者由于自身的资源有限,又格外渴望一些实实在在的利益(发财、当官、子女出息等),信奉"脸皮厚吃得够,脸皮薄吃不着",所以不惜以牺牲自己的尊严、荣誉等为代价进行换取,如果这样还得不到,就有破罐破摔的可能性。这些人由于不尊重自身,也不尊重社会主流的价值观和规则,在沟通活动中难以赢得尊重和信任,甚至被人避而远之。

三、主观臆断问题··

出于思维的惯性和沟通的惰性，一些人在不与对方进行沟通、不向对方确认的情况下，就主观臆断事情的真相、对方的为人处世、对方的想法和意图等，常常导致种种误会和麻烦。

（一）先入为主，过早评价

沟通之前就对要沟通的人、要沟通的事抱着一些倾向性的看法，这些看法会极大地影响以后的沟通活动，这就是先入为主。例如：如果根据道听途说或自己以前的感受，认为沟通对象是个斤斤计较的人，在实际沟通时就会流露出不耐烦，或对建立长期合作关系没有信心；如果对一个问题已经有了一定的想法和见解，就很容易在后面的沟通活动中不自觉地维护已有的看法，不愿意甚至拒绝接受别人的意见。

在沟通过程中，没有完整地听完对方的话，或在没有清楚具体情况时，就自以为已经洞悉了对方的真实想法或意图，并对其进行想当然的评价，然后带着这些过早的评价继续与对方沟通，也会造成对后面沟通活动的干扰。

有一则典型的案例：《孔子家语》卷五《困厄》中记载，孔子师徒被困于陈、蔡两国之间，多日没进食，子贡好不容易设法弄来一点米，交给颜回煮粥给大家喝，却在不经意间看见颜回将熬的粥往嘴里送，于是就到孔子那里去告状，怀疑颜回偷粥喝。孔子叫过颜回来问，才知是有黑灰落到粥上，颜回将被污染的粥舀起来后本想倒掉，考虑到不应该浪费，就把它喝了。子贡所犯的错误，既有先入为主——认为人在饥渴之极的时候是会忘了礼义廉耻；也有过早评价——颜回在大家喝粥之前自己一个人舀粥喝，就是偷粥。

（二）以己之心，度人之腹

以己度人就是在自己的理解背景基础上，用自己看问题的角度和方法去猜度别人的看法、情感和动机，认为自己有的情感、需要，对方也有；自己持有某些观点，对方也应持有。

以己度人是人们普遍的思维习惯，它源于一个想当然的假定：假定任何来自与自己不同群组的人（无论是民族、种族、宗教、性别、性格、职业或其他分类标准）都与自己具有相同的思维方式和行为准则。这个假定还引申出另一个假定：假定从他人的外在行为中能推测出其隐含的意图，而且常常假定别人有坏的意图。

以己度人的人没有真正站在沟通对象的角度进行换位思考，不能真正理解和尊重对方，时时处处"从我出发"，将自己的欲望、感受、观点等投射到对方的思想和行为中去理解对方。然而事实证明，天底下没有两个人的思维和行为方式是完全一样的，对他人的假定与事实不一定相符，用自己的思维和行为方式去理解别人、预测别人的思想和行为，常常导致误解与麻烦。

（三）以猜测、猜疑代替沟通

和"以己度人"一样，猜测、猜疑也是一种主观臆断。主观臆断是不以事实为基础，而以个人想象为基础作出判断的思维方式。这种思维方式也源于一种假定,即认为自己了解对方,不用沟通就能够作出正确判断。例如,一位母亲看上了一件衣服,认为女儿肯定会喜欢,就买了回去,结果女儿非常不高兴——她讨厌那款衣服的颜色搭配。

用猜测代替沟通的人,盲目地相信自己了解对方,经常代替对方作出决定或采取行动;沟通中,对方刚讲一半甚至刚一开口,就认为了解了对方的想法而打断对方,并马上作出判断或得出结论,可想而知,这样的结论经常是错误的。

用猜疑代替沟通的人,主观认为从对方口中得不到真实情况,所以,就不去沟通核实情况,而是凭主观猜测而作出判断。这种判断我们之所以称之为"猜疑",是因为这些人经常会把人的品格、动机往坏处想,从而加深彼此的隔阂与今后沟通的难度。

其实,由于每个人的思维方式、看问题的角度、对信息的筛选和过滤、主观偏好和忌讳等都各不相同,注定了一个人根本无从细致了解他人内心的真实想法和感受,仅站在自己的角度主观猜测对方的所思所想所感是荒唐的。

四、沟通技能问题..

很多人已经认识到沟通的重要性,与人沟通也很主动、积极,但因为没掌握沟通的规律,或不懂得有效沟通的方法,结果是"沟"而不"通",没有实现信息的有效传递,或传递过程发生了严重的信息遗漏或失真,难以实现预期的沟通目标。常见的问题主要有:

(一)只注重沟通的功利目标,不注意融洽彼此的感情

情感交流是人与人之间交往的润滑剂。没有情感的融洽,很多深层的问题探讨与长期合作是难以实现的。职场上流行一句话,叫"沟通才能交流,交流才能交心,交心才能交易"。通过感情的交流,使得彼此心理上接受对方,认为对方值得打交道,这就是所谓的"交心",它是实现进一步有效沟通的前提。如果只是急着"交易",而不注意"交心",很可能欲速则不达。

要让对方愿意和自己"交心",就应体察对方的需要、尊重对方的需要,并设法适当地满足对方的需要。被别人接受,觉得自己有价值、受重视,是人的一项基本心理需求。只有当你愿意听取对方的意见,尊重对方保留不同意见的权利,并且同样考虑到对方的利益时,对方才有可能尊重并乐于适当满足你的需要,双方的交流与合作才会顺畅。

(二)传递的信息内容不够完整

充分的沟通不仅意味着应注意兼顾资讯、意见、情感的交流,还意味着资讯、意见、情感的交流本身应该很充分,也就是让对方在理解时不容易产生信息缺失、歧义、误解,从而保证沟通的质量。但在沟通实践中,很多人传递信息时没有注意信息的完整性,表达不够准确、具体,导致对方对信息的接收、理解和回应与自己的预期很难达成一致。

完整的信息包含四个方面:所见、所想、所感和所需。完整的信息表达意味着:准确地表述自己了解到的资讯,尤其不要漏掉关键或重要的内容;逐条清晰地陈述自己的推测和结论;表达自己的真实感受,以及产生这些感受的原因;具体地提出自己"想要什么"的要求,或"想改变什么"的建议。

当传达的信息遗漏了某个方面时,这样的信息被称为"不完整信息。"不完整信息会引起别人的忽视、困惑或怀疑。例如:没有加入感受和希望的判断,别人不会在意;没有对挫折和伤害的描述,别人不会倾听你的不满;没有充足详尽的论据作支撑,别人不会相信你的结论;没有对感受和设想的表达,别人不会觉得你提出的要求是合理的。

(三) 传递的语言信息和非语言信息不一致

人们在接收信息时,是结合语言信息和非语言信息来进行整体理解的,如果这两者的信息内容不一致,就会给接收者带来理解的混乱。例如,一名老师在表扬学生时脸上却没有任何欣慰喜爱的表情;在批评某个淘气的学生时又忍不住发笑等,都会让学生们感到迷惑,不知道老师到底心里怎么想的。

与语言信息相比,非语言信息更多的是一个人真实情感、态度的无意识流露,不容易像语言信息那样可以通过选择词语有意识地加以控制。所以,当一个人发出的语言信息和非语言信息不一致时,其沟通对象在迷惑之后,最终会本能地选择相信非语言信息,从而令表达者借助语言信息实现沟通目标的愿望完全落空。良好的沟通要求我们有意识地训练自己的非语言信息传递方式,以确保其在沟通时能与语言信息配合一致。

(四) 不善于倾听

倾听是沟通过程中最重要的环节之一,良好的倾听是高效沟通的开始。倾听不仅需要具有真诚的理解愿望,还应该具备一定的倾听技巧。抓耳挠腮,急不可耐;左顾右盼,心不在焉;打断对方,变听为说;刨根问底,打探隐私;虚情假意,勉强应付等都是影响倾听的不良习惯;而僵化理解、一知半解、听不出弦外之音、倾听时抓不住重点和关键、容易被各种因素干扰而分心等,更是倾听者常见的问题。

(五) 沟通中不注意反馈

有的人不明白沟通是信息双向互动的过程,没有深刻意识到沟通时向对方进行信息确认、反馈的重要性。具体表现为两种情况:

1. 说而不听

说话的人说完就算,也不问对方是否听明白了,有没有什么疑问。也就是说,信息的发出者以为传递出信息就完成了沟通,没有确认信息的接收者是否全面、正确地理解了这些信息。这种情况主要常见于上级对下级的沟通:领导分配了某个任务给下属,认为自己已经把意图和处理办法讲得很清楚了,结果等到下属来汇报完成情况时,才发现和自己的初衷大相径庭,原因就是下属没有听懂领导的意思却不敢说,而上司也没想到问一问他到底听明白了没有,有哪些地方没有明白。

2. 听而不说

听话的人听完就算,也不向说话者求证一下自己有没有听错、有没有理解错,也就是说,信息的接收者以为收到信息就算完成了沟通,没有向信息发出者确认信息的完整性、准确性。这种情况主要常见于下级对上级的沟通:领导给指派了任务,下属不理解或者有不同的意见,碍于领导的面子或者其他的原因,不能马上反馈给领导,于是就按对领导意思的曲解或按自己的想当然办事。

对于"说而不听"或"听而不说"的沟通误区,要克服是比较容易的,只要平时在沟通中注意向对方进行确认,把不清楚的、容易引起误会的地方澄清,就可以了。

五、情绪化问题

人们在沟通过程中,既有理性的因素,也有很多非理性(也就是感性)的因素在起作用。情感的范围很广:有我们认为正面的,如爱慕、钦佩、尊敬、关切;也有负面的,如恐惧、憎恨、愤怒、惭愧等。感情的产生是不以自己的意愿为转移的,我们所能做的是及时察觉,并有效控制感情表达的方式。

理性的作用固然重要,情感的作用也不容忽视:爱与理解能促使我们解决分歧;沮丧和焦虑能推动我们及时找到问题的解决之道;关切和同情可以帮助我们加强沟通;愤怒的情绪能刺激双方更有建设性地合作。

但过于被自己情感控制的人,会在沟通时显得非常情绪化。任何激动情绪一旦控制了人们的行为,就会破坏双方解决问题的能力:心里装着恐惧和悲痛,理性的思考就不复存在;正在气头上的时候,可能不会愿意和人一起解决某个问题;甚至爱也可能驱使人们盲目地作出让步或承诺,等清醒过来后又会后悔不已。

过于情绪化的人,应注意加强自身的情绪管理能力,掌握自身的情绪变化规律,有意识地调节和控制自己的情绪,以确保能理性、顺畅地与人沟通。

【思考与练习】

一、沟通任务分析

办公室主任吴帆今天一上班就接到总经理的电话,要他安排营销部的几名工作人员参加一个商务洽谈会。此次活动涉及的人、事较多,要与参会的部门和相关人员进行沟通,要预定机票、住处,安排司机接送,通知对方接待等。吴帆当办公室主任已经三年了,对会务工作很有经验,他首先理清思路,在便条上把要做的事情列出大纲;然后,到营销部问清楚参会人员、会议的时间和地点、相关资料准备、参会人员的特殊要求等;接着,他召集本部门的几名秘书开个短会,对工作任务进行了分工,并要求他们各司其职,遇到棘手问题及时报告;最后,他走进总经理办公室,将自己为这次参加洽谈会所做的工作向总经理做了简要的汇报。

思考:

1. 吴帆要安排好参加商务洽谈会的相关事宜,需要和哪些人进行沟通? 沟通的方向和渠道有哪些?

2. 吴帆手下的秘书们在接到任务后,各自需要与哪些人、采取何种方式进行沟通?

二、沟通寓言品读

狮子和老虎之间爆发了一场激烈的冲突,到最后两败俱伤。狮子快要断气时,对伤痕累累的老虎说:"如果不是你非要抢我的地盘,我们也不会弄成现在这样。"老虎吃惊地说:"我从未想过要抢你的地盘,我一直以为,是你要侵略我!"

思考:

1. 狮子和老虎究竟犯了什么样的沟通错误,导致两败俱伤的下场?

2. 要避免这样的悲剧发生,你认为它们该怎么做?

三、沟通案例分析

一家公司由于受到经济危机的影响,经营出现了困难,最后决定裁员。

第一次裁员

地点:公司的会议室

方式:通知全部被裁人员到会议室开会,在会议上宣布被裁人员,并且他们立即拿走自己的东西离开办公室。

效果:公司所有被裁员工都感到很沮丧,离开后到处述说对原公司的不满,造成较坏的社会影响;留用的员工人人自危,极大地影响了公司士气。

第二次裁员

地点:某国际连锁咖啡厅

方式:人事专员在咖啡厅单独约见每个被裁人员,耐心细致地向他们解释公司的决策:由于公司的原因致使他暂时失去了这份工作,请他谅解,并给他一个月时间寻找下一份工作。同时表示,如果公司运营情况好转,需要聘请人员,会首先想到重新聘请这些老员工。

效果:被约谈的员工得知情况后,都接受了事实,并且表示,如果公司需要,随时可以通知,他会毫不犹豫地再回到公司;留用的员工听说后,觉得公司尊重员工,感到颇为安慰,企业向心力增强。

思考：

1. 为什么两次裁员的沟通效果反差这么大？哪些因素影响了两次裁员沟通的效果？

2. 以上两次裁员的经验教训带给你哪些启示？

四、沟通经历反思

请回忆、分析和总结自己印象最深刻的一次沟通经历。

要求：

1. 描绘那次沟通事件的具体情景；

2. 结合本章所学内容，逐条分析导致这次沟通成功或失败的各种原因；

3. 指出这次沟通的经验教训带给自己的启示。

第二章　人际沟通应有的认知、心态与习惯

　　良好的人际沟通行为建立在对人际活动规律正确认识的基础上,理解和掌握人际沟通的社会效应、人际认知的心理效应、人际吸引的影响因素、人际交往的基本原则、自我形象的认识与维护之道、人际沟通中的情感管理方法,能为人际沟通活动提供理论指导。心态决定状态,状态决定结局,良好的人际沟通需要培养积极心态、空杯心态、悦纳心态、感恩心态等良性正面的心态。沟通者还应具有事前准备、因人而异、换位思考、乐于赞同、敏于感谢、勇于道歉等良好的沟通习惯,以此树立和维护在他人心目中良好的个人形象。

第一节　人际沟通应有的核心认知

一、人际沟通的社会效应··

　　人际沟通是建立和维持人际关系的基本手段,是最主要的人际交往活动。认识到人际沟通的巨大社会效应,能激励我们真正重视沟通、做好沟通。

(一) 蝴蝶效应

　　一只蝴蝶在巴西上空振动翅膀,扇动起来的小小漩涡在多种作用力的影响下,可能在一个月后的美国德克萨斯州引起一场风暴。人际沟通领域里也是如此,两个人乃至一群人进行的某些传播活动,在当前的多媒体语境下,经过多重信息传播、情感发酵,很可能产生巨大的社会影响。

(二) 共生效应

　　自然界有这样一种现象:当一株植物单独生长时,显得矮小、单调,而与众多同类植物一起生长时,则根深叶茂、生机盎然,这种相互影响、相互促进的现象称之为"共生效应"。人际活动中也存在"共生效应":人们在社会交往中会相互比较,会将对方作为参照物调整自己的态度和行为,会在彼此的合作、支持、鼓励中提高解决问题的能力和效率,会在彼此的竞争中激发潜力等。

(三) 富集效应

　　人际活动的直接成果是各种社会关系的建立,也就是常说的"人脉"。积累人脉需要长期主动地耗费大量时间、精力和热情,去联络感情、支持和帮助他人,而形成的人脉作为无形的财富,能为我们提供各种情感、信息、技能、社会关系等方面的支持,并在人生的关键时刻产生巨大作

用,这就是富集效应。

(四) 权威效应

"权威效应"是指发出信息的人如果地位高、有威信、受人敬重,则其所发出的信息容易引起别人重视,并相信其正确性。这一效应说明,注重诚信、美誉度高、社会地位高的人是人们乐于交往的对象,而默默无闻、地位较低的人在人际交往中应树立起自身诚信、可敬、学有专攻的形象,以消除他人与之交往时的疑虑或不重视。

(五) 南风效应

法国作家拉·封丹曾写过一则寓言:北风和南风比威力,看谁能把行人身上的大衣脱掉。北风向行人猛吹,想把他人衣服吹掉,结果行人为了抵御寒风而把大衣裹得紧紧的;温暖的南风则轻柔地吹拂行人的脸庞,行人顿感风和日丽,越来越暖和,不由自主地解开了纽扣,脱掉了大衣。人际沟通就存在这种"南风效应":同样的目的,采取不同的方法,效果完全不同。一般来说,关怀的效果胜过苛责,鼓励的效果胜过批评,动之以情的效果胜过就事论事。

(六) 异性效应

不管在生活还是工作中,人们对异性往往比对同性更感兴趣,特别是对相貌出色、言谈举止得体的异性感兴趣。为了引起异性注意,人们还特别喜欢在异性面前表现自己的外表、才能和德行等,俗话说"男女搭配,干活不累",就是"异性效应"在起作用。人际交往中,可以巧妙地利用"异性效应"融洽氛围、提高效率,但注意不能滥用,与异性接触要把握好"度"。

(七) 踢猫效应

"踢猫效应"来自于这样一则故事:一个人在单位被领导训了一顿,心里很恼火,回家冲妻子发起了脾气;妻子无来由地被训也很生气,就摔门而出,在街上遇到一只猫挡住去路,便火冒三丈地一脚踢过去;猫受到踢打后猛地从一位老人身边窜过,老人被突然冲来的猫一吓,当场心脏病发作身亡……这一效应说明,人际活动中的情绪是具有传递性的,对他人的一个微笑也许会给对方带来一天的好心情,而向他人宣泄不良情绪,则会沿着等级和强弱组成的社会关系链条依次传递,由金字塔尖一直扩散到最底层,并最终导致破坏性结果。

二、人际认知的心理效应

(一) 首因效应

首因效应是指第一次形成的印象对人际认知具有强烈影响。初次见面,人们会根据对方的外貌、表情、衣饰、仪态、谈吐、礼节等形成第一印象。第一印象不管正确与否,总是最鲜明、最牢固的,影响着以后的交往。

自己与他人初次交往时,一方面要设法在对方心目中留下良好的第一印象,另一方面应注意避免迷信对他人的第一印象,不能因为对他人第一印象好,就忽略对其进行全面的认识;也不能因为对他人第一印象不佳就态度冷淡,而应在多方了解、客观分析的基础上决定是否交往、如何交往。

(二) 近因效应

在人际认知活动中,"最近的印象"会影响我们对他人的总体评价。近因效应与首因效应是一个问题的两个方面。一般说来,在与陌生人交往时,首因效应比较明显;在与熟悉的人交往时,近因效应更为明显。不少上级常常因为下属最近的一次失误而否定其前面的成绩,就是近因效应的体现。这种偏差的产生,客观上是由于最近获得的信息刺激强、给人留下的印象清晰,冲淡甚至替代了过去所获得的有关印象。

可见,在认识和评价他人时,不能仅凭目前的观感和好恶,而要历史地、全面地进行评价,以消除由于近因效应产生的认知偏差。

(三) 晕轮效应

晕轮效应又称光环效应,指在人际交往中,人们常将对方所具有的某个突出特点泛化到其他方面,只根据少量的信息就对别人作出全面的结论。在光环效应下,一个人的某个优点或缺点像光圈一样被扩大,其他优点或缺点隐退到光的背后被视而不见了。外表有魅力的人,往往被认为具有所有积极高尚的品质,即人们常说的"一俊遮百丑",这就是晕轮效应。

晕轮效应容易导致人们以偏概全、以点代面,失之客观和全面。人们对自己喜欢的人或事物越看越喜欢,越看优点越多;对自己不喜欢的人或事越看越讨厌,越看缺点越多,因而表现出过分地关注和赞扬自己喜爱的人或事,过分地指责甚至中伤自己厌恶的人和事。

(四) 刻板效应

刻板效应是指对某人或某一类人产生的一种比较固定的、类型化的看法。比如,人们一般认为工人豪爽、农民质朴、军人雷厉风行、教师文质彬彬、商人精明功利,诸如此类看法其实都是类型化的看法,都是人脑中对他人形成的刻板、固定的印象。由于刻板效应的作用,人们在认知某人时,会先将他的一些个人特征归属为某类成员,再把这类成员的典型特征归属到他的身上,认为他一定也具有这些典型特征。

刻板印象的积极作用在于,印象是建立在对某类成员个性品质抽象概括认识基础上的,反映了这类成员的一些共性,简化了认知过程,有助于对他人迅速作出判断。刻板效应更多带来的是负面效应,容易使人认识僵化、保守,用这种刻板印象的定型去衡量一切,如同戴着有色眼镜看人,容易造成认知上的偏差,种族偏见、民族偏见、性别偏见等,就是刻板效应的体现。

(五) 投射效应

投射效应是指,在人际交往中,认知者总是假设他人与自己有相同的倾向,把自己的特性投射到其他人身上，即"以己之心，度人之腹"。比如，一个心地善良的人会以为别人都是善良的；一个经常算计别人的人就会觉得别人也在算计他等。

投射效应的积极面，在于能帮助人们互相理解和体谅，即能"将心比心"。投射效应的消极面有几种表现形式，一种是认为别人的好恶应与自己相同，如果自己感兴趣的话题引不起他人共鸣，就认为对方不给面子；一种是个人没有意识到自己具有某些特性，而把这些特性加到了他人身上，例如一个人对某人有敌意，却没有意识到自己的敌意，总觉得某人的一举一动都有挑衅的色彩；还有一种，就是意识到自己有某些不好的特性或不道德的想法，而把这些特性或想法强加到他人身上，如考场上想作弊的学生，会认为别的同学也在想着作弊。

（六）定势效应

也称心理定势效应，是指人们在认知活动中用"老眼光"——已有的知识和经验来看当前事物的一种心理倾向。在人际交往中，定势效应常使人们对他人的认知固定化。比如，与一个曾经保守的人交往，我们就会认为他现在也墨守成规、过时落伍；与过去一向诚实的人交往，会认为他不会骗自己；对于曾经欺骗过自己的人，则定会加倍小心。

（七）期待效应

又称罗森塔尔效应。美国心理学家罗森塔尔从某校一个班级中随意抽取几名学生，告诉老师们这些学生属于大器晚成者，结果这些学生受到了老师们特别的关注和关怀，到期末时，这些学生的成绩都表现出明显的提高。正因为老师们对这几位学生产生了积极的期待，学生们也感受到了这种期待，从而提高了自信心和对自己的要求标准，最终真的成了优秀学生。

期待效应说明，在人际交往中：赞美、信任、期待和鼓励具有改变人行为的巨大能量，当一个人获得他人的信任、赞美和较高期望时，会增强自我价值感，从而变得自信、自尊，并尽力达到对方的期待，以免让对方失望。

（八）名片效应

人际交往中，人们的相似点越多，越容易拉近心理距离。我们可以利用这一点，有意识地制作"心理名片"，即首先向对方表明自己与其观点、态度、信念、兴趣等相似或相同，使对方觉得双方有很多共鸣之处，从而有效地缩小双方的心理距离，增加对方的心理接纳度。利用名片效应，可以促进人际关系的建立和巩固。要使"心理名片"起到应有的作用，首先要善于捕捉对方的信息，找到对方与自己的相似之处；其次要寻找时机，恰到好处地向对方"出示"这张名片，以达到拉近心理距离、顺畅沟通的效果。

（九）超限效应

有一则关于马克·吐温的趣闻：他在听一位牧师演讲时，最初感觉讲得很好，打算捐款；十分钟后，牧师还没讲完，他不耐烦了，决定只捐些零钱；又过了十分钟，牧师还没有讲完，他决定不捐了;当牧师终于结束演讲开始募捐时,恼火至极的马克·吐温不仅分文未捐,还从盘子里偷了2元钱。这种由于刺激过多、过强或作用时间过久,从而引起心理极不耐烦或逆反的心理现象就是"超限效应"。

超限效应提示我们:在和人交谈,尤其是公众场合发言时,要注意控制时间、注意语调的变化和节奏的把握,尽量不给人以枯燥、啰嗦的感觉,以免造成听者注意力分散甚至厌烦。

(十) 得寸进尺效应

人们总愿意把自己调整成前后一贯、首尾一致的形象。如果已经答应了他人一些小小的请求,即使他人后来的要求越来越得寸进尺,为了维护形象的一贯性,人们也会倾向于继续答应下去,这就是"得寸进尺效应"。

同样,如果想要说服他人接受一个难以接受的观点,最好先说服其同意一些与这一观点相关的分论点和论据,之后再提出这个观点,对方就容易接受了。

三、人际吸引的影响因素

我们在人际交往中会发现,有的人受欢迎,具有良好的人际关系,而有些人却不那么受欢迎,甚至遭致他人的厌恶或憎恨。"世上没有无缘无故的爱,也没有无缘无故的恨",影响人际吸引的因素是多方面的。

(一) 时空的接近性

时空的接近性是使人与人彼此熟悉、加深了解的一个外在条件。时空上的接近表现在居住距离的远近、相互交往的频率两个方面。一般来说,时空距离越接近,交往越容易,交往的频率就可能越高,越能够提高人们相互之间的熟悉和喜欢程度。邻里、老乡、同窗、战友、同事之间容易产生人际吸引,就是因为他们在时空上接近。影视明星和其他公众人物经常利用大众传媒"露脸",增加与公众交流的机会,让公众熟悉自己,就是利用时空接近性来提高自己受欢迎的程度。

(二) 魅力的吸引性

人的魅力主要从以下三方面表现出来:

1. 仪容仪表

仪容仪表是与人交往,尤其是初次交往中最直接的影响个人吸引力的因素。爱美是人的天性,人们都愿意与外表"养眼"的人在一起。受首因效应、光环效应的影响,人们往往将外表潇洒漂亮与美好、值得爱等相联系,本能地以为这样的人也会具有其他优良品质。人们还有虚荣的人性弱点,相信同英俊漂亮的人交往是一件荣耀和光彩的事情,能提高自己在他人心目中的地位。

当然,我们也不能夸大外表在人际吸引中的作用。在交往之初,外表的作用的确较大,但随着相互认识的加深、年岁的增长,外表的吸引作用不断降低。

2. 个人才能

某人在某方面才华出众,或学业名列前茅,或竞技比赛夺冠等,都会引起众人的羡慕眼光和由衷欣赏,形成"众星捧月"般的人际吸引力。

有趣的是,心理学研究发现,最为人欣赏者并非全能型人才,而是既有能力又犯过错误的人。当人们与看上去完美无缺的人相处时,总难免产生"己不如人"的不安,表现为言行举止过于拘谨,以至失去与对方交往的兴趣;而当人们发现那些才华出众的人也和自己有一样缺点、会犯错误时,则会因为看到对方身上具有平凡的一面而产生彼此相似的亲近感,更增强与对方交往的动机。

3. 个性品质

个性品质的吸引力,即人格魅力,比起容貌和才能,对人际交往的影响力更持久、稳定、深刻。

最受欢迎的个性品质主要有:真挚、诚实、忠诚、友好善良、善解人意、信任他人、值得信赖、关怀体贴、热情开朗、乐观豁达、风趣幽默、乐于分享、敢于负责等。

不太受欢迎的个性品质主要有:冲动、叛逆、天真、内向、孤独、多疑、循规蹈矩、追求完美、固执己见、容易激动、喜欢幻想、喜欢享受、依赖他人等。

最不受欢迎的个性品质主要有:粗鲁、轻浮、冷漠、贪婪、虚伪、奸诈、敌意、恶毒、目光短浅、自傲自大、过于自私、斤斤计较、多嘴多舌、媚上欺下、尖酸刻薄、阳奉阴违、口蜜腹剑、不择手段、逃避责任等。

(三) 态度的相似性

正所谓"物以类聚,人以群分",相似性包括态度(信念、兴趣、爱好、价值观等)、年龄、性别、职业、经历等的相似。在人际交往中,态度的相似是最具吸引力的。具有相似兴趣的人,通过经常参加交流兴趣爱好的社会活动,能增加彼此沟通的机会;信仰、态度、价值观念等方面相似的人对一些问题的看法易产生共鸣,形成志同道合的坚固人际吸引;在恋爱或婚姻方面,人们也往往倾向于选择与自己相似的异性为伴侣,古往今来的"相配"、"门当户对"观念,就是来源于对人际间相似性吸引的重视。

(四) 需求的互补性

人们都有"以他人所长补己之短"的希冀,比较容易对能与自己互补的人产生好感,所以,在一定条件下,互补性成了人际吸引的增进因素。如,脾气暴躁者更容易与脾气温和者相处、粗心大意者喜欢与细致严谨者交友、依赖性强者倾向与独立性强者一起共事等。一般而言,人际互补产生的吸引力,主要作用于交往时间较长的人们之间。

并不是所有相反的特性都能互补而产生吸引力,如高雅和平庸、庄重和轻浮等就很难相容。

人际关系中的互补性是有条件的,不是绝对的,在某些方面互补一些好,在某些方面则相似一些会更好。

四、人际交往的基本原则

人际交往是依据一定的指导思想,并在一定规则支配下进行的。人际交往的基本原则是:

(一)平等原则

每个人都有自己独立的人格、做人的尊严和法律上的权利与义务,人与人之间的关系是人格和法律上平等的关系,所以在交往过程中应彼此平等对待。

坚持平等的交往原则,就要正确估价自己,不要仅看自己的优点而盛气凌人,也不要只见自身弱点而盲目自卑;与他人交往时,要求对方做到的,自己也要做到,不能"严以律人,宽以待己";在同时与多人沟通时,对每个人应一视同仁,不因关系远近而亲疏有别,也不因对方的地位高下、给自己带来的利益多少而"看人下菜碟"。

(二)尊重原则

每个人都有自己的人格尊严,并期望在各种场合中得到尊重。尊重能够引发信任、坦诚等情感,缩短交往的心理距离。

在人际交往中,尊重体现为理解他人的情感、思想和需要,承认或肯定他人的能力与成绩,不损伤他人的名誉和人格,不漠视甚至侵犯他人的合法权利,否则易导致人际关系的紧张和冲突。

(三)真诚原则

真诚乃立身之本,行事之则。只有以诚相待,才能使交往双方建立信任感,甚至结成深厚的友谊。

坚持真诚原则,要求我们赤诚待人、襟怀坦白。具体来说,对交往者要热情关心、真心帮助,对其不足和缺陷能诚恳指出;能做到实事求是,能直陈己见而不是口是心非;既不曲意奉承,也不背后诽谤;不世故圆滑、见风使舵,更不尔虞我诈、落井下石。

(四)信用原则

信用其实就是通常所讲的"说话算话"。在人际交往中,与守信用的人交往才有安全感,与言而无信的人交往会感到焦虑和怀疑。

信用原则要求我们在人际交往中说真话、办真事,言必行、行必果,答应做到的事情不管有多难,也要千方百计、不遗余力地办到。如果经再三努力而没有实现,则应诚恳说明原因,不能有"凑合"、"对付"的思想。坚持信用原则,具体应做到:有约按时到、借物按时还、承诺保质保量地兑现;做事善始善终,不朝三暮四、见异思迁;提供信息真实准确,不滥竽充数、隐瞒欺骗,等等。

(五) 互酬原则

互酬性即"你怎样对待我,我就怎样对待你"。互酬不仅包括物质,也包括精神、情感方面的互相酬报,一般来说,"回报"的质与量应等于或大于"所得"的质与量。酬报双方质量对等的情况如:"投桃报李"、"礼尚往来"、"父慈子孝"、"以牙还牙"、"你不仁我不义"等;"回报"的质与量大于"所得"的情况,如"投我以木桃,报之以琼瑶"、"你敬我一尺,我敬你一丈"、"你做得了初一,我做得了十五"等。

互酬原则提示我们,人际关系是彼此互动的,善意会换来同样的善意,恶行只会得到报应。希望对方如何对待我们,就应如此对待对方;不喜欢对方怎么对待我们,就不要如此对待对方,也即"己所不欲,勿施于人"。

(六) 宽容原则

人际交往中难免会产生误解和矛盾,要求双方能在彼此理解、关怀和体谅的基础上,做到谦让大度、克制忍让,勇于承担自己的行为责任,不计较对方的言辞、态度,做到"宰相肚里能撑船"。宽容克制并不是软弱、怯懦,而是有度量的表现,是建立良好人际关系的润滑剂。双方如果能以容忍的态度对待别人,就能"化干戈为玉帛",减少矛盾、避免冲突。

(七) 距离原则

人际之间的距离服从于"刺猬法则":抱团过冬的刺猬们如果挨得太近,身上会被刺痛,离得太远又冻得难受,需要在反复尝试中找到一个适中的距离,既可以相互取暖,又不至于彼此刺伤。

坚持距离原则,需要与他人保持适当的心理距离和人际距离。过于"亲密无间",会让彼此丧失神秘感和敬重感,甚至造成对彼此自由的粗暴干涉,最终导致对人际关系的损害;过于客气冷淡,又会导致关系疏远甚至难以维系。

五、自我形象的认识与维护

对"自我"正确认识基础上的自我形象维护,不仅可以帮助我们建立自尊自信,也有利于在人际交往中塑造良好的自我形象。

(一) 客观全面地认识"自我"

建立在自我了解基础上的自我沟通是人际沟通的第一步。我是谁? 我是个什么样的人? 我与他人有怎样的联系? 他人对我的印象是怎样的? 这些问题的回答过程,就是不断认识"自我"的过程。

人们是从多个方面来认识自我的,如自己的名字或代号、自己的生理特质和社会属性、自己的技能或爱好、自己的人格和品质、自己与他人的关系等。对"自我"的认识有的是客观的,如"我是黑头发的中国女性",有的则有很强的主观成分,如"我是个刀子嘴豆腐心的人"。自我认识有的和他人对自己的认识一致,有的则和他人对自己的看法大相径庭,如,自己认为是个大方随和的人,而很多同事却觉得你有点清高,不太好接近。如果一个人对自我的认识和他人的认识相差很大,可能意味着自己对"自我"的认识不够客观,或与他人的沟通太少而导致了误会。

对于自我认知的内外差异、主客观差异问题,美国心理学家约瑟夫·勒夫特(Joseph Luft)和哈里顿·英厄姆(Harrington lngram)提出了"约哈里之窗"来予以说明:

表 2 - 1 约哈里之窗

别人＼自己	自己知道	自己不知道
别人知道	开放的自我	盲目的自我
别人不知道	隐藏的自我	未知的自我

"约哈里之窗"的创新点之一,是指出了存在着未被自己察觉的部分"自我"——"盲目的自我",例如,别人可能认为我们不耐心、性情多变,但是我们自己可能完全没有意识到这一点;"未知的自我"则代表了自己和他人都不了解的那部分潜在的"自我",例如,在突如其来的财富或者灾难到来之前,自己和他人都难以预料自己将作出怎样的反应。自我沟通和人际沟通的任务,就是通过开放、理性、诚信的交流,扩大开放区,缩小自我认识的盲目区和隐藏区,揭明未知区。

树立主客统一、内外统一的自我形象,要求我们尽量全面客观地认识自己,要做到这一点,具体可从以下几个方面入手:

1. 通过他人对自己的态度了解"自我"

别人的评价是自我评价的一面镜子,影响着我们对自己的认识。当然,有着各自理解背景的他人,对我们的评价并非都很准确,正如不同的凸凹镜会将人歪曲成不同的形象一样。如果能注意多倾听一些人的意见,多观察他们的态度,是可以从他们的评价中概括出一些较稳定的形象特征的,这将大大有助于自我了解。

2. 通过和别人比较认识"自我"

人有一种评估自己的内驱力。在缺乏客观的、社会化标准的情况下,人们常常通过与他人比较来评估自己。我们主要通过和自己地位、条件相类似的人进行对比,来判断自己的个人特征、个性品质、能力水平,乃至自己在人群中的地位和角色、自己和周围环境的关系等。

3. 通过和自己比较认识"自我"

与自己的比较包括两方面:一是将目前的"自我"与过去的"自我"进行比较,从而得知自己的进步、退步情况;二是将自己的期望与实际获得的成就相比较,将心目中理想的"我"与现在的"我"进行比较。

4. 主动获取反馈来认识"自我"

即请求别人做自己的镜子,利用别人的反馈帮助认识、评价自己。可以请五到十个好朋友、两到三个自己最不喜欢的人,要他们尽量列出自己的优点和缺点;然后,自己也列出自己的优点和缺点;最后,将自己列出的与别人列出的进行比较,利用"约哈里之窗",发现自己认为具有而他人尚未感觉到的优缺点,以及他人认为有而自己没察觉的优缺点,以更好地了解"自我"形象、调节自身行为。

5. 通过自省自查来认识"自我"

自省自查,即把自己作为"审查"的对象,检查自己的心理和行为是否真诚严格地遵循了现行社会中公推的价值观念、社会准则和行为规范,提醒自己克服思想态度和行为中可能出现的消极负面因素。

(二)自我形象的维护

自我形象维护需要协调多种自己扮演的角色身份,是一个是相当复杂的系统工程,其中最为敏感的是人际交往中的"面子"维护问题,即通常所说的"保面子"。

1. "面子"和"面子需求"

社会学家欧文·戈夫曼(Erving Goffman)用"面子"(face)这个词来描述我们理想的自我形象,用"面子工夫"(facework)这个词来描述为维护面子所作出的行为。每个人都有一个理想的自我形象,它符合我们希望他人对我们的看法,而我们在日常生活中的许多行为,也大都是为了保持这种良好的形象。例如,如果希望别人把自己看成聪明、有能力的人,就会尽力表现得聪明和有能力,避免那些可能让人觉得无知无能的行为。

"面子"主要由三大"面子需求"(face needs)组成:一是对他人喜欢与接纳自己的需求;二是对自主权的需求,即把握自己、避免受人指使的需求,它促使人们掌控好自己的时间和资源,避免受到他人的支配;三是对他人尊重和肯定自己能力的需求,这让很多人都倾向于谈论和从事自己擅长的职业或爱好,避免不擅长和不熟悉的话题和行为。

2. "面子威胁"与"面子维护"

尽管每个人都有"面子需求",但是只有当"面子"受到威胁的时候,才会意识到它的存在。比如:你想参加某个社团却遭拒绝,这意味着"对他人喜欢与接纳自己的需求"得不到满足,同时你的能力也受到怀疑,于是构成了"面子威胁"。

"面子威胁"事件通常引发人们努力维护自己"面子"的行为,例如,你可能会说:"哼,我以后再也不参加什么社团了。"说出这样的话并不代表你真的这样想,只是通过这种防御机制来保全自己的面子。可见,"保面子"意味着避免尴尬和维护尊严,人们之所以不愿陷入尴尬的状态,是因为那样与理想中的自我形象相抵触,这种抵触是我们竭力维护面子的重要原因。

人在自我认识和评价基础上的自我形象一旦建立,就会长期稳定并竭力维护,如果他人的言行对其构成威胁,就会非常迅速且情绪化地加以维护,甚至不惜与人发生冲突,因此人在交往中必须尊重他人维护自我形象的需要,注意保全他人面子。

六、人际沟通中的情感管理

激发他人的沟通积极性,让其愿意敞开心扉与我们交流,需要做好人际沟通中的情感管理。

(一)先处理感情,再处理事情

人是情绪化的动物,在内心真正接受一个人之前,很难真正静下心来理性地与对方协作以化解问题、争取机会。要想实现共同的目标,必须先调整好双方的情感和情绪,在彼此内心接纳认可的情况下才可能。

先处理感情再处理事情意味着:一方面,在他人有不良情绪时,我们与其沟通前要帮其化解,使其恢复平静和理性后再谈要面对的事情;一方面,自己在与他人沟通时,要调整好自己的情绪,避免将不良情绪传染给他人,甚至因带着情绪沟通而得罪对方,作出错误决定。

(二)情绪化问题的克服

过于情绪化的人容易放纵自己的情绪,在人际活动中失去理性与感性的平衡,严重影响沟通的品质。可以借助以下情感管理策略克服过于情绪化的问题:

1. 承认自己的情绪

情绪一旦产生,掩盖是没有用的,如果不及时处理,积蓄的能量会越来越多,时时有爆发的可能。化解负面情绪的第一步,是承认这些情绪的存在,只有承认自己的情绪弱点——容易冲动、容易感情用事等,才能在此基础上分析冲动的原因,并逐渐找到克服情绪化的办法。

2. 给自己一点时间调整情绪

情绪即将爆发时,最好设法暂停沟通,给点时间让自己冷静下来,避免陷入冲动鲁莽、简单轻率的被动局面。可采取以下方法:

(1)数数法。深呼吸,从一数到十,然后再说话。

(2)自我暗示法。深呼吸,心中默念"别冲动,冲动是魔鬼"、"没什么大不了,不用跟他急"等等。

(3)转移注意法。拿起手边的饮料,长长地喝一口;站起来走到窗口,朝外眺望一会儿;转身而去做一些简单的事,如拾起地上的东西,整理一下桌上的杂物等。

(4)暂停法。要求暂停沟通,然后快速离开沟通现场,在安静的地方待一会儿。

3. 寻找第三方进行调停

沟通双方产生很大分歧,眼看要发生冲突时,如果有第三方在场,可以紧急将注意中心转向第三方,请第三方发表一下看法。在听取第三方意见或建议的过程中,一触即发的情绪会慢慢平静下来;第三方的发言还能对双方起调停、启发作用。

4. 坦诚地谈论自己的情绪

化解负面情绪最有建设性的策略,是说出自己这种情绪,而不是将其发作出来。向对方坦诚地谈论自己的情绪,体现了自制和对对方的尊重,会使双方都归于理智。

公开谈论自己的情绪时,应深呼吸一下,眼睛看着对方,降低音量,放缓语速,适当停顿以加强语气,开门见山地表达,如"说实话,我有点恼火"。然后,说明自己产生这种情绪的原因,如"因为这次你又没准时赴约"。

5. 勇于承担责任,及时道歉

不管是有意还是无心,如果因情绪失控而激怒了对方,不要为自己开脱,而要及时道歉。道歉是表示对自己的行为负责,是对对方感受的关切,对方一般也会采取同样负责的态度进行回应。

6. 反思情绪化的原因,寻求解决之道

设法冷静下来后,应反思以下问题:自己情绪化的主要原因是什么? 这种情绪对有效沟通造成了哪些损害? 对方对我的期待是什么? 如何弥补造成的伤害? 怎样避免下一次沟通时再陷入情绪化? 等等。弄清楚这些问题后,再权衡利弊,找出最佳的沟通策略,并采取行动。

7. 进行有针对性的训练,提高自己的涵养

结合自己的兴趣爱好,选择几项可以培养静心、细心和耐心的事情做,如练字、绘画、制作精细的手工艺品等。坚持下去,会起到陶冶性情的作用,爱冲动的问题会在不知不觉中得到改善。

第二节　人际沟通应有的心态

心态指一个人在思想观念支配下的稳定心理状态,是为人处世外显态度和采取行动的内在心理依据。决定一个人成功与否的,绝不仅仅是才能和技巧,还包括我们面对生活、工作的心态。心态决定人的状态,从某种意义上说最终决定人的命运。

良好的人际沟通要求我们培养良好的心态。那些能帮助我们获得内心安宁、增强自尊、积极进步,并赢得他人尊重、好感和信任,有利于人际和谐和长期合作的心理状态,如积极心态、空杯心态、悦纳心态、感恩心态、服务心态、自省心态等,共同构成人际沟通所需的正向的良性心理状态。

一、积极心态..

积极心态就是总能看到事物矛盾双方最有利的那一面,并以乐观向上的精神不断将不利转

化为有利的心理状态。积极心态不仅激励自己,而且感染和鼓舞他人,像阳光一样温暖普照,因而也叫阳光心态。积极心态包含乐观、希望、信心、热情、进取、坚持等心理品质。积极心态的养成应从以下几方面入手:

(一) 关注积极面

万物都有阴阳两面,万事都对人有利有弊,所有人都兼具优点和缺点。积极心态和消极心态最大的区别,就是对人、事、物的关注点不同。消极心态的表现是不关注已有的,关注尚缺的;不关注成就,关注不足;不关注他人优点,放大他人缺点。如此这般,必然导致人心不足、忧心忡忡。

培养积极乐观的心态,首先要纠正上述心理定势,改变消极态度,发现并将注意的重点集中于生活中美好的、充满希望的一方面。"塞翁失马,焉知非福"、"否极泰来"、"大难不死,必有后福"、"三十年河东,三十年河西"等,都是指导我们关注积极面、发现新希望的宝贵箴言。

(二) 发挥能动性

万事万物是客观的,难以随便改变,但我们的心态却是主观能动的。互联网上广泛流传着以下一段话:我们不能左右天气,但可以改变心情;我们改变不了环境,但可以改变自己;我们改变不了过去,但可以改变现在;我们不能预知明天,但可以利用今天;我们不能改变容貌,但可以展现笑容;我们不能控制他人,但可以掌握自己;我们不能改变事实,但可以改变态度;我们不能样样胜利,但可以事事尽力;我们不能决定生命的长度,但可以控制它的宽度和深度……这段流行语可以说是对人们主观能动性的生动归纳。

(三) 建立自信心

自信心是指相信自己有能力成功地完成某项活动的心理特质,是表达自我理解、自我肯定、自我信任的积极心理状态。有自信心的人一般表现出活泼、开朗、坦诚、虚心、大度、轻松、言行一致、幽默、勇敢、果断等广受欢迎的人格特征。建立和增强自信心可采取以下策略:

1. 发现自己的长处和独特性

首先要发掘自身的优点,尽量把自己的优点都找出来并列出清单,贴在显眼的位置上经常看看。其次是发现自身的独特性,即使自己的某些特点在别人看来是缺点,只要不损害他人,都不妨将其看成是自己的独一无二之处而予以欣赏。

2. 回忆成功的体验

回忆过去的成功,会帮助人们坚定自己将来也必能成功的信念。努力搜寻自己的记忆,尽可能详尽地重现整个场面,回忆得越仔细越好,特别要回忆当时的感受和体验,这能帮我们重现活力。

3. 学会正确比较

总认为自己不如别人,可能是"以己之短比人之长"的结果。要增强自信,就不能只看到自己的短处,并拿它与别人的长处比,而是要反其道而行,拿自己的长处和别人的短处比。当然,最有利于自我促进的,是自我的纵向比较,即拿今天的"我"和过去的"我"相比,看自己在知识、能力、经验、成就等方面取得了哪些收获和进步。

4. 设立积极且能够实现的目标

最佳的目标不是能给自己带来最大收益的那一个,而是最有可能实现的那一个。为自己制定脱离实际的高目标,往往很难实现,这会打击自信心。

确定理性的目标后,还要确保其真正实现。为了强化目标的指导作用,可采取以下措施:反复写出自己的目标;将目标条理化、细节化、视觉化;随时专注在这些目标上;充满信心地期待,想象达成目标后的愉快感觉。

5. 相信他人的积极评价

他人对自己积极正面的评价有助于增强自信心,因此应多与善于发现自己长处和优点、能积极表达欣赏和赞美之意的人相处,从他们那里获得更多正面、积极的反馈。

6. 自我确认并言词化

积极的自我暗示具有很强的"期待效应"。将对自己应是什么样的形象、自己应拥有什么样的特质、自己将会达成什么样的目标,用清晰明确、坚定有力的言词予以确认,并时不时在内心中进行重复,时间一长,期待效应就会发生作用,最终引导自我用行动将其变成现实。

7. 塑造自信的外在形象

不管有没有自信,先作出有自信的样子,用行动来同时自我暗示和暗示他人。通过"表演"出自信的特点,如:听讲、开会挑前排的位子坐、镇定地正视别人、抬头挺胸大步走、爽朗地大笑、主动和别人沟通、当众发言、主动承担困难的任务等。久而久之,我们就会真的变得自信,别人也会认为我们很自信。

8. 故意忽视导致自卑和恐惧的因素

自卑和恐惧是建立自信心的最大障碍,必须设法驱除。减少自卑和恐惧最好的办法,就是不去考虑容易导致自卑和恐惧的因素,全当它们不存在,将精力放在那些积极的、自己感兴趣的事情上面。

(四) 创造积极的环境

有什么样的思考和行动,取决于我们接受什么样的信息、身边有什么样的人群。创造积极环境的方法主要有:读励志书籍、看励志视频;关注和相信积极的事情;主动选择积极的事情去做;结交积极向上的朋友;参加体育、慈善等带来积极心态的社会团体活动等。

二、空杯心态

（一）空杯心态的内涵

空杯心态，即将头脑这个"杯子"里所有让我们产生依赖心理、阻碍我们更透彻更理性地思考的东西倒空，以"空杯"的状态迎接新思想和新信息的洗礼。空杯心态要求我们抛弃以往的成功与挫折、已积累经验和习得知识技能、对人或事物前期了解和判断的包袱，在新的情境中树立新的目标，争取更大的突破与成功。

空杯心态具体包括以下内涵：

1. 谦虚。深刻认识到自己的局限和不足，愿意向他人乃至全世界承认自己的局限和不足，并且尽力设法来减少这种局限和不足，就是真正的谦虚。有了谦虚，才会意识到自己过去拥有的算不了什么，也才舍得放下、"倒空"。

2. 归零。也就是清空，让过去的"有"归于现在的"零"，以"空杯"的状态迎接未来。人的大脑如同电脑一样，只有不断删除过时的知识和经验，并定期、不定期地进行系统还原，才能更多更好地接纳和处理新信息。否则，大脑和心灵就会被一些无用的垃圾塞满而"死机"。

3. 学习。学历只能代表过去，学习能力才能代表将来。"倒空"僵化过时的信息，是为了更好地吸收和利用新的资讯、理念和技能，虚怀若谷地学习并借鉴别人的优点和先进的东西。

（二）空杯心态的养成

1. 开放心胸。承认"一切皆有可能"，心智向新的可能性敞开，就有新的思路和机会产生。保持心灵和思维的开放性应做到：不预设立场，认定事情必定如何，应探问是否有其他的可能性。

2. 舍得放下。有舍才有得。只有"放下"妨碍自己正确思考和充分发展的东西，才有可能向未来迈开大步。真正的"放下"要求我们做到：

（1）自我提问。问自己是否已经开始迷信已有的知识、技能和经验，迷信权威、数字、教条、普遍真理，迷信自己的品位和判断力，迷信信息来源的真实准确性，迷信自己的思维缜密度和逻辑判断能力等。这每一项迷信，都可以构成对他人情感、需要和观点的误判，形成人际之间彼此理解的障碍。

（2）自我负责。当发现已经不自觉陷入思维定势而得出可能带有成见的结论时，要加以验证，发现错误要勇于承认和承担。

（3）自我纠正。当发现存在因迷信而误判的可能，应及时提醒，寻找新的可能和更多的思考方向；对于已经出现的错误，应及时纠正，并采取措施予以补救。

3. 自我超越。总结走入自我迷信的原因，甩掉头脑中思想观念、过去经历、不良心态的包袱，在不断的自我否定之否定中轻装前进。

三、悦纳心态···

悦纳心态,简言之,就是喜悦地接纳人、事、物。有悦纳心态的人,相信一切存在都有其意义和价值,以平静甚至喜悦的心态接纳自我、他人乃至万物的一切,不因其存在瑕疵而产生回避、歧视甚至抵触心理。悦纳心态的养成,应同时从以下两方面入手:

(一)悦纳自我

人生的许多痛苦,往往来自于不接纳自己。有的人一生都纠结于人生中的诸多不如意,长期陷于伤心失落自卑,或对他人的羡慕嫉妒恨,不仅会影响生活工作和人际交往,也会损害身心健康。悦纳自我,就是欣然接受自我,包括以下几个方面:

1. 接受自己的全部。不管是家庭还是事业、外貌还是才干、优点还是缺点、成功还是失败,都能坦然接受。

2. 接受自己是无条件的。对自己各方面的接受程度不以自己是否做错事、是否被他人称赞或否定、是否具有现实功利价值而有所改变。

3. 喜欢自己。看到自己的进步,发现自己的价值,学会以己为荣,找出自身与众不同的地方并欣赏它。

4. 爱惜自己。爱惜自己的方式是自尊、自立和自强,在保持自己本色的基础上,不断自我完善,实现"现实自我"向"理想自我"的提升与融合。爱惜自己具体表现为:在期待合理的前提下设计自己的人生之路,追求卓越,而不是完美;保持心理的健康;保健自己的身体;珍惜自己的时间;磨炼自己的意志;完善自己的人格;通过释梦了解自己的潜意识,为自己脱烦解忧。

(二)悦纳他人

悦纳他人,就是把对方当成另一个自己,像悦纳自己一样,理解并全面、无条件地接受对方所有的一切。悦纳他人不等于取悦他人,不是违心地让自己去喜欢实在不以为然的人和事,更不是放弃原则、世故圆滑地去讨好别人。悦纳他人主要体现为:

1. 对他人表示尊重与友好。

2. 发现和承认他人的价值。有欣赏反对者甚至竞争对手的雅量。

3. 容忍并接受他人的缺点。为他人的缺点和不足"找理由",对他人期望值不要太高,不求全责备;对他人态度上的无礼、利益上的争夺能一笑置之,不批评、责怪或抱怨他人。

4. 原谅他人带来的伤害和损失。

5. 以对方能接受的方式帮助对方。悦纳对方的最高境界是关爱对方,关爱最好的方式是"润物细无声"地帮助对方不断改正缺点、提高和完善自身。

四、感恩心态

感恩心态是一种柔软温暖的、充满感谢与爱意的心理状态,这种心态既能滋养内在的心灵,也可融洽外在的社会氛围。在人际活动中,感恩心态是最好的人际关系润滑剂和助推剂。

感恩心态来自于理性地领悟到自己所拥有的一切都来之不易,都是大自然和人类社会各色人等奉献和付出的结果,没有这些奉献和付出,自己将处境悲惨甚至不复存在。有了这种领悟,人们会对奉献和付出者心存感激,对所拥有的倍加珍惜,并且试图用自己的努力来回报这些恩德,或将这些奉献与付出的精神传递下去。感恩心态的养成和维护,应做到以下几方面:

(一) 知恩谢恩

知恩就是不要把别人的好,视为理所当然。他人在没有法定义务或胁迫的情况下可以不帮助我们,但事实上却选择了帮助,不仅帮助的行为及其结果,光是这份仁义和爱心本身,就足以让我们受惠不尽。所以我们要惜福,要发现和懂得他人的付出,并为此表示诚挚的感谢。

现实生活中很多人喜欢抱怨,认为别人应该对自己好、满足自己的愿望,一旦不如自己的意就大发牢骚。如果能转换看问题的角度,在我们没有相应付出的情况下,将他人漠视我们需要的情况看成是正常的,将他人主动释放善意满足我们需要的行为视为恩惠,就会心存感谢而不是满腹抱怨了。

(二) 受恩图报

接受了恩惠一定要予以回报,这是人际交往"互酬原则"的要求,也是维护社会良性互动的起码道德。在有能力的情况下,仅是口头感谢,没有实际行动,只会被视为虚伪。这个"图报"并不是只能还报给施恩的人,如果施恩者不需要回报,可以将对施恩者的回报转给其他需要的人或事。

(三) 传递恩义

施恩是一个行为,反映的是施恩者的善良和责任心。这个责任心是指"见难相帮"、"扶危济困"的对生命的责任意识,很多施恩者的行为完全是对自己的责任心负责,不需要报答,这就是"施恩不图报"的道理。所以,最好的报恩方式,不是仅回馈施恩者,而是像"传灯"一样,将施恩行为给予我们的温暖和鼓舞传递下去,用善良和责任心去扶持那些需要帮助而我们又能尽一份心力的人。

(四) 化怨为恩

现实生活中,一些人在心态上对我们是敌意的,在行为上对我们是损害的,如果就事论事,我们有理由生气甚至怨恨,但这种怨恨除了折磨自己,还能带来什么? 拥有感恩心态,就能放大自己的心量,将他人对我们的"害",看成命运对我们的"爱",从而将怨恨这味"心灵毒药"转化为"心灵鸡汤"。

五、服务心态

服务心态就是把做任何事都看作是在为别人服务、为社会服务,因而谦虚谨慎、全心全意地去付出的心态；也是"俯首甘为孺子牛"、"吃的是草，挤出的是奶"、分享、给予、造福他人的心态。

拥有服务的心态，意味着我们在付出的过程中会有谦逊亲切的态度、平等博爱的情怀、造福他人的精神、不计得失的胸襟。也就是说，服务心态下的给予，是低调、甘心、平心静气的给予，不是高调、勉强、让人感到压力的给予。因为拥有服务心态的人，将被他人和社会需要作为自我价值的根本，将为他人和社会付出看成是本分和天职，而不是看成不得不完成的任务或对他人的施恩。

付出有着从量变到质变的"积累效应"，始终拥有服务心态的人，如果能做到不计较眼前得失，无怨无悔地积累无数个"小舍"，往往会换来超乎期待的"大得"。在人际活动中，主动积极服务他人的"舍"，自然会换来人脉深广、美名远播的"得"。

六、分享心态

分享心态，就是希望有人与自己共享资源和劳动成果的心理状态。这些资源和成果有物质形态的，更多的是各种资讯、知识技能、经历经验等信息资源，以及以快乐、兴趣、理解、幽默、创意等心理资源。

分享与给予不同。给予者的付出是单向的，而分享和分担一样，存在倍增或倍减效应。例如，把快乐与人分享，快乐由一份变成两份；把忧伤与人分担，痛苦减轻一半。

分享与分担同质而异名。分享主要指对双方有益的资源和成果共同享有，分担主要指一方有压力或受到危害的状况下另一方为其分忧，两者都强调共同在场、一起面对的平等性和参与性。一般来说，人际交往之初以分享为主，人际交往密切后，自然而然会发展出分担。前期的分享越多，越容易建立密切的人际关系，一旦遇到麻烦和困难时，越有人愿意为你分担。

七、平常心态

平常心态，就是不受毁誉得失的干扰，既拿得起又放得下，淡泊宁静的心理状态。拥有平常心态的人善于自我心理平衡，能够知足常乐、宠辱不惊，在人际活动中不短视、不功利、不急躁，表现得淡定从容、不卑不亢。拥有一颗平常心，应做到以下几个方面：

（一）平静地接受一切事实

与"宠辱若惊"相反，培养平常心，要求对已经发生的一切都淡然处之，在获得荣誉和幸运时不惊不喜，在遭遇挫折和失败时也不惧不怒，坦然地面对既存事实。平静面对才能恢复理性，也才能采取恰当的应对措施。

（二）不计较，不比较

一个人的快乐，不是因为拥有多，而是因为计较得少。如果在人际交往中过于计较利害得失，就会得亦忧、失亦忧，很容易失去心理平衡，被各种烦恼牵缠。

比较也容易自寻烦恼。如果比别人强，易滋生对他人的轻视心理；如果比别人差，就容易陷入自卑、嫉妒、不平等负面情绪。

（三）活在当下

活在当下，就要对自己当前的现状满意，能够知足常乐。昨日不可留，未来不可测，我们能够把握的只有现在，没必要让过去的不愉快和将来的忧虑干扰到当下的一切。活在当下，意味着将生命看做一个过程而不是一个结果，感知并享受每一天，踏踏实实过好每一天。

（四）做好本分事

做好本分事，意味着尽职尽责地履行个人职责，不去操心他人的事。因为人们能把握的只有自己，他人乃至整个社会都不是我们能掌控的，过分为这些操心只会干扰到本人履行职责，却未必有助于他人或社会问题的解决。

有人会想到，不操心他人的事，如果他人需要自己帮助怎么办？事实上，在他人真正需要帮助时伸以援手是做人的本分，拥有平常心的人应义不容辞地去做，至于他人的功名利禄、家长里短，就没必要为其操心了。

（五）有望得到的要努力，无望得到的不介意

平常心不是平庸心，不是对什么都无所谓，得过且过，碌碌度日，而是对成败得失不那么看重。拥有平常心的人在制定目标时一般不好高骛远，确定目标后会一心一意去努力奋斗，成功了则对成果倍加珍惜，失败了也无愧于心。

八、自省心态

自省即自我反省，即通过自我意识来省察自己言行，"见贤思齐焉，见不贤而内自省也"，目的是"有则改之，无则加勉"。自省心态就像给自己内心点亮一盏灯，以照亮内心的黑暗，让自己有"自知之明"。自省心态的养成应做到：

（一）凡事内归因

内归因，即遇到问题和麻烦先找自己的原因。"长于责人，拙于责己"是现代人的通病，出现矛盾、遭遇挫折时，第一个反应就是从外界找原因，所以容易埋怨和迁怒。凡事内归因，出了问题首先检查自己，发现自己确有责任，就会平息怒气，体谅他人，积极想办法改正。

（二）对自己提出严格要求

对自己严格要求，从动机、态度、行为、方法等各方面检查自己，总能发现自己有待改进的地方。例如：反省动机和出发点——今天的所作所为是只为自己好，还是为大家好？反省态度——今天对待他人是否有爱心和耐心？工作是否尽了全力？反省行为——今天做了多少事，有无进步？有没有完成既定的目标？有没有违反规章制度的地方？反省方法——今天所做的事处理是

否得当？怎样做可能会有更好的结果？反省人际关系——今天是否说过不当的话？是否做过损害别人的事？某人对我不友善是什么原因？我该怎么改善与他的关系？等等。

（三）勇于自我否定和认错道歉

有了错误，主动自我批评和接受批评，虚心听取别人的意见，从别人的建议中汲取营养，在自己和他人的双重推动下，会提高得更快。

（四）自省不拘泥于具体形式

每天在固定的时间和地点进行反思固然好，但大部分人没有这样的条件。事实上，只要养成了自省的心态，形成随时自省的习惯，工作空闲时、就餐步行时、晚上临睡前，随时随地都可进行。

第三节 人际沟通应培养的习惯

一、事前准备，主动沟通

把沟通看得太容易，对待沟通不严肃，没做准备就仓促上阵，是导致沟通失败的重要原因。良好沟通要求养成事前准备的习惯，尤其是重大场合、重要内容的沟通，更需就各沟通方的基本情况、沟通目标、沟通策略进行充分调查与反复预测，并精心准备各项资料以备所需，否则难以达成沟通目标，甚至可能造成无法弥补的损失。

养成主动沟通的习惯，主要从以下两方面入手：

（一）培养信心和勇气

主动沟通意味着战胜懒惰、怯懦和犹豫，冒着被拒绝或冷眼的风险去迎接挑战、捕捉机会，这需要足够的信心和勇气。信心来自于拥有足够的人际沟通能力，勇气来自于意识到主动沟通的重要性从而愿意积极行动。化畏惧为自信的根本途径，就是积累人际沟通的知识技能和经验，让自己与他人沟通时不再怯场。具体做法有：

1. 阅读人际沟通的相关书籍，学习人际沟通知识和技能。

2. 随时从影视作品中和身边人的沟通活动中学习观摩他人的沟通之道，分析其沟通成功或失败的原因，取得关于人际沟通的间接经验。

3. 在主动与陌生人沟通之前，先尝试与比较接纳自己的熟人主动沟通，如父母、老师、朋友、较为熟悉的同事等。这些人对我们比较有耐心，能对我们的表现给予正面反馈，能宽容我们在人际沟通中的不足并予以指导。

4. 与陌生人的主动沟通，先从有共同兴趣或共同经历的人开始。加入一些兴趣小组，或同乡会、同学会之类的社团。有共同的兴趣或经历作基础，很容易找到共同的话题，主动沟通就容易取得成功，从而进一步增强我们的信心和勇气。

5. 积极参加各类大型社交聚会活动,尝试与遇到的各色各样的陌生人接触。刚开始可能需要逼迫自己这样做,随着与各种类型的人沟通的经验越来越丰富,信心也会不断增强,也就更有勇气主动沟通。

(二) 留好第一印象

与认识的人主动沟通相对容易,主动打招呼、主动帮忙、主动关心对方及其家人的近况,就足以让对方温暖和感动了。与完全不了解的陌生人主动沟通要困难得多,其中最关键的是要留好第一印象。第一印象有着强大的首因效应,会影响到陌生人与我们的沟通兴趣和信心。留好第一印象,除了注意仪容仪表、讲究文明礼貌之外,还应做到以下几方面:

1. 精神状态良好

良好的精神状态能给人以自信、可靠、向上、充满正能量的印象。所以,在人际沟通中应呈现良好的精神状态,把活力和自信展现给他人,以蓬勃的生气影响他人。

2. 微笑注视对方

微笑被称为最美、最真诚的世界语,传递着"我喜欢你"、"你是受欢迎的人"、"我对你感兴趣"等积极信息,能使陌生人感到轻松,并对你产生好感。适当的注视则体现了对对方的重视,避免给对方留下心不在焉的印象。

3. 做好相互介绍

向对方介绍自己时,态度要谦和,声音要清晰,避免让人听不清而不得不追问。当对方自报家门时,一定要记住他的姓名,如果有职务,也要打听清楚,便于用恰当的称谓来称呼。在以后的交谈中,如果能自然、亲切、适当地叫出对方的姓名及职务,能令对方顿生好感。

如果需要交换名片,一定要用双手拿着名片,再递给对方。接对方名片也要用双手接,浏览一下上面的文字后,再郑重地放入口袋。

4. 言谈举止得体

首次见面应注意态度谦逊、表情自然、反应敏捷,知道什么时候该说,什么时候该听;什么时候该着重说明,什么时候可以一带而过;什么时候该主动提出话题,什么时候该转移话题等。沟通活动中,切忌喋喋不休地谈论对方一无所知且不感兴趣的话题,或追问对方不愿回答的问题。在他人说话时,要注意耐心倾听,不要小动作太多,干扰他人的注意力。

5. 适度自我表露

自我表露即"敞开心扉",即克服自我封闭与退缩,愿意和他人分享自己真实的经历、看法、情感和需要等等。一般来说,我们向对方敞开心扉,对方也会向我们敞开,从而使沟通更融洽、生动和深入。自我表露要做到"心中有数":自我表露太少,显得过于孤僻,难以打开沟通局面;自我表露太多,又显得"没心没肺",很难被人尊重和信任。

二、因人而异，差别沟通··

（一）男女两性的差别化沟通

人们经常发现，自己与同性沟通时非常顺畅，与异性沟通时却经常闹出误会，这是因为男女两性在沟通心理和外在表现上都存在很大差异，理解并尊重这些差异，是打开异性沟通之门的钥匙。

1. 两性沟通的差异

（1）核心价值观不同

男性：注重力量、能力、效率和成就，自我价值是通过所获得的成就来体现的；喜欢施恩于人，给人提供各种解决办法。

女性：重视感情、交流、美和分享，自我价值是通过感觉和相处的好坏来判断的；注重与人相处的气氛与艺术，注意传递爱和尊重。

（2）人际需要不同

男性：最需要个人空间感和控制感，追求独立自主，遇到问题宁愿自己设法解决，而不是向人求助；最反感别人的指责、指教及不请自到的主动帮助。

女性：最喜欢与人互动的亲密感；最反感别人不倾听，不表示欣赏、理解与体谅。

（3）沟通目的不同

男性：通过用沟通展现自己的能力、地位，以及寻求难题的解决方法。

女性：将交谈看成"分享行为"，期望通过沟通建立良好关系。

（4）沟通时的表现不同

男性：说话重视逻辑性与效率，用简短的语言说明问题，倾向于只讲结果省略细节；喜欢控制话题、插话；倾听时只有当表示赞同时才点头。

女性：希望尽可能多地说出细节，并借此整理思路、得出结论；用点头来表示在专心在听，而不是说同意对方的看法。

（5）情感表达的方式不同

男性：具有攻击性，常用生气来表现困惑、恐惧、痛苦甚至爱意等感受；常用外表的大大咧咧、乐观幽默、自吹自擂掩藏内心的失落、自卑和不安。

女性：比较情绪化，常常用生气、耍赖、抱怨、撒娇等掩盖内心的幸福和喜悦；喜欢用一些夸张的词，如"很好！""太棒了！""真不错！"等。

（6）遇到困难时的需要不同

男性：不愿意他人追问，更不愿接受同情；希望独自享受安静，远离与他人的交流；通过看电视、看报纸或玩视频游戏来自我放松。

女性:需要通过倾诉来舒缓情绪,希望倾听者表现出关心、安慰和爱意,而不是只给出解决问题的建议。

(7) 对他人遇到困难时的反应不同

男性:会像消防员救火一样急着为对方解决难题,急于提出各种建议,不怎么关注对方的感受和情绪。

女性:认为将烦恼说出来有利于疏导情绪,希望通过倾听分担对方的烦恼,乐于表示理解、同情和宽慰,容易将男人的沉默理解为"不信任我、看不起我"。

(8) 处理冲突的方式不同

男性:竞争意识强,有时为了决出胜负甚至忘了问题解决本身;沟通中强调自己的地位、权力、能力和独立;在冲突时直接表达意见、就事论事,一时找不到解决办法时宁愿选择沉默,而不是翻陈年旧账。

女性:强调化解矛盾,乐于寻求帮助,希望得到理解和支持,使用情感强烈的语言沟通;喜欢"算总账",认为这不是偶然事件,而是累加的结果。

2. 与异性沟通时应培养的习惯

男女两性应该尊重彼此的差异,接纳彼此的需求,各发挥其所长,只有避开"以己度人"的暗礁,才能达到两性沟通的和谐。

(1) 女性与男性沟通时应养成的习惯

多表达信任、赞美和感谢,满足男性的尊严感和自豪感。

直截了当地说出想法,尽量不用过于含蓄、隐晦的方式表达。因为男性喜欢有话直说,很难理解拐弯抹角的话。

希望对方改进时,不以情绪性字眼攻击对方的缺失,不用强硬、命令的语气提出要求,更不应将其和别人比较;可用先赞美再提意见,或请求帮个小忙的方式提出。

对方在思考、忙碌或想要独处时,不要逼问或者埋怨,给他一点时间和空间。

(2) 男性与女性沟通时应养成的习惯

让女性感到被尊重、被接纳:不轻视女性,不与女性争辩,不拿旧时代的老教条要求女性。

多关心女性的情感需要,帮助女性解决困难,给女性提供安全感。

多人在场时,鼓励女性发表意见和提出建议,而不是完全控制谈话时间和话题。

女性抱怨时,应耐心倾听,予以安慰,不急于给出建议。因为对抱怨的女性而言,只要对方愿意倾听,并理解她的感受、在情感上给予支持,就够了。

(二) 针对不同性格的差别化沟通

不同性格之间的差异是明显甚至巨大的,每个人都应该在尊重和理解这些差异的基础上,根据自身和对方的性格特点,采取有针对性的沟通方式进行沟通,以取得满意的沟通效果。

1. 主要的性格类型及其特点

根据外在行为方式的不同,人类的性格分为四种主要类型,下面以图表的形式概括这四种性格的行为特征及其心理机制。

表 2-2　四种主要性格类型的比较

	权威的力量型	生动的活泼型	深沉的完美型	温顺的和平型
主要特征	* 天生就渴望控制力和权威。 * 处事果敢,决策迅速。 * 精力充沛,愈挫愈勇。 * 争强好胜,强迫人接受其观点。 * 以事为重心,非情绪化。 * 脾气急躁,看不惯拖拉或软弱。 * 面子观念重,容易被冒犯。	* 喜欢与人交往。 * 善于调动他人的情绪。 * 好自我表现,有时过于抢风头。 * 感性大于理性,容易情绪化。 * 天真、善变、好奇,有些孩子气。 * 马虎、粗心、健忘。 * 口无遮拦,容易犯错。	* 崇尚美、秩序、理性、公正等人类最高的精神价值。 * 谨慎严肃,对人对己高标准要求。 * 为人忠诚可靠。 * 事前计划并严格执行。 * 想得多,做得少。 * 容易紧张,内心矛盾。 * 对他人态度敏感,对世界态度悲观。	* 情绪稳定,态度亲善,人缘很好。 * 调解矛盾冲突,营造和谐氛围。 * 乐于赞同他人,害怕独立地作出决策、承担责任。 * 过于关注他人的情感和需要而忽视自己。 * 满足现状,懒于进取。
主要优点	自信	热情	计划性	安全
	主动	活泼	自制力	包容
	领导力	表现力	钻研精神	沉稳
主要缺点	急躁	忙乱	拘谨	懒散
	固执	粗心	挑剔	甘于平庸
	鲁莽	健忘	敏感	缺乏主见
反感	优柔寡断	循规蹈矩	盲目行事	无
	懦弱	刻板	敷衍了事	
担心	被驱动、被强迫	失去声望	批评和非议	突如其来的变革
追求动机满足	结果、效率	良好的人际关	精细准确	相安无事
	支配地位	人人都满意	一丝不苟	
	获胜	人际互动	进步	归属
	成功	多彩的活动过程	理想	安全
	他人的感激	他人的夸赞	人与人之间的默契、理解	他人的尊重
做事方式	经常变,变的是方法:今天要求这样做,过两天要求那样做。	经常变,变的是结果:明明答应的事,过两天就忘了。	喜欢订计划、做表格,制定规范,难以接受别人的意见。	和多数人保持一致。

注:现实生活中,单纯只具有某种典型性格特征的人很少,大部分人的性格由四种典型性格中的两种以上组合而成,不过每种性格特征所占比重不同。

2. 针对不同性格的沟通策略

每种性格都有优劣两个方面。如果只盯着别人性格中的弱点,无视其性格中的优点,则不同性格的人之间可能产生误解。如:完美型的人认为活泼型的人说话不算话,活泼型的人认为完美型的人过于较真等。每个人应充分了解自己的性格特点,注意扬长避短;同时还应了解沟通对象的性格,与其沟通时,采取发扬其性格优点、回避其性格弱点的沟通策略。

(1) 与力量型性格的人的沟通策略

与力量型性格的人沟通时,应重在与其一起积极行动,并在行动的过程中求真务实、讲究效率。具体应做到:

承认和赞赏他们天生的领导才能,对其权威予以充分尊重。

对其言谈和话题表现得很感兴趣,并积极反馈。

有第三者在场时,要表示支持他们的意愿和目标,绝不伤其面子。

说话时直视对方,开门见山、直奔主题,不说空话套话。

在他们面前多表现自己训练有素、高效率的一面,绝不拖泥带水、琐碎唠叨。

提出的意见和建议简洁明确、具体可行,且有可选的替代方案。

考虑问题务实,多用事实说话,而不是感情用事、书生气十足。

一定要重视结果与效率,不要太过拘泥于过程与形式。

(2) 与活泼型性格的人的沟通策略

与活泼型性格的人沟通时,应在与其一起快乐的过程中,充分表现出对他们的兴趣,以赢得他们的好感、加深彼此的感情。具体应做到:

交往时多表现自己热情随和、潇洒大方的一面,与其"同乐"。

理解他们的孩子气,对他们的观点、看法乃至想入非非都表示欣赏。

容忍他们离经叛道、不可思议的行为,等他们有些冷静后再巧妙地提醒。

宽容他们的口无遮拦,协助他们提高自身的形象,设法为其无心之失"打圆场"。

从他们外在的张扬中看到本质的善良,不为自己被冷落而迁怒。

细节琐事不让他们过多参与,尽量不交给他们枯燥单调的工作。

必要时提醒他们记得自己的承诺。

(3) 与完美型性格的人的沟通策略

与完美型性格的人交往时,应与他们一起统筹规划,事前准备充分、做好计划,做事时周到精细、严肃认真,以此得到他们的认可和欣赏。具体应做到:

理解他们的敏感和容易受伤害,在他们面前出言要谨慎。

对他们言出必践,树立重信守诺、诚实可靠的良好形象。

相处时注意细节、讲求礼貌、保持理性,维持自身和环境的整洁。

探讨问题时用事实、数据,而非用想象、推断说话。

提出方案要细致周密、有条不紊,尽量考虑到各种可能性,详细说明其长处和短处。

在他们面前不随意表示怀疑或否定社会传统、行为规范和他们认为应遵循的规章制度。

（4）与和平型性格的人的沟通策略

与和平型性格的人沟通时,应先向其展示自己真诚可信的一面,营造友善温情的沟通氛围,让他们真正放松并乐于敞开心扉。具体应做到:

主动表示对他们的关注,鼓励他们表达并积极倾听,而不是忽略他们的需要和感受。

见面时不要显得过于热情或急于争取信任,这会让他们不安。

和他们相处时,注意放慢节奏,做到礼貌温和。

帮助他们订立目标,并激励、推动他们积极执行。

帮助他们克服自身的被动性,引导乃至迫使他们自主地作出决定。

提出意见或建议时,从情感而不是从功利的角度谈起。

三、换位思考,注意细节 ……………………………………………………………………

换位思考,即从对方的立场思考问题,也就是通常所说的"将心比心",或"人同此心,心同此理"。换位思考要求我们能站在尊重他人的立场,设身处地地理解他人,用对方的眼睛来看世界,用对方的心灵来体验世界,而不是用自己的眼光去看待别人,更不能将自己的意愿强加给别人。通过换位思考,我们能减少对他人的不解和误解,更好地理解、宽容、体谅对方,从而减少人际矛盾、增进人际和谐。

（一）换位思考的三重境界

1. 己所不欲,勿施于人

即我不希望做或不希望发生的事,也不要让别人去做或发生在别人身上。例如:我不喜欢被别人指责,那就不要随便指责别人。"己所不欲,勿施于人"体现了对他人的充分体谅,也体现了一种自我提醒、自我约束的精神,以避免或减少人际之间的不愉快发生。

2. 己之所欲,先予以人

即我希望别人怎样对待我,我就先怎样对待别人。这是更主动积极的一种换位思考方式,主动引导别人如何对待自己:如果我希望他人对我更友善,我就主动先对他人友善;如果我希望他人与我保持距离,我就先与他人保持距离,等等。

当然,这种"希望"有时只是一厢情愿,未必我们先做某些表示,别人就会理解和同意,如父母希望儿女体贴孝顺,就对儿女百般呵护甚至溺爱,但儿女未必就真的"领情"。所以采取这种思考方式时,不能只考虑引导对方满足自己的需要,更要考虑自己的付出是否满足了对方真实的需要。

3. 人之所欲,己先予之

即别人希望我怎样对待他,我就怎样对待他。这是比前两者更"无我"、更加以对方为中心的换位思考方式:主动分析和找到他人的真实需要,并设法予以满足,对方自然会心存感谢,并愿意加以回报。这种换位思考的方式难度最大,对我们的要求最高,但也是最能发挥能动性、最能把握沟通主动权的方式,如果一时做不到,可以先从前两种境界做起。

(二) 做到换位思考的细节

当换位思考成为一种思维和行为习惯后,对他人的理解、体谅和关照会时时处处从细节中体现出来:

1. 体现对别人尊重的细节

入乡随俗,注意对方的社交习惯并适当加以模仿。

加入别人的交谈前,先弄清楚别人究竟在说什么。

不轻易打断、纠正、补充别人的谈话;转移话题尽量不着痕迹。

尽量使用"您"、"您的"或"我们"、"我们的",而不是"我"、"我的"。

尽量少用"应该"、"一定"、"必须"、"不能"、"绝不"、"你别管"、"闭嘴"之类强硬、绝对化的词汇,不说尖酸刻薄的话。

不打听他人隐私。如果无意中知道了他人的隐私,就当不知道。

不背后议论人是非。如果听到他人在自己面前议论是非,付之一笑。

对人不轻易下结论。要学会"听、观、辩",即听其言、观其色、辩其行。

很多人同时在场时,平等对待每个人,不对其中某一两个显得特别亲近或特别疏远;在和一个人交谈时,同时不要无视其他人的存在。

赴宴时不主动就坐首座或贵宾席,点菜时问清同桌食客的偏好,而不是以自己的喜好为准。

此外还有:洗完手不随意甩手,以免甩到人家身上;递刀具给别人,递出刀柄那一端;帮别人倒茶倒水之后,壶嘴不对着别人;屋里有人的时候,出门要轻手关门;递送东西时,如果中间隔了人,不从别人面前,而从别人后面绕过去递;与别人碰杯,自己的杯子一定要低于对方的;擦桌子的时候要往自己的方向抹;挂电话的时候等别人先挂断,等等。

2. 体现善意与诚信的细节

经常帮助别人,但是不能让被帮助的人觉得理所应当。

尽量不向同事和好友借钱,如果借了,一定要准时还。

坚持在背后说别人好话,尤其在两个闹矛盾的人之间说好话,使其重归于好。

多给别人鼓励和表扬，尽量避免批评、指责和抱怨，不逼别人认错。

在团队合作中，出了问题主动揽责，不推卸责任；有了成绩与所有参与者分享，不独居其功。

难以办到或没精力办到的事，不轻易作出承诺。

避免一切让人不信任的行为，如：随口敷衍、用词过于夸张、吹捧他人、自吹自擂等。

自己遇到困难时，乐于接受他人的关心和帮助。

3. 避免给他人带来不便应注意的细节

拜访别人前，一定要事先通知。

给别人打电话的时候，先问对方是否方便通话。

不在别人可能工作忙或者休息时打电话过去，除非是非常紧急的事情。

离家、回家，给家人打招呼；上班时间暂时离开或请假，和同事说明情况。

不向他人吐露自己和别人的隐私、秘密，一是给人增加了保密的责任，二是难保不被泄密。

四、勤于赞同，不吝赞赏··

反对别人会激起心理抗拒，而赞同甚至赞美则会赢得广泛的欢迎，因为人都是以自我为中心的，都不愿意被否定，而对肯定、赞赏自己的人则大为认同，甚至萌升"知己"之感。培养赞赏别人而不是反对别人的习惯，可从以下方面入手：

（一）假定他人言行背后的动机是善良的

没有足够的证据之前，不能假定他人说话做事的动机是恶意的，这是法治社会的基本规则——无错推定。在人际交往中，如果我们对于交往对象的动机和德行，像防范小人或贼一样对其设立"心理屏障"，那出于自我暗示，我们会越看越觉得对方像自己所想的那样，《智子疑邻》这则寓言就是对"有罪假定"的最好警示。

（二）善于发现他人值得赞赏之处

出于维护自身优越性的心理，"夸大自身的优点、放大他人缺点"是普遍的人性弱点。在人际交往中，并不是别人身上没有可取之处和闪光点，而是我们不善于发现。

（三）忽视对方存在的不足

人人都存在缺点，如果注意力集中在对方的缺点上，那是永远都有新发现的。这种发现他人缺点的过程，只会将自己与他人的心理距离越拉越远。养成赞同他人的习惯，就要学会"选择性忽视"——忽视对方存在的缺点和不足，搁置双方的分歧甚至矛盾之处，不让这些因素成为自己欣赏他人的障碍。

（四）赞赏之意要明确表示

如果仅用暗示让对方感觉到你的赞同或欣赏之意是不够的，因为对方会怀疑自己的理解只是一厢情愿的猜测而已。因此,在表述赞赏时,要用明确的、没有歧义的方式予以表达。

(五) 克服喜欢否定的习惯

即使不赞同对方的某些观点或做法,也不要轻易表示反对。一方面,我们不是圣贤,不能确认自己的想法就是对的;另一方面,反对会伤及对方的自尊心,激起对方的自我防卫心理,引发双方的矛盾和隔阂,所以不到万不得已,不要逞一时口舌之快而轻易否定别人。

(六) 尽量避免与人争论

人际关系中最忌讳与人争论。争论到最后,往往会离开最初的沟通目标,演变成"输还是赢"的面子问题,变成了情绪爆发、意气用事。所以,要克制争强好胜的冲动,即使自己是对的也不要争论,心平气和地说明自己的观点即可。如果对方想要争论,我们可以转移话题或设法回避。

【思考与练习】

一、单项选择

1. "情人眼里出西施"属于人际认知中的(　　　　)。

A. 首因效应　　　　B. 近因效应　　　　C. 晕轮效应　　　　D. 刻板效应

2. 一父亲在公司受到了老板的批评,回到家就把孩子臭骂了一顿。孩子心里窝火,狠狠地将手中的水果扔出窗外,正好砸在一位过路的快递员头上。快递员很生气,他一边送快递一边骂骂咧咧,搞得收快递的人跟着不高兴。这种现象属于(　　　　)。

A. 富集效应　　　　B. 共生效应　　　　C. 踢猫效应　　　　D. 南风效应

3. 影响人际吸引的影响因素包括时空的接近性、魅力的吸引性、态度的相似性和(　　　　)。

A. 地位的平等性　　B. 权力的共生性　　C. 财力的相当性　　D. 需求的互补性

4. "谁言寸草心,报得三春晖",说明人际交往中应拥有(　　　　)心态。

A. 平常　　　　　　B. 感恩　　　　　　C. 积极　　　　　　D. 自省

二、性格辨析

古希腊医生将人的气质类型分为四种:胆汁质、多血质、黏液质、抑郁质。如果这四种类型的人看到有栋房子着火了,他们分别会作出如下反应:

胆汁质:立刻关掉电源开关,找到灭火器,马上去灭火!

黏液质:思考"是什么原因起火了,是电线短路还是厨房着火?"

多血质:在楼上楼下上蹿下跳,大叫:不得了啦! 着火啦! 快逃命吧!

抑郁质:看着周围忙乱的人们,心想:"反正有人会报警,消防队马上就到,不着急!"

问题:你认为这四种气质类型和所学的四种性格类型能互相对应吗? 如果能,怎么对应比较合适？

三、案例分析

有一天，一度卸任的罗斯福总统进白宫去见新任的塔夫特总统，正值塔夫特总统和夫人外出，老罗斯福敦厚地对总统府内的每个工作人员，包括做杂务的女仆，都呼名问好。

当看见厨房女佣爱丽丝的时候，他微笑着跟她打招呼，说很想念她做的美食，并问她是否还做玉米饼。爱丽丝告诉他，有时候做给仆人们吃，但是楼上的几位先生现在全不吃了。

罗斯福听了很不平，说："那是他们真太不懂口味了，我见了总统，一定要这样告诉他！"

爱丽丝欣喜地跑进厨房，拿了一块玉米饼给罗斯福。

罗斯福接过来，一边走，一边很享受地吃着，还同园丁和工友们打招呼。他和每个人亲切地谈话，就像他做总统时一样。

仆人们见到罗斯福，个个都很激动。有个老仆人眼里含着泪水说道："这是我几年来最快乐的一天，就是有人给我100美元，我也不愿意换。"

思考：

罗斯福坚持了哪些人际沟通原则，用什么样的沟通心态和行为习惯，征服了曾服务过他的人，让他们如此快乐？

四、沟通反思

请反思自己在人际沟通方面存在哪些心态和行为习惯方面的问题，并举一个因为这些问题而导致沟通失败的典型例子。

要求：

1. 完整细致地描绘这一典型例子的具体情景；

2. 结合本章所学内容，逐条分析自己这次沟通失败在认知、心态、行为方面的原因；

3. 提出自己今后应重点培养哪些正确的沟通心态和习惯，以及如何培养的具体行动方案。

第三章　语言表达和非语言表达

口头表达能力包括语言表达能力和非语言表达能力。语言表达能力的提升需要持之以恒的心智努力,培养正确的语言表达模式,学会选择适宜的话题,掌握表达引人入胜、幽默诙谐的艺术,并借助多种方法反复进行语言表达训练。非语言表达能力包括副语言表达能力和身体语言表达能力。副语言表达能力主要通过声音的表现力体现出来,需要在发声、重音、语调、语速、节奏等单项训练的基础上进行综合性训练。身体语言主要有面部表情、目光、身体距离、身体姿态、手势、身体接触等。学会准确理解和灵活自如地运用身体语言,是提升非语言表达能力的重要一环。

第一节　语言表达能力的提升

人际沟通是表达、倾听、反馈的循环互动过程。表达即信息的发出,包括语言表达和非语言表达。表达的内容是否让人感兴趣,表达的方式方法是否能让听者准确理解、能做到引人入胜,是决定语言表达能力高下的重要标准。

一、良好表达的心智准备

（一）道德修养

思想道德修养决定人格的力量,以德修身方足以服人。无论是谈话、演讲还是论辩,我们的思想、感情、个人修养都会在有意无意中影响着听众,只有具备了良好的思想道德修养,说出的话才具有说服力,这就是所谓的"身教胜于言教"。尊奉博爱、自由、平等这些全世界普遍推崇的价值观,将尊重生命、理解他人、利于社会作为自己做人做事的基本原则,遵从主流社会的道德观和行为规范,并学会使用正确的方法、立场去分析问题、解决问题,我们的表达才能具有人格的力量,从而感染听众、说服听众。

（二）知识积累

俗话说"要想给别人一杯水,自己就要有一桶水",给他人提供正确、有趣、新鲜、翔实的信息,需要以丰厚的知识积累为基础。我们平时要养成一个好习惯:把每天从报纸、杂志、书本、网络中看到的观点、方法,乃至好句子、词汇都记录在记事本中,有时间就拿出来看看或与人分享,日久天长,头脑中的积累就会越来越丰富。应注意的是,不要去追求那些华而不实、哗众取宠、低级趣味的东西,浪费宝贵的时间,且积累和谈论它们会严重影响自己的品位和形象。

(三) 远见卓识

陈词滥调令人乏味,独创性见解才令人耳目一新。要想见解独到,就要站得高、看得远,言别人之未言,说别人之难说。这要求我们对所积累的知识有"去其糟粕取其精华"的筛选提炼过程,用批判的眼光看待他人的意见和成果,逐渐形成自己独立的、具有洞察力和预见性的思想见解。

(四) 随机应变

互动顺畅的沟通要求我们在谈话、演讲、论辩的过程中随时注意对方,观察听者的表情,掌握听者的情绪,根据其反馈及时调整表达的内容及角度,如把对方不愿听而自己又打算讲的东西删掉,加进一些对方感兴趣的内容等,这些都要求我们有较强的应变能力。与人沟通时,我们还可能遇到意想不到的事情,如正在演讲时却有人起哄,正在表达自己的看法时却遭人抢白,自己的解释受到质疑等,为了使自己能在窘境中得到解脱,得练就在任何情况下都应对自如的能力。

(五) 强化记忆

通过主动记忆把需要表达的内容储存在大脑中,在重要的沟通场合显得极其重要,如果自己准备的内容出现了遗忘,就会紧张、尴尬,甚至头脑中一片空白而张口结舌。在谈话时,提供的信息越精细准确,越能获得听者的信任;演讲或辩论时,大段地背诵名篇佳句,或对各种数据信手拈来,会使得听众佩服不已,所以,良好的表达要求我们肯下苦功强化记忆。记忆的方法很多,可以自己在学习中寻找、总结记忆规律,也可以借鉴他人的成功方法,比如形象记忆法、数字记忆法、联想记忆法等。

(六) 专项训练

缺乏语言表达训练与受过良好训练,表达能力具有天壤之别。面对同一件事,没受过语言训练的人的表述,有可能语无伦次、废话连篇;受过良好语言训练的人,可能只须很少的语句,就会完整且合乎逻辑地表述出来。提高表达能力应重点从以下几方面逐一进行专项训练:从容面对一切谈话对象、找到合适的话题、进行吸引人的开场白、根据不同场合和对象选择相应的表达方式、用清晰悦耳的声音表达、表达有概括性和条理性、用语准确生动幽默、能适宜地转换话题或结束自己的谈话等。

(七) 持之以恒

任何能力的提升都是一个不进则退的过程,最忌讳"三天打鱼,两天晒网",良好的表达能力需要靠坚持不懈的苦学苦练得来。表达能力的提升要从前述的几个方面着手,合理安排自己的时间和精力,拟出综合性的学习与训练方案,严格按质与量地完成学习和训练,及时将所学所练的成果运用到沟通实践中,并根据他人的反馈进行总结和调整。有道是"功夫不负有心人",持之以恒地刻苦积累和练习,总有一天会达到辩才无碍的境界。历史上很多演讲家、政治家就是靠持之以恒的艰苦训练,成功地提升了自己的表达能力。

二、正确的语言表达模式

(一) 常见的消极语言表达模式

1. 自我为中心的攻击式

"攻击式"沟通是一种以自我为中心、只顾表达自己意愿而不考虑对方感受的情绪化语言表达模式,因其将自己的意志强加于人,经常会损及对方的尊严而招致排斥和敌意。

"攻击式"沟通的常用句型有:"我已经对你说过了!""谁要你做这个了?!""你这个白痴!""你必须……""你总是/从不……"等等。因为心中没有需要顾虑的"敏感话题",什么话都敢出口。

2. 平和谦卑的退让式

"退让式"沟通是一种被动的、缺乏主见及自信的平和的语言表达模式,之所以称为退让式,是因为其谈话及行为永远被对方所控制,永远处于被动的退让状态。

"退让式"沟通的常用句型有:"嗯,如果你想那样做的话,我……我没有意见。""我不知道是否可以那样做。""抱歉问你一下,你觉得……""打扰你很抱歉,我想……""也许那是个好办法,嗯……也许吧"等等。在这种表达模式里,没有什么东西是强硬的或肯定的。

3. 消极进攻式

"消极进攻式"沟通,指沟通者在谈话或处理问题时,不以直接方式,而是采取消极评价、暗示、嘲讽、明褒暗贬、似是而非等手段表达不满或心中的怨气。采用这种沟通模式的人,喜欢邀功或谈条件,惯于事后总结和责难,说出的话常暗含攻击性而伤害他人。

"消极进攻式"沟通的常用句型有:"我就知道这样做不会起作用的。""他呀,他的问题在于……""如果你非要那样做的话……""你怎么能那样想呢?""你到底帮不帮我啊?别忘了上次是谁帮过你!""你干这点儿活就算辛苦,我像你这么大的时候每天要干十几个小时呢?"等等。

(二) 积极的语言表达模式及其培养

1. 积极的语言表达模式及其特点

真正积极的语言表达模式,指沟通者以积极、自信的心态,站在对方的立场,针对不同的沟通对象,专注于成功实现沟通目标而采取的语言表达模式。

积极的沟通者勇于对自己和沟通对象负责,沟通时采取主动,自始至终表现出诚恳,着眼于解决问题,陈述自己的观点时清晰、直接、富有建设性,语言表达简明扼要、富有活力,关注并询问他人的想法、意见和期望,给予对事不对人的建设性反馈,提供的建议不带强制意味。

积极自信的语言表达常用的句型有:"我们先明确一下这个议题,然后探讨有几种解决它的途径,好吗?""我对你的观点是这样理解的……""你的意思我理解了,下面谈谈我的想法。""对不起,刚才可能没说清楚,我再解释一下我为什么那么认为。""你别急,请让我把话说完。""对不起,确实是我弄错了。""不要担心,我们一起努力,会找到解决办法的。"等等。

2. 积极的语言表达模式的养成

积极自信的语言表达模式是取得沟通成功的最有效方式,同时也是最难的一种表达模式,不是难于使用,而是难在坚持。因为采取这种表达模式的沟通者必须随时注意自己的心态和行为,同时还要考虑他人的想法和感受。

形成积极自信的语言表达模式,需要改变过去错误的表达模式,培养并坚持以下品质:

(1) 自始至终尊重他人。如前所述,尊重他人是无条件的,即便是他人给我们带来了麻烦和困扰,也应始终保持对他人的尊重。

(2) 协作性。在与对方发生分歧时,能清晰地知道自己的沟通目标,即便在最艰难的时刻也不丧失信心、不轻言放弃、不表现厌烦之意,这要求我们有深入骨髓的协作意识和训练有素的协作习惯。

(3) 灵活性。又称弹性、柔性,即注意针对不同的沟通对象,对自身的心态和表达方式作出适当调整,以达到更好的沟通效果。

(4) 自控力。即学会在任何情况下控制自己的情绪,永远保持镇定自若,而不是让情绪控制自己。

(5) 将精力集中在问题而不是问责上。把焦点放在如何解决问题,而不是放在追究问题如何产生上,这样大家就不是彼此责备,而是共同寻求解决问题的方式方法。

三、对适宜话题的选择

在话题的选择上我们不必过于拘泥,人们除了爱听一些奇闻轶事外,大量的是爱听与日常生活有关的内容,只要持有积极自信的沟通态度,我们所看到、听到、感受到的事物都是很好的话题。

(一) 常见的话题

1. 当前热点

选择众人关心的事件为话题,国家大事、社会热点、体育赛事、收视第一的电视节目、异常的天气、拥堵的交通……这些都是大家想谈、爱谈、又能谈的。

2. 就地取材

从沟通的时间或地点、沟通双方的个人信息载体中选择彼此感兴趣的话题进行交谈。例如房间的装修风格,饮品和食物,双方的衣饰、发型、籍贯、职业等。

3. 共同认识的人

如果没有共同认识的朋友或老乡、同学,那至少有大家都认识的公众人物可以谈。

4. 兴趣爱好

了解对方的兴趣爱好,介绍自己的兴趣爱好,找出是否有接近或是相同的。

5. 生活近况

较熟悉的人之间主要的话题就是交流彼此的近况,不熟悉的人之间在进行了几个话题之后,也可转向关心对方的近况,借以拉近心理距离。

6. 过去的回忆

人人都爱谈自己的童年和过去成功或失败的经验。

7. 未来的计划

例如:"你以后要出国留学吗?""想找什么样的工作?""以后想去哪些地方玩?""今年打算投资房地产还是进入股市?"等等,借以更深入地了解对方,寻找合作的机会。

(二) 应尽量避免的话题

尽管可以选择的话题随处可得,但也应注意掌握说话的分寸,对于一些话题应尽量避免,以防带来不愉快或尴尬。有关话题的禁忌主要有:

1. 对不熟悉的人谈自己的健康状况。

2. 对严重病患或有残疾的人谈他们的健康状况。

3. 一些涉及宗教、意识形态、派别斗争等的敏感性话题。

4. 昂贵物品或设施的价钱。

一般的物品问问价钱无伤大雅,那些价值较为昂贵的首饰、奢侈品等的价格,人们一般不喜欢被追问,一来是不希望"显山露水",二来也不希望遭人嫉妒。

5. 个人的不幸。

一方面我们不宜随意向他人提起自己的不幸,另一方面也不要主动提及他人的不幸。如果对方是主动提起,就需要表现出同情并听其诉说,但也不要为了满足好奇心而追问不休。

6. 老生常谈或过时的话题。

7. 没得到证实的传言。

8. 明显涉及性的话题。

四、表达引人入胜的艺术···

(一) 直奔主题,张弛有度

大家都讨厌无聊的谈话,如果想发表观点时,不妨直奔主题,然后围绕主题进行尽可能简洁明晰的表达。

1. 抓住听众耳朵的时间原则

美国著名培训师格朗维尔·涂古德(Granville N. Toogood)指出,不管是提出方案还是公众发言,有两个重要的时间点主导着一场谈话成功与否:

(1) 8 秒钟规则

听众最快会在演讲者说话开始的 8 秒内决定值不值得听。一般来讲,声音邮件只需 10—15 秒钟,电话里只需 30 秒钟,当面会谈只需约 2 分钟的时间,沟通对象就会自以为了解我们提供的真正信息是什么,然后决定是不是要接受它。所以,如果表达不简洁有力、直奔主题,等不到进入正题,听者就已经不耐烦了。

(2) 18 分钟"撞墙期"

"撞墙期"指讲话者和听者之间出现无形障碍的间隔期。一般来讲,成年人完全集中注意力听人讲话的时间不会超过 18 分钟,大部分人在 18 分钟后就会注意力漂移、精神涣散。因此,我们必须学会将冗长的讲话内容分段,每隔大约 18 分钟,至少要采取以下方法之一来为听者"提神",使其在必要的放松之后产生新的兴趣,重新集中注意力:

使用道具(如数据图表、图片、模型、幻灯片等)辅助说明;

播放生动有趣的视频文件;

讲一个趣闻或故事来活跃气氛;

向听众提问或邀请听众提问来增加双方的互动。

2. 如何做好开场白

人们常说,一个有力的开头,胜过十几句客套话。以下几种开头方法可供参考:

(1) 说些幽默、有趣的事情,使对方心情放松。

(2) 说一些与听众切肤相关的内容,令其大为震动。

(3) 先扼要提出问题的要点和独到的看法,引起对方想知道理由的好奇心。

(4) 先把一些非凡事件的结果说出来,使对方想知道这件事的经过情形和发生原因。

(5) 先提出一个大家感兴趣的问题以供讨论,在取得共同认识的基础上,再进一步发挥。

(6) 回顾过去以唤起共同的回忆;预测未来以唤起共同的憧憬等。

(二) 使用对方易于理解的语言

我们发表意见,目的不是为了显露自己的口才和高深,而是为了让对方听懂并乐于接受,所以一定要使用对方能听得懂的语言。这要求我们对非专业人士尽量不要使用专业术语,如果必须得用,就要进行深入浅出的解释;对本国听众讲话,尽量少夹杂外语词汇,必须使用外语时,要进行必要的翻译。

(三) 以异乎寻常的方式呈现观点

以出其不意的方式呈现自己的观点,会让人印象格外深刻。如:

有一人丧尽天良,杀害了自己的亲生母亲,闻者无不切齿痛骂。正在众人议论纷纷时,一个人却说:"杀父亲还讲得过去,他居然杀了自己的母亲,真是大逆不道!"

大家听了他的话,都十分惊讶,有人质问他:"难道父亲就杀得?!"

他微微一笑,解释道:"禽兽只知道有母亲,不知道有父亲,他杀了父亲,只能说明他如同禽兽;现在他竟然杀了母亲,真是禽兽不如啊!"

大家这才恍然大悟,不禁对他的机智拍手叫绝。

(四) 提供震动人心的数据

如有位教师这样描述人体的物质价值:

构成人体的水,足以装满一只容量为45升的水桶;人体里的脂肪,可以制造7条肥皂;人体中的碳,可以制造9000支铅笔;人体中的磷,可制2200根火柴,人体中的铁,可造2根铁钉;人体中的石灰可足够刷两个鸡棚;还有少量的镁和硫……

(五) 运用生动的故事

故事可以起到启迪、激励、吸引和联结等作用,帮助听者让信息形象化,具有很强的象征力和"粘附力"(具体而易记)。故事让理念更加具体,常常诉诸视觉感官,不断触动情感。

(六) 打一个形象的比方

过于深奥的道理,如果直接阐述,可能解释半天还让人不知所云,不如借助一些生动形象的比喻或象征,将深奥之理用简洁、入神的方式呈现出来,以触动听众记忆中现有的信息,使其心领神会。如:

有一次,一位老人问爱因斯坦,什么是相对论?

爱因斯坦想了想,说:"如果和亲密的朋友聊天,一个小时过去了,你会觉得才聊了五分钟;如果坐在烧得灼热的火炉边,你会觉得五分钟就像一小时一样长,这就是相对论。"

五、表达幽默风趣的艺术……………………………………………………………………

幽默的本质是制造认知不协调,然后化解这个不协调。眼高手低、位卑言高、奇谈怪论、强盗逻辑、反常意外等等超出常识判断和习惯性思维、让认识失调的内容,一旦得到合理的解释或解决,就会消除人们内心的紧张,释放出开心的笑容。幽默就是先给出一个不协调的情景,再对这个情景给出"情理之中、意料之外"的解释或解决方法。可见,幽默是灵活应变地、创造性地处理难题的思维游戏,可以风趣地呈现深刻的思想或不便直说的劝诫,可以帮助当事人化尴尬为解脱、化干戈为玉帛、化激动为理智。常见的幽默艺术有:

（一）自我调侃

自我调侃，即通过极度夸张的手法，在他人面前主动贬低自己，以体现自身的豁达与心无城府。如：

据说著名学者胡适曾应邀到某大学讲演，他引用了孔子、孟子、孙中山的话，并在黑板上写下："孔说"、"孟说"和"孙说"。最后他在发表自己的见解时，紧接着郑重其事地写下"胡说"二字。

学生在大笑中，牢牢记住了他的"胡说"内容。

一个人敢于拿自己的劣势或缺陷制造幽默，表明他并不认为这会降低他的社会价值。自我调侃是自信、乐观、随和、智慧的表现，运用得好，能让人备感亲切，很快拉近与他人的心理距离。在自我调侃时应注意，对自己缺点的描述要有显而易见的虚幻感、荒谬感，如果说得让人信以为真，那就弄巧成拙了。

（二）自圆其场

圆场就是给自己或他人找台阶下。遇到发窘的状况时，不管是不是事先有计划的，都可以顺水推舟，让他人认为现在这个状况是故意被设计出来的，或自己早就预料到的。例如：

有一次，相声演员马季到湖北黄石市演出。在他表演之前，有位演员错把"黄石市"说成了"黄石县"，引起了观众的哄笑。

在笑声中，轮到马季登台。他张口就说："今天，我有幸来到黄石省演出……"这话把哄笑中的观众弄糊涂了：堂堂马季，怎么也犯这么低级的错误？

马季从观众的窃窃私语中迅速反应过来：坏了，自己也闹了个口误！可要承认自己是口误也太没面子了。于是，他灵机一动，从容解释道："方才，我们的一位演员把黄石市说成县，降了一级。我在这里当然要说成省，给提上一级，这样一降一提，哈，就平啦！"

自我圆场也可以是故意对尴尬的情景作出对自己有利或恭维他人的解释，从而赢得善意的笑声，例如：

一位钢琴家到一座陌生的城市演出，发现听众人数不到座位的一半。面对这种情况，他走上舞台后对观众说："这个城市的人一定很有钱，我看到你们每个人都买了两三个座位的票！"

（三）装傻充愣

故作幼稚之言、愚蠢之言、缺乏常识之言，也就是说犯"低级错误"，以引起他人觉得好笑并忍不住予以纠正或反驳，然后再给出令人捧腹的解释，从而达到活跃气氛的目的。运用的关键就是要让他人对错谬之处一目了然，而自己的装傻要不动声色。例如：

在一次中层会议上，当一位经理谈到"我们要有寡妇追日的精神"时，大家哄堂大笑。

总经理忍不住纠正他："是夸父追日吧。"

　　这位经理一本正经地说："是寡妇追日！夸父因为追日而牺牲之后,他的妻子继承遗志,擦干眼泪,接着追下去,不就是寡妇追日么？这可比夸父追日还惊天地泣鬼神哪！"

　　如果碰到他人想通过隐喻的手法对我们嘲讽或揭短,装傻充愣也是一个很好的化解方法。故意装作没听懂对方的讽刺挖苦,而照对方话语中表面的意思给出回复,远远胜过试图解释而把事情越描越黑。例如:

　　英国科学家达尔文在一次宴会上恰好和一位美貌的女士坐在一起。

　　女士以戏谑的口吻说:"达尔文先生,听说你断言,人类是猴子变来的,我也属于你的断言之列吗？"

　　达尔文彬彬有礼地答道:"当然喽！不过,你不是一般的猴子变的,你是由长得非常迷人的猴子变的。"

(四) 对比反差

　　利用同一事物的正反两面,或不同事物间的相似或相反之处予以对比,在强烈的反差效果中会形成很多"笑点",从而达到幽默的效果。常见的对比反差有:

　　1. 古今反差。例如现在流行的穿越剧,就利用现代人穿越到古代后的种种不适应来制造喜剧效果。

　　2. 大小反差。例如"我家的财政部长发了言,要把我每天的酒钱由十块减为一块！"

　　3. 身份反差。本应用于某一身份人身上的,挪用于描述另一人物。例如一本书的书名《孙悟空是个好员工》就很有幽默感:在人们心目中敢于大闹天宫、崇尚无拘无束的神话人物孙悟空,怎么会是一个职场中为五斗米折腰的好员工呢？

　　4. 感情色彩反差。即贬词褒用或褒词贬用。例如一位对妻子唠叨不胜其烦的丈夫讽刺妻子"诲人不倦",就是褒词贬用;一位醉心于书法篆刻而无心功名者被问及事业发展如何时,说自己"玩物丧志"、"不思进取",就是贬词褒用。

　　5. 境遇反差。幽默大师卓别林的《城市之光》中有这样一个情节:一位市长为象征城市荣耀的"繁荣女神"雕像举行揭幕剪彩,幕布揭开时惊动了在女神膝盖上躺着休息的一个流浪汉,他在众目睽睽之下狼狈逃窜。繁荣与饥寒在对比中产生强烈反差而使人发笑。

(五) 一语双关

　　"双关"是汉语中的一种修辞手法。在某种语境中,为达到含蓄、幽默的效果,就可以利用汉语的多音、多义来表达双重意思。

　　1. 语义双关

　　利用汉字一音多义的特点,巧妙地表达隐含的意思。如:

　　山顶滚石头——石打石(实打实)。

拉着胡子上船——牵须过渡（谦虚过度）。

2. 譬喻双关

直接用打比方的方式，将真实想表达的意思潜藏在所使用的故事、寓言或常言俗语中。例如：

美国飞机发明家莱特兄弟不善交际，最讨厌的就是演讲。在一次盛宴上，主持者请莱特兄弟发表演说。两人推来推去，最后小莱特站起来只说了一句话："据我所知，鸟类中会说话的只有鹦鹉，而鹦鹉是飞不高的。"

这句话博得了人们长时间的热烈鼓掌。

（六）偷换概念

概念被偷换得越是隐蔽，产生的幽默效果越是强烈。主要有以下情况：

1. 对常规的概念作出非常规的解释。如：

儿子：妈妈，他们为什么叫你泼妇？

妈妈：那是表扬妈妈是位活泼可爱的妇女。

2. 利用概念的多种含义，由一种含义突然向另一种含义转移。如：

两个儿媳妇问婆婆，她们谁更称职一点？

婆婆问："什么叫称职？"

一位媳妇回答："就是能让婆婆开心。"

婆婆一听笑了："这么说，恐怕我养的小狗要称职一点。"

做婆婆的偷换了"人称职"和"狗讨宠"的概念，巧妙避开了对两位儿媳作评价的尴尬。

（七）逻辑归谬

故意从道理上、逻辑上、规律上对某一事物进行谬述，造成不协调的语言环境，使人觉得可笑。

1. 把对方的话或行为加以推理，引到一个显然可笑的错误结果上去。例如，一位领导在"干部学雷锋经验总结大会"上的发言中说：

在座各位写的书面总结中，有一半多的人提到拾金不昧。真羡慕你们的运气，我活了这么大的年纪，还从未捡到过钱包。咱们能不能专门开个捡钱包经验交流会，给我也介绍介绍捡钱包的经验呀？

模仿他人的荒谬，将其荒谬向更荒谬推进的过程中，必须要沉住气，不动声色、一本正经，才能最终制造出幽默的效果。

2. 直接对他人荒唐的逻辑反戈一击。如：

有位美貌的女演员曾写信向英国作家萧伯纳求婚，信中写道："如果我们结婚，咱们的后代有你的聪慧和我的外貌,那一定是十全十美的了。"

萧伯纳在给她的回信中说:"你的想象是很美妙的。不过,假如生下的孩子,外貌像我,而智慧又像你,那又该怎么办呢?"

(八) 环境错置

错置实际上是假借一种有趣的东西,将其放置到一个新的环境中,与新环境产生强烈的不和谐,从而制造出幽默效果。广告词、歌词、流行语、术语等,都可以用来作为"错置"的语言材料。如赵本山小品《昨天今天明天》中的一段台词:

这家伙把我们家里男女老少东西两院议员全都找来开会,要弹劾我……后来经过全家人的举手表决,大家一致认为我给人赔礼道歉。

把严肃的政治术语"两院议员"、"弹劾"、"举手表决"、"赔礼道歉"移用到日常生活情境中,显得格外诙谐。

(九) 名称替换

已经约定俗成的名称,决定了人们对其概念化的理解和接受,而适时的改造活用,用一种有趣味的新形象或有代表性的符号去代替某个人或事物的原名,则能赋予其新的或更丰富的含义,产生幽默效应。例如:将解职冠以"炒鱿鱼"、玩笑过大称"国际玩笑"、政策不公开叫"暗箱操作"、放学叫"胜利大逃亡"、废话称为"语言垃圾"、逆向思维称为"反弹琵琶"、具体细致的描写称为"细节膨化"等等。

(十) 巧用比喻

巧妙的比喻是修辞中的一朵奇葩,不仅能使语言焕发光彩,运用得当还极富幽默感。例如:

办公室里,职员们一边工作一边聊天甚至打闹,突然老板走进办公室,职员们顿时埋头干活,办公室里鸦雀无声。

老板微微一笑,说:"怎么,刚才还是《孙悟空大闹天宫》,这会儿就变成《寂静的春天》了?"

(十一) 运用反语

反语即说反话,要求是声东击西,"睁着眼睛说瞎话",把真话往反里说,把反话说绝,说得明显不符合实际情形。例如对抽烟的现象进行"反语"批评:

今天我向大家讲讲吸烟的好处:第一,可以防小偷。吸烟会引起深夜的剧烈咳嗽,小偷怎么敢上门呢? 第二,可以节省衣料。咳久了就成了驼背,衣服可以做短些。第三可以演包青天,从小吸烟,长大了脸色黄中带黑,演包青天不用化妆……

(十二) 繁事简说

借助省略、概括、提炼等,将本应长篇大论的问题用非常精练的话予以解决,让听者在意外之余会心一笑。例如:

1985年底，全国写作协会在深圳罗湖区举行年会。开幕式上，省、市各级领导论资排辈，逐一发言祝贺。

轮到罗湖区党委书记发言时，开幕式已进行了很长时间，听众相当疲劳，于是他说："首先，我代表罗湖区委和区政府，对各位专家学者表示热烈的欢迎！"

掌声过后，稍事停顿，他又响亮地说："最后，我预祝大会圆满成功。我的话完了！"

听众开始一愣，随后，爆发出欢快的掌声。

（十三）以正导反

先从正面加以肯定，在对方毫不防范甚至沾沾自喜的时候，突然从反面加以解释，让对方措手不及，从而产生喜剧效果。例如：

一名学生洋洋自得地举着一叠画对同学们说："看看我给班主任画的漫画！"

班主任走进教室，见此情形，马上说："能给我几张吗？我女儿最近也喜欢画漫画，我想给她借鉴借鉴。"

该学生大方地说："没问题！"

班主任一边端详着画，一边笑眯眯地说："嗯，画得很好，看样子费了不少功夫。我让女儿看看你的漫画，再看看你的成绩，她或许会考虑上课不再偷偷画漫画了。"

（十四）巧用民间语

汲取人民群众创造的生动活泼、诙谐机趣的语言，如各种口头禅、顺口溜、打油诗、歇后语、谚语、俗语、网络新词等等，经过巧妙利用，能产生强烈的喜剧效果。

应注意的是，幽默的运用要注意对象和场合，讲究方法和艺术。幽默不是油腔滑调、哗众取宠，更不是恶意嘲讽，而是轻松的诙谐、机智的含蓄、挚爱的微笑，要注意提高幽默的品位，讲究间接、隐晦和回味，避免直接、直白和低俗。

六、提升表达能力的训练方法·······································

（一）背诵法

背诵法，第一步是"诵"，第二步是"背"，将文章反复地大声朗诵到能流畅地、声情并茂地背下来。训练方法：

1. 找来一些自己特别喜欢的文章作为背诵篇目。

2. 对选定的篇目进行认真分析、深入理解。要求逐句逐段地进行品析，推敲每一个词句，并从中感受作者的思想感情，以激发自己的感情。

3. 用饱满的情感、准确的语音语调进行朗诵，直到能够倒背如流。

4. 背诵完一篇，再背诵下一篇，练习得越多越好。

这种训练方法如果有老师在朗诵技巧上予以指导，效果会更好。如果没有这个条件，也可以找家人、朋友帮助，请他们指出自己的不足之处，使我们在改进时有所依据。

（二）复述法

即把别人的话再重复地叙述一遍。训练的目的，一是锻炼口语记忆能力，二是锻炼反应敏捷度和语言连贯性。

训练方法：选一段故事性、趣味性强的文章，请口语表达较好的同学朗读，并用录音设备把它录下来，然后自己听一遍、复述一遍，反复多次地进行。刚开始只要能用自己的话把基本意思复述出来就可以；第二次复述时，就要求不只是复述情节，而且能复述一定的人物语言或描写语言；第三次复述时，就应基本准确地复述出人物的语言和基本的描写语言。逐次地提高要求，直到能完全把这个作品完整地复述出来。

在开始练习时，最好选择情节简单、句子精练、篇幅不长的文章作为练习的资料；随着训练的深入，可以逐渐选择一些句子比较复杂、情节比较少、抽象内容多的材料进行练习。

（三）模仿法

即模仿语言表达能力强的人。

1. 模仿专题

这个方法因简单易行、娱乐性强，可激发练习的积极性：请几位朋友聚在一起，先由一个人讲一个内容新鲜有趣的小故事、小幽默、小新闻等。之后，其他人轮流进行模仿，看谁模仿得像，模仿得最不好的人要被象征性地处罚，如表演节目、请客等。

2. 模仿专人

找身边一位语言表达能力强的人作为自己的模仿对象，将其所讲的精彩段落录下来，供自己反复模仿；也可把自己喜欢又比较适合模仿的播音员、主持人、演员的声音录下来，反复认真地予以模仿，直至做到惟妙惟肖。

3. 随时模仿

在日常生活和工作中，遇到语言表达出色的人，可以默默观察学习并悄悄模仿；在听广播、看电视电影时，可以随时随地跟着播音员、演播员、主持人、演员进行模仿，不仅要模仿他们的语言表达，还要模仿他们的非语言表达；不仅要模仿得像，还要争取在模仿时发现并克服其某些方面的不足。

（四）描述法

类似于看图说话，把自己所看到的景、事、人、物用描述性的语言表达出来，目的在于训练语言组织能力和条理性。

训练要求：对要描述的对象进行细心的观察；描述时一定要抓住景物的特点，要有顺序地进行描述；语言在做到准确精练的同时，也应追求生动有趣，避免像记流水账一样平淡无奇。

（五）讲述法

讲述法主要指对某一故事、新闻或其他事件，进行绘声绘色的描绘和叙述。能将一个故事或新闻事件讲述得跌宕起伏、扣人心弦，是语言表达能力强的重要标志。

训练方法：

1. 选取一些情节复杂或人物性格鲜明的故事或社会事件。

2. 分析故事或事件中引起悬念的因素、人物典型的性格特征、冲突发生发展的具体细节及其原因和后果，并据此设计具有吸引力的情节安排和叙述方法。

3. 独自预讲并录音。在反复的练习中，将不吸引人的部分予以修改甚至删减，逐渐形成自己比较满意的"版本"。

4. 将这一"版本"讲给不同人听，并请听众谈谈其感受和建议。

5. 归纳不同听众的意见和建议，用于指导自己继续修改讲述的"版本"，直至最后讲出的故事或新闻能令绝大多数听众感到引人入胜、欲罢不能。

第二节　增强副语言的表现力

副语言的表现力由音色、吐字、语调（语气和声调）、语速、强调、停顿、节奏等几个方面决定。要想提高副语言的表现力，需在展开专项训练的基础上进行综合训练，系统提升自己声音的魅力。

一、嗓音训练

练声，也就是练习自己的说话声音，练嗓子。人际沟通时，我们都喜欢听那些饱满圆润、清脆悦耳的嗓音，而不愿听干瘪无力、沙哑干涩的嗓音。锻炼出一副好嗓子，练就悦耳动听的音色，是提升副语言表现力必做的工作。好嗓子一般有以下几个基本要求：准确、清晰、圆润有力、持久，达到这些要求，需要进行以下训练：

（一）练声先练"气"

气息的大小对发声效果有直接的关系。气不足则声音干涩无力；气息用力过猛则容易损害声带，导致"哑嗓"甚至"破嗓"。所以，练声首先要学会用气。

人们讲话时，以采用胸腹式联合呼吸法（也称丹田呼吸法）发出的声音效果最佳，这种方法全面调动了发声器官的能动作用，活动范围大、伸缩性强，对嗓子的保养也有一定作用。练习发音之气，应首先学会胸腹式呼吸法。

1. 胸腹式联合呼吸法的吸气要领

用鼻子吸气,做到快、静、深;吸气时下腹向内(即向肚脐下两指处的丹田位置)收缩;同时,上腹、胸、腰部向外扩展。此时,前胸和后腰分别向四周撑开,以至于产生腰带渐紧的感觉。需注意的是:

(1) 吸气时不要提肩,否则会因气息过浅而变成胸式呼吸;

(2) 吸气也不要过猛过深,否则就会变成腹式呼吸。

2. 胸腹式联合呼吸法的呼气要领

用嘴呼气,将肺部的气体缓慢、均匀、平稳地向外呼。呼气时,要坚持收住小腹,不可放开,同时控制住胸、腹部,不能一下子就松散了。呼气过程中,一个接一个地发出声音,组成有节奏的、连贯的话语。

3. 胸腹式联合呼吸法的练习方法

(1) 闻花香法。想象自己的面前摆着一盆芳香扑鼻的鲜花,自己凑上去深深地将花香吸进胸、腹部,并留在体内控制一会儿,再缓缓吐出。

(2) 吹蜡烛法:想象自己面前摆着一个生日蛋糕,上面插满了燃烧的蜡烛,自己深深地吸一口气,然后缓慢、均匀、平稳地吹出,将几十根蜡烛一一吹灭。

(3) 数数法。深吸一口气,然后在轻轻吐气的过程中,从一数到十,循环往复,能数多少遍就数多少遍。

4. 胸腹式联合呼吸法练习的注意事项

(1) 呼、吸时要注意对气息的控制,否则会老觉得气不够,换气费劲;

(2) 胸部不要紧张,保持气息进出自如,否则声音就会失去弹性,时间稍长就感到嗓子吃力、紧张,发声困难;

(3) 胸腹式联合呼吸法只有持之以恒地坚持下来,才能有成效。

(二) 发声训练

人说话的声音是通过气流振动声带而发出的,发声的音响、音高、音色由声带的振动频率决定。一个人声音是否动听,很大程度上取决于其声带的好坏,我们可以通过对声带进行后天的保护和训练,练出一副有着独特魅力的好嗓子。声带训练的要领包括:

1. 吊嗓子

早上起床后,选择空气清新的安静之处,以较放松的姿态站好,先以胸腹式联合呼吸法深吸一口气,然后张开双唇发出连续的"啊——"或"咦——"音,由最低音开始,逐渐迈向最高音,再慢慢地下滑回最低音。反复做几次,直到练出自己满意的音色为止。需注意的是:

(1) 在发声以前,应进行声带放松练习。即先用轻缓的气流振动声带,慢慢地发出轻柔的声音,让声带有点准备。

(2)练声时,注意体会气息的振动如何合成我们的声音,并寻找哪种发声方式能发出最美妙的声音,不能心不在焉、有口无心。

(3)练声是追求声音的优美,不是追求音量最大化,大喊大叫只能对声带起破坏作用。

(4)尽量不在清晨刚睡醒时就到室外去练习。特别是室外与室内温差较大时,冷空气猛地进入口腔后,会刺激、伤害声带。

2. 正确运用共鸣器

要想使声音饱满洪亮、富有磁性,必须要善于合理运用自身的共鸣器。人体的共鸣器有两部分:一部分是由喉、咽、口、鼻等构成的能自由控制的共鸣声腔;一部分是由胸腔、头腔构成的固定不变的次要共鸣器。正确运用共鸣器,既可以丰富或改变声音的色彩,还可以起到保护声带的作用。训练共鸣的简单易行的方法有:

(1)口咽腔共鸣练习

口腔是一个人重要的共鸣器,声音的洪亮、圆润与否与口腔有着直接的联系。口腔活动可以按照以下步骤进行:

一是进行张、闭口练习,活动嚼肌(也就是面皮)。这样等到练声时,嚼肌运动起来就轻松自如。

二是挺软腭,学习鸭子"嘎—嘎"的叫声。这个方法也主要是为了打开口腔共鸣器。注意体会声带的感觉,运用得合理时,"嘎—嘎"音会悦耳,否则会干涩刺耳。

三是尽量充分打开口腔和咽腔,发出长长的"啊"音。

(2)练习鼻腔共鸣

鼻腔也是很重要的共鸣器。有人在发音时只在喉咙上用功,根本就没有用上胸腔、鼻腔这两个共鸣器,出来的声音就会有些单薄,音色也相当差。

方法一:闭住嘴巴,放松声带,用鼻子哼唱高低起伏的"嗯"音。

方法二:学牛叫。闭嘴,用鼻子发出长长的"eng"音;

方法三:回应电话。即发出类似接打电话时的"嗯?"(升高,表示疑问)和"嗯!"(降低,表示肯定)

(3)体会胸腔共鸣

一边做扩胸运动,一边尽量发出高音或低沉的声音,体会胸部在扩展到什么程度时发出的声音最美。

3. 自由调节音高的练习

不少人在说话尤其是唱歌时,常因定调不准而陷于尴尬。学会准确地为自己的表达"定调",

是进行嗓音练习的重要一环。定准调门,既不会因为定调太高而最后说得声嘶力竭,也不至于因为定调太低而说得喑哑沉闷。练习的步骤:

(1) 想好一句话,并利用自己音域范围内的低调说出这句话,然后一级一级地升高音调重复此句子;

(2) 达到高音音域后,再一级一级地降低音调说;

(3) 用高低音调交替着说出,即一句高、一句低地说;

(4) 练习一句话由高到低,由低到高反复说,直到实现自由调节音调。

4. 音量的练习

一个人先天就音量大,说明这个人中气足,要将音量调小也容易。如果一个人先天音量较小,在表达时就会常常让较远的或听力不好的听者感到吃力,因此有必要练习提高音量。主要可采取以下方法:

(1) 大声呼喊练习。例如:假设某人正离自己百米之遥,需要大声呼唤他才能听见。于是,深深地吸一口气,充分动用口、鼻、胸腔,大声长呼:“老——刘——! 我——在——这——里,你——听——见——了——吗?”

(2) 选择较重要的话题,和朋友在熙熙攘攘的闹市进行交谈,为使对方听清楚,你们就会想方设法提高音量、用好共鸣腔。久而久之,音量自然就练出来了。

二、重音训练··

重音是指说话时对某些词语刻意念得比较重,以进行必要的强调。重音的体现方式主要有:加大音量、拖长音节、一字一顿、夸大调值。

(一)重音的分类

语句该在什么地方用强调重音,并没有固定的规律,而是由说话的环境、内容、感情和说话者的需要来定的。可以将其分为以下几类:

1. 语法重音

是按句子的语法和修辞规律应重读的音。具体又分为:

(1) 区分性重音。对区别程度、划分性质、提示注意、分清范围、强调感情的词或短语进行强调的重音。如:

我不管你是怎么想的,只看你是怎么做的。

(2) 修辞性重音。在运用修辞的句子中,重读喻体词、拟体词、摹状词,对应的对比、对偶、排比词或短语,以及表示反语、夸张的词或短语,以显示语言的修辞效果。如:

曲曲折折的荷塘上面,弥望的是田田的叶子。叶子出水很高,像亭亭的舞女的裙。层层的叶子中间,零星地点缀着些白花,有袅娜地开着的,有羞涩地打着朵儿的;正如一粒粒的明珠,又如碧天里的星星,又如刚出浴的美人。(朱自清《荷塘月色》)

(3) 关联性重音。重读复句中的关联词,因为其可以显示因果、假设、并列、递进、转折、条件的重要的关系。如:

我很丑,可是我很温柔。

2. 逻辑性重音

表达者为了强调自认为重要的、关键性的词语时进行的重读,其位置随着要强调的意思而移动。重音落在不同的词语上,表达的语意也随之而发生变化。如:

我非常喜欢全聚德的烤鸭(强调喜欢的内容——烤鸭)

我非常喜欢全聚德的烤鸭(强调喜欢的品牌——全聚德)

我非常喜欢全聚德的烤鸭(强调喜欢的程度——非常)

我非常喜欢全聚德的烤鸭(强调喜欢的主体——我)

3. 感情性重音

根据说话者表达强烈感情或细微心理的需要而安排的重音。

(二) 练习重音的注意事项

1. 重音不可用得太多,多重音等于无重音。

2. 重音不一定非得"重"读,有时放轻声音更能起到强调的作用。

3. 重音也有程度之分:重、稍重、很重。运用时应具体问题具体分析,不可为了重音而重音。

三、语调训练·························

语调是指语句的高低、升降和发音长短。恰到好处地使用语调,可以帮助我们充分地表达说话意图和情感,还能使说话生机勃勃,充满艺术的感染力;相反,不恰当的语调会让人顿生厌恶,拒绝进一步交流。

(一) 语调的类型

在口语表达中,语调贯穿于整个句子,在句末表现得最明显。根据表述语气和情感态度的不同,语调可以分为四种类型:

1. 平直调(→)。这种语调使整个句子语势平稳舒缓,没有明显的升降变化,一般用于不带特殊感情的陈述、解释和说明,还可表示庄重、严肃、悲痛、冷淡等语气。如:

1976 年 1 月 8 日上午 9 点 57 分,周总理的心脏永远停止了跳动。(平直的叙述,表示庄重、悼念)

2. 高升调(↑)。这种语调前低后高,语势上升,一般用来表示疑问、反问、惊讶、号召等语气。如：

啊？他敢这么干？（表示惊讶）

你不是说喜欢吃辣吗，怎么这点辣就受不了？（表示反问）

3. 降抑调（↓）。这种语调前高后低，语势渐降，一般用于陈述句、感叹句、祈使句，表示肯定、感叹、自信、赞叹、祝福等语气。如：

啊，这里的东西真是太贵了！（表示赞叹）

愿小朋友们健康成长、幸福快乐！（表示祝福）

4. 曲折调。全句语调弯曲，或先升后降（↗↘），或先降后升（↘↗），往往把句中需要突出的部分加重、拖长并造成曲折。常用来表示夸张、讽刺、厌恶、反语、怀疑等语气。如：

你是谁呀，谁敢得罪你这样的人！（表示讽刺）

（二）语调练习

根据括号内的提示，用恰当的语调说下面的话：

这道菜要是再加一点醋就更好了。（表达观点）

这道菜要是再加一点醋就更好了！（表示惋惜）

你刚才究竟去哪儿了？（表示疑问）

你刚才究竟去哪儿了！（表示埋怨）

这话你也好意思说！（表示气愤）

这话你也好意思说？（表示惊讶）

四、语速训练···

语速是指说话时每个音节的长短及音节之间连接的松紧度。一般而言，语速包括两个方面：说话速度的快慢，以及词句间的停顿与连接。

（一）说话的快与慢

1. 快速。语速快，表达欢快、热烈、兴奋、紧张等情绪，如：

你看你看，这不就是你踏破铁鞋要找的那本书吗？赶紧把它买下来！（表示兴奋）

2. 慢速。语速慢，用以表达追忆、平静、庄重、悲伤、沉重的内容，如：

敬爱的周总理，我无法到医院去瞻仰你，只好摄一张冰冷的报纸，静静地，伫立在长安街的暮色里。任一月的风，撩起我的头发；任昏黄的路灯，照着冰冷的泪滴。（表示沉重、悲伤）（李瑛《一月的哀思》）

3. 中速。语速适中，用于没有太多感情色彩和情感变化的叙述、说明和议论，如：

27 日夜间起，一股较强冷空气开始自西向东影响我国北方大部分地区，新疆和西北的部分地区首当其冲,多地迎来下半年来的第一场雪。

练习语速时应注意:一是说话的速度应考虑到听者的年龄、身份、性格等;二是说话的速度应根据交际目的、表达内容、环境气氛等的不同而不同;三是说话的速度应在讲话过程中有所变化,做到快中有慢、慢中有快。

(二) 说话的停顿与连续

停顿是指在说话时,一句话的词与词之间,或句子与句子之间,在声音上的间歇、休止或中断。

1. 停顿的作用

(1)停顿能保证语义清晰准确,不让听者产生误会。

(2)停顿可强调重点、加深印象、制造呼应转折。

(3)停顿使讲话者有机会调节一下语速,或调整一下情绪。

(4)停顿可以促使观众的注意力更加集中。当众讲话时,遇到听众注意力不集中、昏昏欲睡时,讲话者只要停顿一小会儿,现场就会静下来。

(5)意味深长的停顿可以使讲话者在谈话过程中把握主动,显得更具权威性。一些位高权重的领导人常在记者招待会上利用"静场"的艺术,即话说到一半时突然停下来,静静地、意味深长地望着听众,过了好一会儿才继续讲下去,往往能取得很好的沟通效果。

2. 停顿的类型

(1)生理停顿。即说话者因生理上换气的需要而做的停顿。注意:生理停顿应不影响语义的完整表达,不要割裂语法结构。

(2)心理停顿。即以讲话者和听者的心理活动为依据的停顿。这种停顿意在激发听众的好奇心、集中听众的注意力,有调整气氛、维持秩序的作用。如:颁奖时主持人常在宣布具体的奖项之前做一个常常的停顿:"下面我宣布一等奖名单,它们是——"

(3)语法停顿。即反映一句话里面的语法关系的停顿。若反映在书面语言上,就是标点符号。语法停顿的时间规律:段落之间的停顿比句子之间的停顿长;句号、问号、叹号后的停顿比分号、冒号、破折号长;分号、破折号后的停顿比逗号、冒号长;逗号、冒号后的停顿比顿号、间隔号长。

(4)强调停顿。为了强调某一事物、突出某个语义或某种感情,即使书面上没有标点符号、在生理上也可不作停顿的地方故意做了停顿,或在书面上有标点的地方做了较长的停顿。强调停顿一般根据说话内容的内在含义和说话者的情感表达需要而安排。

3. 停顿练习

(1)下列各句停顿不当,产生了误解,你认为应怎样停顿才恰当?

加了工资的和尚△未加工资的干部。

自信人△生二百年，会当击△水三千里。

南京市大胆△启用年轻干部。

（2）请修改下列各句的停顿，使句子的语义完全改变。

这个世界上男人没有了△女人就恐慌了。

下雨天留客△天留我不留。

八十老翁生一子△人言非是我子也△家庭财产尽付与女婿△外人不得争执。

五、节奏训练

节奏是指一种能产生韵律感的有规律的变化。说话的节奏，主要指因说话快与慢的交替、起伏缓急的变化、有轻有重的铺排而形成的一种内在的音乐感，使讲话变得跌宕起伏、富有张力，具有内在韵律和审美意味，从而极大地吸引听者。

（一）说话节奏的类型

1. 舒缓型

语音多停少连、多扬少抑、多轻少重，声音清亮，语流舒缓，气息深长。多用于在融洽的环境中表白心迹，讲述赞颂性的内容，抒发热爱、怀念的情感等。如：

这就是白杨树，西北极普通的一种树，然而决不是平凡的树。

它没有婆娑的姿态，没有屈曲盘旋的虬枝。也许你要说它不美，如果美是专指"婆娑"或"旁逸斜出"之类而言，那么，白杨树算不得树中的好女子。但是它伟岸、正直、朴质、严肃，也不缺乏温和，更不用提它的坚强不屈与挺拔，它是树中的伟丈夫。（茅盾《白杨礼赞》）

2. 轻快型

语音多连少停、多扬少抑、多轻少重，语流显得轻快、一气呵成。多用于讲述有趣的内容或抒发愉快的情绪。如：

春天像刚落地的娃娃，从头到脚都是新的，它生长着。

春天像小姑娘，花枝招展的，笑着，走着。

春天像健壮的青年，有铁一般的胳膊和腰脚，领着我们上前去。（朱自清《春》）

3. 高亢型

语音多连少停、多重少轻，语流畅达明朗，语速稍快，语势高扬。多用于讲述鼓励性、号召性的内容，抒发壮烈的情怀等。如：

迎面走来一个同志，冲着我大嚷："小鬼，你这算什么行军啊？照这样，三年也走不到陕北！"

他这样小看人，真把我气坏了，我粗声粗气地回答："别把人看扁了！从大别山走到这儿少说也走了万儿八千里路。瞧，枪不是还在我肩膀上吗？"（王愿坚《草地夜行》）

4. 紧张型

语音多扬少抑、多重少轻;声音短促,气息急迫,语气紧张。多用于说明紧急情况,如发布命令、急切申辩、澄清事实、描绘紧张的场面、抒发激愤的感情等。如:

猎狗慢慢地走近小麻雀,嗅了嗅,张开大嘴,露出锋利的牙齿。突然,一只老麻雀从一棵树上飞下来,像一块石头似的落在猎狗面前。它扎煞起全身的羽毛,绝望地尖叫着。(屠格涅夫《麻雀》)

5. 凝重型

语音多停少连、多抑少扬、多重少轻,语流沉稳凝重,语调坚实有力。多用于语重心长的告诫与劝说。如:

真的猛士,敢于直面惨淡的人生,敢于正视淋漓的鲜血。(鲁迅《记念刘和珍君》)

6. 低沉型

停顿多而长,声音偏暗,语流沉缓,语势抑闷,句尾低沉。多用于悲伤的诉说和痛定思痛的反省等。如:

近几年来,父亲和我都是东奔西走,家中光景是一日不如一日。他少年出外谋生,独立支持,做了许多大事,哪知老境却如此颓唐!(朱自清《背影》)

(二)节奏美的体现方式

1. 押韵。体现节奏美,可用几个句子像散文诗那样押韵。

2. 对应。包括运用对比句和对偶句。

3. 排比。把结构相同或相似、意思密切相关、语气一致的词语或句子成串地排列以加强语势。

4. 复沓。反复使用形式和意义相近的词、句、段。

5. 层递。要表达的意思按照大小、多少、高低、轻重、远近等不同程度逐层排列。

6. 联珠和回环。联珠即把第一个句子末尾的词作为第二个句子开头的词;回环即是一个词反复运用。

(三)节奏调整的原则

节奏练习中容易出现的问题是缺乏变化,不知道如何整体掌控和驾驭,在节奏的使用上偏于僵化和单调。要把握好节奏及其变化,应坚持以下原则:

1. 感情原则:不同的感情与不同的节奏相配合。

2. 语境原则:根据所描绘的具体环境的变化而调整节奏。

3. 内容原则:根据说话内容的变化而调整节奏。

关于节奏变化的练习,可以屠格涅夫的《麻雀》全文为例,体会其节奏在舒缓与紧张之间不断交替变化所带来的悬念感和美感。

六、综合训练

（一）绕口令练习

训练要求：由慢到快，循序渐进，以吐字清晰、字音准确为首要目的，不要盲目求快。

（二）朗诵练习

好的朗诵练习，需要对所选的文章进行艺术处理，即找出重音、划分停顿、确定节奏等；还需要在朗诵时融入感情、进入意境、配合肢体、善用表情，以达到声情并茂的艺术境界。通过朗诵，在重音、语速、节奏、表情等方面的把握能力都会得到提高，能培养人的语言艺术气质，增添个人魅力。

要达到练习的效果，一篇文章朗诵练习需要达到十五次以上。

第三节 正确理解和运用身体语言

身体语言可以称之为"沉默的语言"，不仅可以传递信息，还能表达发出或收到信息时的感受及其强烈程度。一般来说，面部表情流露自己有什么样的感受，而身体动作则显示这感受有多强烈。比如，说"请你离开好吗"时皱着眉头，表示很生气；如果同时还用手指着门，则表明愤怒非常强烈。

大多数人在大多数时候对身体语言的运用是下意识的，而下意识是不由自主的，当一个人的身体语言与口头语言相矛盾时，人们几乎总是倾向于相信身体语言。我们应学会正确地理解和运用身体语言，以便更好地接收和表达正确的信息，保证人际沟通顺畅无阻。

一、常用的几种身体语言

（一）面部表情

在人的身体语言中，最引人注目、也最容易被理解的是人的面部表情，人们通过面部表情可以传达喜、怒、哀、乐、忧、嫉、怨、嫌等各种情感和情绪。通过"阅读"他人的表情及其变化，我们可以判断其态度和情感的变化；留心他人面部肌肉的扭曲、僵硬情况，可以判断其内心的矛盾或想要掩饰的意图。

丰富而表义明确的面部表情能帮助我们巧妙、充分地传递人际信息，优秀的演员最重要的法宝就是拥有一张表情丰富的脸。若想赢得良好的人际关系，要注意训练自己的面部表情，尤其是训练到位而不僵硬的微笑。可借助镜子反复练习，直到自己和周围的人都满意为止。

（二）目光

1. 目光交流对人际沟通的重要性

眼睛是人体最能传情达意的部分，被称作"心灵的窗口"，警察局在公布照片的时候，为了保护当事人的身份，只需将眼睛遮盖起来就行。目光交流在人际沟通过程中的作用极其重要：

（1）目光交流是尊敬和给予关注的有力体现。

（2）通过目光交流，可以观察自己说的话所产生的效果，并据此作出相应调整。

（3）如果避而不看对方，对方会认为我们心里有事、不诚实，或者是我们对对方不感兴趣。

（4）通过观察对方眼神和话语是否一致，可以判断对方是否说了实话。

（5）通过观察对方眼睛瞳孔的变化，可了解其对我们和我们的话题是否重视。人们看见自己喜欢的东西、听到令人兴奋的话，瞳孔都会不自觉地放大；感到惊讶、害怕、不高兴时，瞳孔就会缩小。

2. 目光的种类

（1）注视。即集中目光看着对方。注视又分成几种情况：

商务式。谈公事时一般采取的注视方式：看着对方脸上以双眼为底线，上至额头顶部的三角区域。这种注视方式显得严肃认真，让对方感到你说话有诚意。

社交式。一般社交活动时采取的注视方式：看着对方脸上以双眼为上线，下至嘴部的三角区域。这种注视方式能营造出一种平和友好的氛围，一般在茶话会、舞会及各种类型的聚会时采用。

亲密式。一般指亲密的朋友、亲人、恋人之间的注视方式：目光大多在对方眼睛至胸部的区域内。对于不太熟悉的人，这种注视方式会显得无礼。

注视对方什么部位合适，除了应考虑沟通的场合，还应考虑对方的文化背景和与自己的关系。

（2）环视。即在人数较多的场合，说话者有意识地环顾全场的每位听众，使所有听众都能感受到关注。

（3）虚视。即似视非视，好像是看着每个听众的面孔，实际上谁也没看，只是为了营造沟通者与听众之间的一种交流氛围。主要用于演讲、讲课等场合。

（4）斜视。即不正面看着对方，有时还伴有扬眉毛、撇嘴等面部表情。当客观条件不允许正面注视时，或对对方有某种兴趣或敌意时，常会用到这种注视方式。

此外还有逼视（表示命令、强迫）、瞪眼（表示敌意）、不停地上下打量（表示肆无忌惮的好奇或挑衅）、白眼（表示反感）、行注目礼（表示尊敬）、双目大睁（表示惊讶或好奇）、不停眨眼（表示迷惑、疑问）等。

3. 对目光的正确运用

在所有的身体语言中,目光是最复杂、最深刻、最微妙、最富有表现力的。目光的运用应讲究以下几个方面:

(1) 注意目光的长短。说话人的目光和听者接触的时间长短,对谈话效果有重要影响。在注视对方时应注意:

视线接触对方面部的时间以约占全部谈话时间的 30%—60% 为宜。高于上限值,人们会认为你对谈话对象本人比对话题的内容更感兴趣;低于下限值,人们会认为你对谈话内容和对方都不怎么感兴趣。

在谈话过程中,每次注视对方的时间应在 1 至 10 秒之间,且听的时候比说的时候注视的时间更长。

谈话时,长时间不与对方进行目光交流,会被视为一种"躲避"行为,意味着企图掩饰什么或心中藏着什么事。

(2) 何时用目光推动交流。说完话后,希望对方作出反馈,或对所谈话题感兴趣,希望对方扩展或加深,都可以在交谈停顿时期待地注视对方,以便让对方感觉到有必要对你加以回应,或多谈谈你感兴趣的这个话题。

(3) 何时应避免眼神交流。在谈话过程中,需要对问题略加思考,又不想对方开口干扰时,应在思考时避免眼神交流。不想正面回答对方的问题,或对目前的话题不感兴趣,也可通过避免眼神交流达到让对方明白的目的。

(三) 身体距离

在社会活动中,每个人都会与周围的人保持一定距离,以形成一个让自己感到安全的"个体空间"。人体前、后、左、右需要与他人保持的距离并不一样,一般是身体前部需要与他人保持的距离较大,背后和侧面需要与人保持的距离相对较小。人们在不同情境下,通过身体距离的扩大或缩小,来象征性地表示与沟通对象心理距离的远近。

1. 影响人与人之间身体距离的因素

(1) 与沟通对象的友好程度

与沟通对象的友好程度不同,个人愿意保持的距离也不同。与亲密的朋友或家人的身体距离,一般在半米以内;与普通朋友或亲近同事的身体距离约在半米到一米之间;与一般同事或熟人的身体距离一般在八十厘米到一米五之间;与陌生人的身体距离多在一米五及以上。

(2) 沟通时的心情与态度

人们对身体距离大小的需要随着心情、态度而改变。感到愤怒或压力很大时,与他人的身体距离会增大,通常情况下很舒服的身体距离也会令其变得不安。

（3）国别或民族文化

人与人之间身体距离也因文化的差异而不同。例如：阿拉伯人、印度人、拉丁美洲人、意大利人、法国人、俄罗斯人的身体距离通常比北美人要小，喜欢与别人靠得更近一些；北欧人、北美人和亚洲人似乎需要与人拉开更大的身体距离。

（4）年龄和个性的差异

一般来说，孩子、老人和外向的人，比中年人、内向的人站或坐得更近。

2. 对身体距离的理解和利用

人们对自己与他人的身体距离很敏感，如果感到他人试图闯入其维护的个体空间，就会很不安。如果发现身边的人感到不自在，很可能就是自己站得太近了，或者说自己与对方的心理距离还没有亲密到可以在身体距离上那么靠近。

在与人打交道时，对方向你靠近的原因有两种，要么表示敌意和挑衅，要么表示想与你更加亲近。究竟是哪种，结合谈话的内容很快就能判断出来；如果对方拉开距离，则是想"说"对现在的话题不感兴趣，或不愿意和我们多交流。

如果想让他人更加接受我们，在与其交谈时，可尝试着不引人注意地一点点向对方靠近。如果对方没有表现出不安或后退，则说明能接受更密切的人际关系；如果对方不自觉地后退，或尽管没后退却头向后仰，则说明不愿意。

还应注意的是，他人专享的房间、办公桌、物品用具等，也像身体距离维护的个体空间一样被视为不可侵犯。人际交往时应避免以下情况：擅自进入别人的私人空间；自己的物品（如咖啡杯、纸张、书、手提袋、公文包等）擅自放在别人的私人空间；擅自使用别人的设备、物品或空间等。

（四）身体姿态

姿态是一种通过身体的各种姿势和体态传递信息的身体语言。"站有站相，坐有坐相"、"坐如钟、站如松、行如风"是强调人们在交际时应有正确的体姿。

在人际交往中，身体姿态能"告诉"对方愿不愿意和其交往，以及对其说的话感不感兴趣。正确理解和恰当运用各种身体姿态，可以让"体姿语"成为方便的无声沟通媒介。

1. 通过体姿判断沟通投入度

在人际交往时，常见的沟通体姿有三种：

（1）封闭的体姿：抱着双臂、背对别人跷二郎腿、两腿紧紧靠拢等，都表示感到紧张或者对对方不感兴趣。

（2）开放的体姿：两臂打开、面向别人跷二郎腿、双腿微微分开等，都表示很放松，愿意接受进一步的交流。

（3）投入的体姿：两臂打开，身体直接面对别人并前倾，表示对对方很尊敬，对谈话非常投入。

如果是同时和两个人说话,可以身体上部分对着一个人,下部分对着另一个人。

根据他人在沟通时的整体姿态,我们可以判断其对沟通的投入度,以积极采取措施创造更利于实现沟通目标的时机和氛围。比如,如果想提出一个建议或者发出一份邀请,最好等到对方处于开放的体姿,因为这说明其此时心态放松,容易接受建议或要求。

2. 利用体姿影响和引导对方

与谈话对象的体姿动作相对应,能够很快地与对方建立起友善关系。例如:对方把左腿翘到右腿上,你就把右腿翘到左腿上;对方前倾靠右侧,你就前倾靠左侧。沟通双方的动作越是协调一致,彼此的好感就越强烈。要注意的是,影响性动作不要太明显,对方改换动作之后,自己稍等一会儿再改换。

如果要让一个人从封闭的体姿转换到开放的体姿,最好首先模仿其封闭的体姿,以建立良好的感情,然后再逐渐地改换到开放的体姿。

(五) 手势

手势是指通过手的动作表达信息的身体语言。在沟通中,手势承载着重要功能:可以用来启动、控制和终止谈话;可以增强、阐明要说的内容;表达想说但没有说出的话。手势具有表情具体、意思鲜明、形象感强、动作幅度大的特点。得体地运用手势,会增加讲话的吸引力和说服力,增加语言气势。

1. 手势的区位

(1) 上区手势。即在肩部以上区域活动的手势。一般手势向内、向上,手心也向上,动作幅度较大,大多用来表示积极肯定的、慷慨激昂的内容和感情。如表示理想、希望、喜悦、祝贺等。

(2) 中区手势。即在肩部至腰部区域活动的手势。动作为:单手或双手自然地向前或向两侧平伸,手心可以向上、向下,也可以和地面垂直,动作幅度适中。多用于叙述情况、说明事理和较为平静的情绪,一般不带有浓厚的感情色彩。

(3) 下区手势。即在腰部以下区域活动的手势。动作:手心向下,手势向前或向两侧往下压,动作幅度较小。一般表示憎恶、逼视、反对、批判、失望等。

2. 几种主要的手势

(1) 举手或挥手致意。一般用来向他人表示问候、致敬、感谢。当见到认识的人,又无暇分身的时候,举手致意可以立刻消除对方的被冷落感。

(2) 竖起大拇指。一般都表示顺利或夸奖别人,但也有很多例外,如在美国和欧洲部分地区,表示要搭车;在德国表示数字"1",在日本表示数字"5";在澳大利亚表示骂人。

(3) OK手势。即拇指、食指相接成环形,其余三指伸直,掌心向外。这一手势源于美国,表示"同意"、"顺利"、"很好"的意思,但在法国表示"零"或"毫无价值",在日本是表示"钱",在泰国表示"没问题",在巴西则表示"粗俗下流"。

从上可见,不同国家、不同地区、不同民族,由于文化习俗的不同,有些手势的含意差别很大。所以在跨文化沟通时,只有了解了对方手势表达的含义并根据沟通的具体情境合理运用,才不至于出现误会和尴尬。

3. 不自觉的手势透露的信息

人们除了自觉运用手势来表情达意之外,还会有一些不自觉的手部动作,这些动作会透露出其真实的想法和心理状态,如:

茫然迷惑时会抓抓头;不确定某事时会摸一下鼻子;生气或者沮丧时会捏一捏脖子;想插话时会拽一下自己的耳朵;悲伤时会不停地掐自己的手;期待某事或感到棘手时会使劲地搓手。

把手放在膝盖上表示在做准备;把手放在嘴唇上表示不耐烦;把手放在背后是一种自制的表现;把手放在脑后则表现出一种优越感;把手插进口袋是想隐藏什么;握紧拳头则表示生气或紧张。

伸出双臂且手掌向上表示真诚;摊臂耸肩就好像是在说"我怎么会知道"或者"我也无能为力";有所防备或者不愿公开交流时,就会双臂交叉放在胸前。

4. 对手势的正确运用

生动形象的有声语言,再配以准确的手势动作,必然会使讲话更富有感染力、说服力和影响力。运用手势需要注意以下几点:

(1) 雅观自然、简约明快。手势贵在自然,自然才是感情的真实流露,才能真实地表情达意。同时,手势还须简约明快,不可过于繁杂,以免喧宾夺主。

(2) 紧密配合,协调一致。手势的运用要和语言同步,有机配合,不能过早也不能过晚,更不能说东指西、指鹿为马。

(3) 因人而异,不可千篇一律。沟通者要根据自身条件,选择符合自己性别、职业、体貌,并且富有表现力、得体的手势,不可盲目模仿他人看似"潇洒"的手势,或总是千篇一律地使用几个程式化的简单手势。

(六) 身体接触

身体接触表达的感情是语言无法独自完成的,人们通过身体接触无声地告诉对方:"很高兴见到你"、"我很在乎你"、"我想安慰你"等。社交场合常见的身体接触有三种:

1. 握手

在见面之初、告别之际、慰问他人、表示感激、略表歉意等情况下,有必要和对方握手。握手时,双方伸出手来的先后顺序应为"尊者在先"、"女士优先"。握手时,一般握上 3 到 5 秒钟即可。

握手会流露出你对对方以及自己的看法。一般来说,无力的握手显示自己很虚弱,或者是对对方不感兴趣;有力的握手显示自己性格坚强,或显露出强烈的热情和好感;握手时把左手放到对方的右手背上,是想表达更强烈的热情,一般只适用于较亲密的朋友或地位比自己低的人。

2. 拥抱

拥抱是比握手更强烈的表达感情的方式。很多人难以做到拥抱别人,因为害怕自己张开双臂时,对方却没有回应。照以下步骤做就不用担心这个问题了:

第一步,走近想拥抱的人,伸出右手与对方握手,同时左手放在对方右肩,向前靠拢。在我们的手接触到对方的肩膀时,对方一般情况下会作出回应,即自然地用左手搂住我们的腰,和我们拥抱。如果对方没有这些回应,说明其确实不想拥抱,这时最好不要勉强,改为采取第二步。

第二步,右手继续与对方相握,左手轻拍对方的肩膀后,自然地收回来。

第三步,客气地结束握手。

总之,在拥抱问题上,应以让双方都感到轻松愉快为宗旨,尽量避免因为自己"过于热情"而让对方感到尴尬。

3. 碰触他人的后背、肩膀或手臂

(1)水平碰触。即身份地位或心理上平等的人之间的碰触,一般表达亲密、友好或轻松的挑衅。这种碰触往往是相互的,如一个人搂着另一个人的肩膀,另一个人也自然地搂着这个人的腰;或你捶我一下,我打你一拳等。

(2)垂直碰触。即地位不同的人们之间的碰触。这种碰触是单向的,一般是年长者或地位较高的人借碰触对地位较低的人施加影响,如以示关怀、认可、鼓励或责备、制止等;年轻人或地位较低的人一般不能以碰触的方式加以回应,否则很可能被视为冒犯。

二、对他人身体语言的正确解读··

深入体察别人运用各种身体语言透露出的信息,将有助于我们精细地把握对方没有用话语表达出的真实看法、情感、态度和内在需要,并及时地采取措施加以回应。

(一)对身体语言的情绪解读

人际沟通中,为了及时调整沟通话题和沟通策略,以实现双方都满意的沟通效果,应重点捕捉并准确理解对方两大类情绪性的身体语言。

1. 情绪消极的身体语言

沟通对象的身体语言能够发出警告信号,告诉我们在交流中可能有一些自己没有察觉到的疏忽甚至差错。

（1）对话题不感兴趣的信号：眼神空洞，心不在焉；打哈欠，伸懒腰，揉眼；脚放在桌子上，双手垫在脑后；不断看表；剪指甲、挖耳朵、抠鼻子、摆弄手指；向后梳理头发等等。

（2）感到厌烦的表现：跷着二郎腿，双脚晃来晃去；轻扣手指；反复玩弄手中的小物件；深呼吸后，长出一口气；脚在地板上拍打等等。一般情况下，不感兴趣的话题如果持续时间太长，或说话者思维不清、表达混乱，听者就会流露出不耐烦。

（3）受挫的表现：呼吸急促、嘴唇一张一合、似乎想辩解、不自然地吞咽唾液、双手紧握、双手绞动等等。如果我们说的话让对方觉得是在揭人隐私、是责怪、是拒绝，甚至是威胁，就会感到难过、挫折、沮丧，并通过身体语言表现出来。

（4）敌对的表现：拉长着脸，或面带嘲讽；跷起二郎腿，并将跷起的脚尖对着说话者；踢着地面或假想的物体；对着说话者喷吐烟雾；突然站起来，或突然挪动身体、弄出声响等。如果我们的话在对方看来是无礼的、伤人自尊心的，或是否定其看法并加以嘲讽的，都会激起对方的敌对情绪和行为。

（5）防备的表现：后背僵硬、摸自己的脖颈、双臂交叉抱在胸前、拇指扣在口袋里、手放在外衣的翻领上、斜靠在门框或车旁（随时准备撤退）等等。对方如果怀疑我们的沟通动机，或认为我们具有威胁性，或担心受到言语的挑衅，或怕我们提出无礼要求等，就会表现出以上保护自己或寻求撤退的身体语言。

如果发现上面所列出的任何消极的身体语言，不论是单独的还是成串的，都应当留心检查自己的言行是否有失当之处，思考该如何做才能挽回在对方心目中产生的消极影响。

2. 情绪积极的身体语言

（1）对话题感兴趣的信号：姿势放松，肩部保持平衡；身体朝向你、双脚对着你；嘴角上扬，嘴时常半闭半开；眨眼次数减少，睁大眼睛；不时点头或发出声音回应说话者。

（2）乐于合作的表现：不自觉地靠近你；坐向椅子的前缘，身体倾向你；和你并排而坐；脸微微上扬；上衣敞开；双臂开放。

（3）正在认真思索你的话的表现：眼睛眯起变细，向下凝视着某处；头向上仰，目光微微向上；抚摸下巴，或双手托着下巴；用手支着头；摘下眼睛擦拭；用手蹭鼻子。

当发现以上受欢迎的信号成串地出现时，应"趁热打铁"地好好发挥，将这种积极的沟通氛围维持下去，甚至可以推进到一个更深入的阶段。

（二）对身体语言的综合解读

1. 对身体语言的理解离不开具体情景

任何一种身体语言都可能有多种意味，比如：双臂交叉可能说明"你所说的让我不舒服，我不想继续听下去"，但也可以理解为"我觉得很冷"。所以，究竟对方传达的是哪种信息，需要结合具体情况准确判断。

2. 对同时出现的身体语言要综合性理解

大多数人的身体语言是以一串或一组的形式给出的,应综合性地理解这成串身体语言整体传达出来的信息,而不是孤立地理解这些信号。以交叉双臂为例:如果一个人交叉双臂,并用双手反复摸上臂,同时还伴有跺脚、耸肩等动作,我们可以肯定这个人的身体语言是说"感觉很冷";如果交叉双臂并伴随着把脸扭开,背对沟通对象,脚底打着节拍,还不时摇摇头,我们可以推断出这个人不同意讲话者所说的内容,或对话题本身不感兴趣。

3. 注意观察沟通对象突然的动作

任何动作,特别是突然的动作能够表明一个人内心强烈的情感或欲望。例如:突然移动座位,可能意味着对所谈话题兴趣的改变;突然放开跷着的双腿,将身体朝向你并且轻微地向前靠,说明对方对你所讲的内容表示赞同,并且还想获得更多信息。我们应留意自己所说、所做的是否引起他人特别的反应,如果是,那就意味着应根据对方强烈的情感或欲望而调整自己谈话的内容和方式。

【思考与练习】

一、身体语言模拟

模拟以下身体语言,并分析其所传达信息的含义。

1. 在开会前,脱下外套,挂在椅背上。

2. 摘下眼镜,摸鼻子的边缘,看着天花板,然后闭上眼睛。

3. 人整个靠在椅背上,手放在脑后,一只脚放在桌上,另一条腿随意垂着。

4. 突然把眼镜或铅笔扔在桌上。

5. 将手交替放在胸口。

6. 用手捂着嘴。

7. 反复地把眼镜腿打开再折起来。

二、表达模式辨析

假设你刚刚接到一个重要任务,并且完成时间非常紧迫。你知道要完成这件事,就必须寻求同事吴修明的帮助。

要求:请被邀请的同学根据下面提供的内容进行表演,并请其他同学辨析其采用的是什么样的语言表达模式。

1. "你好,修明。真不好意思啊,你这么忙,我还要打扰你。我有个难办的任务,你,你能帮个忙吗？呃……如果你抽不出时间来的话，也没关系。"

2. "修明，你不会是那种袖手旁观的人吧？嗨！只是个玩笑。你别忘了哦，你上周有紧急任务的时候，谁帮你了？是我！我现在的情形和你那时也差不多，帮不帮，你就看着办吧。"

3. "修明！我现在都要忙死了，你得赶紧帮我把这个重要的项目完成！我可没时间听你说你要忙别的什么事，那种借口在我这儿没用！听好啊，我需要你做的事情有……"

4. "修明，我刚被安排了一项紧急任务，需要在一周内完成，时间这么紧，我都愁死了。要是有你的帮助，那我就太幸福了，你的经验对于完成这项任务的一部分特别重要。你觉得怎么样？如果可以的话，我把这个项目详细地给你介绍一下。"

三、案例分析

在一场白宫举行的记者招待会上，当时是美国总统的尼克松从后台缓步走向发言席，等候已久的记者们都站立起来，以热烈的掌声欢迎他的到来。

显得有些疲劳的尼克松脸上带着礼节性的笑容，在麦克风前站定，一边以手示意，一边对记者说："感谢大家！大家请坐！"

这时，记者群中发生了微微的骚动，他们有点茫然地望着总统，有的没动，有的正要坐下去，有的人本来已经坐下去了，又犹豫着站了起来。

这些记者怎么了？为什么他们一脸奇怪地看着自己？尼克松感到有点不对，他本能地看了看自己，发现自己无意中犯了一个错误：本来应该是双手向下按的"请坐"手势，不知怎么回事，自己做的却是双手向上抬的"请起"姿势！

思考：

1. 一个人的口头语言和身体语言传达的是相互矛盾的信息，会产生什么样的沟通效果？

2. 如果你是尼克松，你打算如何采用幽默的方式化解自己的尴尬？

四、朗诵练习

请反复朗诵下面这首散文诗，不仅要做到字正腔圆、声情并茂，还要充分运用语调、重音、节奏、停顿等副语言手段，充分表现这首诗的意境美和韵律美。

鲜花的早晨

郭 风

这是多么明亮的早晨。

这是照耀着金色的太阳光的早晨。这是多么快乐的夏天的早晨。

这是多么明丽的溪流。在它两岸的草地上和山坡的树林里，在这夏天的早晨，有一群又一群的小野花们走过来了。

看呀，有一群金银花的小孩子，他们抱着一束又一束雪白的花朵；风吹起来了，他们挥着花束,风一般地跑到溪边来了。

看呵,有一群石蒜花的小孩子,他们开放的花朵,好像一盏一盏的灯。看呵,一群石蒜花的小孩子们,提着一盏一盏红色和黄色的灯,踏着溪滩上的鹅卵石,跑到溪边来了。

看呵,有一群牵牛花的小孩子,他们有的拿着粉红的小喇叭,有的拿着雪白和紫色的小喇叭,一起跑到溪边的土阜上来了。

还有山百合花们,也拿着红色的小喇叭,从山坡上的松树林里,跑步到溪边来了。

还有野菊,还有蒲公英,还有穿黄衫的黄蔷薇们,还有穿着绿色的小围裙的三色堇们,他们一起摇着蓝色的花束,黄色和紫色的花束,一起跳着土风舞到溪边来了。

这时,牵牛花和山百合花的小孩子,把所有带来的小喇叭都吹起来了,所有石蒜花的小孩子们,把一盏一盏的黄灯和红灯都点亮起来了。

这时,所有来到溪边的小野花的孩子们都唱起歌来了,都一起跳起舞来了!

呵,这是多么快乐的夏天的早晨,这是充满着花的声音和色彩的早晨,这是照耀着金色的太阳光的早晨,这是多么明亮的早晨!

第四章 倾 听 与 反 馈

积极倾听和有效表达一样重要。积极倾听,首先要了解积极倾听的五个层次,坚持倾听的七大原则,做到抓住重点和关键、听懂弦外之音。有效的反馈是完整倾听活动的必须环节,应坚持适时适度、虚怀包容、客观理性、同感支持等反馈原则,采用适宜的反馈方法回应讲话者。提问是最常用的反馈方式之一,所提的问题有封闭式和开放式两大类;提问应坚持七大原则;提问可用于激发谈兴、确认信息、寻求真相、将话题引向深入、获得谈话主动权等。

第一节 倾听

每个人都认为自己的声音是最重要、最动听的,都迫不及待地表达自己的愿望,但古谚却谆谆告诫:"造物主给我们两只耳朵、两只眼睛,却只给我们一张嘴巴,意思是要我们多听、多看,少说。"在沟通活动中,能说会道固然重要,而更重要的是善于倾听。

一、倾听的涵义与层次

(一) 倾听的涵义

什么是倾听? 现代汉语将其解释为"用心聆听";国际倾听协会为其做了更科学化的定义:倾听是接收口头和非语言信息,确定其含义并对此作出反应的过程。倾听过程包括三个层面:

1. 听到。即对说话者的口头语言和身体语言信息加以接收的过程。

2. 听懂。即对接收到的信息进行"解码",从而加以理解的过程。

3. 确认。即在听懂对方的意思之后,通过复述或提问的方式,对自己是否真正全面、正确地理解了对方的意思进行"印证",避免自己的理解和说话人的本意不一致。确认是对表达者的话进行回应或者说是反馈的过程,仅有"听"的行为,而没有对表达者的话作出确认,很难保证沟通的有效性,只有当确认了、回应了,才算完成了整个沟通过程。

(二) 倾听的主要作用

1. 倾听是保证沟通双向性、持续性的关键环节

沟通是双方通过"表达"和"倾听"相互传递信息的循环过程,在整个沟通过程中,倾听的作用

不仅在于保证自己接收和理解对方所说的内容,还能促使双方的沟通活动持续进行。

2. 倾听是赢得好感与人缘的有效手段

专心倾听能充分体现对讲话者的尊重、关切和赞美,满足讲话者的自尊、自信和自豪感,激发讲话者更强烈的交谈欲望。出于人际交往的互酬原则,讲话者会通过更为积极的方式表达对我们的接纳、亲近、喜欢、感谢之情;还会向他人称赞和推荐我们,帮助我们赢得更广泛的人缘。

3. 倾听是获取信息、捕捉机会的重要途径

沟通的过程中,讲话者是在"奉献"信息,倾听者是在"收获"信息。倾听越多,获取的信息就越多;越是很好地倾听他人表达的内容,就会越好地理解他人和他们的需求;越是能很好地理解他们的需求,就越能寻找到未来合作的契机,或化解曾经产生的误会与矛盾。

4. 倾听有助于提升自己的表达能力

通过密切关注他人的表达内容和方式,我们能够学习对方在表达方面的方法和技巧,反省并纠正自己过去存在的错误做法,从而在不知不觉中提升自己的表达能力。

5. 倾听可以掩盖自身的弱点和不足

每个人的能力都是有限的,不可能对所有的事情都了解,也不可能对所有问题都抱有客观态度。在与人交流时,适当少说多听不仅能满足对方倾诉的欲望,减少自己暴露无知和偏见的机率,还会给人留下谦逊有礼的印象。

(三)倾听的积极程度划分

根据投入信息接收活动的积极程度,以及由此而产生的沟通效率和效果的差异,可以将"听"划分为五个层次:

1. 听而不闻——不做任何去倾听的努力

这是积极程度最差的倾听层次:即将别人的话当作耳边风,既没有表示在倾听的身体语言,也没有任何信息的接受。

2. 假装倾听——作出倾听的样子,实际上没有听

假装倾听比听而不闻积极性稍高,虽然表现"听"的方式一般都比较单调,如机械地点头、敷衍了事的回应声等,但至少作出了一点"我在听"的表示,给了说话者一点"尊重"。说话者一般开始时看不出对方在假装倾听,只有当要求听者证实自己的话,或请听者也发表看法时,才会发现其没有好好听。这种方法有一定欺骗性,既不想听又不想得罪人时,一般都会采取这种倾听方式。

3. 选择性倾听——只听自己感兴趣的内容

选择性倾听在身体语言上明确作出了自己在"听"的表示,在信息接收上选择性地听取了一部分内容,比基本上没有听进去的假装倾听投入度高一些。由于每个人每次听他人说话时,能够

完全集中注意力的时间也就一二十分钟，为了省力省心，很多人就会自动过滤掉与自己兴趣无关的内容。

4. 专注倾听——试图听到和记住所有的话

专注倾听指将注意力集中在讲话者的表达上，头脑中也在积极"记录"，试图全面、准确地"抓住"对方的话。不过，"全部听到了"不一定就意味着"全部听懂了"，也就是说，即使每句话都进入了专注倾听者的大脑，如果听话者不能站在对方立场，真正理解对方的言外之意和非语言信息，那双方的沟通还不是最充分的。

5. "入神"倾听——设身处地地倾听

入神倾听也称同理心倾听，是积极性最高、身心投入度最大的倾听层次，不仅需要理解对方在说什么，还需要把自己的想法和判断放在一边，设身处地地站在对方的立场去领会对方的想法、情感和需求。

若想成为高效沟通者，就需要掌握积极倾听的原则和方法，做到专注乃至入神地积极倾听。

二、积极倾听的原则 ···

（一）放下心事和先见

很多人觉得积极倾听是一件让人疲劳的事。令人疲劳的原因，往往是我们在与别人对话的同时，心里还在"和自己对话"。放下心事和先见，就是要像倒空瓶子以盛装新东西一样，把来自内心的干扰倒空，以空杯心态做好接纳讲话者信息的心理准备。

放下心事，就是在谈话前先把自己所挂心的事暂时抛开，把跟谈话无关的人或事从脑海中赶走。放下先见，就是不要对讲话者和将谈论的话题进行事先的判断、评价、猜测等，这些判断和猜测有可能与事实不符，造成对信息的选择性接收和倾向性理解。克服这些先见，要求倾听者诚实面对自己的偏见，并能够容忍对方的偏见；警惕先入为主的观念对倾听活动造成的干扰；不去对谈话目标、谈话者的动机、话题等进行臆测和限定。

（二）集中注意力

积极倾听要求我们将注意力集中在讲话者正在表达的信息上，全身心投入倾听活动。在身体方面，要用耳朵去听对方的话语、用眼睛注意对方还有哪些辅助的身体语言，用大脑综合性地理解对方的意思；在心智方面，要站在对方的角度思考他为什么这样说，体会他话语里蕴含着哪些情感和利益上的需要，并在此基础上决定如何进行回应。

注意力集中的程度不同，谈话效果会有很大差异，投入得越多，对讲话者信息的接收和理解就越全面深刻。

（三）保持关切和耐心

始终以关切的态度倾听，即将关注的着眼点彻底放在对方身上，对其表达的观点、流露的情感和暗含的需要，都充分表示尊重、理解和体谅。这种态度能让讲话者从我们这里找到心理共鸣和精神支持，从而愿意进行更深入、更富有成效的沟通。

保持耐心，即理解讲话者的不容易，包容其在思维和表达上的缺陷，控制自己的情绪，不和对方争论，以维持一种充分信任对方、令对方放松的氛围，帮助对方更好、更富有效率地表达。人接收词汇的速度远远快于表达词汇的速度，如果倾听者遇到词不达意、啰嗦的讲话者，就容易产生不耐烦情绪，作为一个积极的倾听者，要时刻警惕自己的不耐烦，及时察觉并加以克服。

（四）避免让人不快的身体语言

如果从倾听者的身体语言那里读出了不喜欢、没兴趣甚至反感和敌意，讲话者就会感到失望甚至愤怒。倾听者如果不想让讲话者以为自己不关心、在走神、在暗自批驳等，就要注意自己的身体语言。

让人不快的身体语言主要有：目光交流不得体，如转移视线、一直盯着讲话者、眼神飘忽不定等；消极的面部表情，如神情木讷、眉头紧锁、挑起眉头、突然假笑等；不受欢迎的身体动作，如含胸塌肩、僵硬地抱着胳膊、小动作太多、突然而吓人一跳的动作等。

（五）克服自我的表现欲

有的人表现欲特别强，不明白沟通是为了理解彼此的意见和感受，而不是为了给别人留下深刻印象，总想在人际交往中体现出自己能力、资源的优势，显示自己比别人高明。自我表现欲在倾听活动中常有如下体现：对方还在说话时，就想着该如何给出一个漂亮的回答；以教训的口气指出他人的问题，或提出建议、要求；打断别人的话，以自以为更简洁、更高明的方式替别人将剩余的话说完；插话向对方大谈自己的成功经历；为了显示自己很有思想而提很多问题；截断现有话题，将话题转移到自己感兴趣的方面；听到不同意见时，忍不住与对方争论，等等。

这些做法貌似显得自己在积极沟通，但因为缺乏对讲话者的充分尊重，暗示对方比自己愚笨，很容易导致"赢了话题，输了关系"，所以必须克服。

（六）对信息的捕捉尽量完整

很多听者将倾听简单地理解为听清楚对方所说的话，对于对方话语背后的隐含信息，以及借助非语言手段流露出的真实意思没有关注到，结果让讲话者大失所望。积极的倾听者应懂得，讲话者传递的信息是一个集合体，即"事实＋观点＋情感＋需要＝讲话者的真正意思"，要全面理解讲话者的真正意思，就要眼、耳、心并用，尽量完整地捕获其传递的信息。

（七）及时回应接收和理解情况

在交谈过程中，讲话者需要知道倾听者是否听清楚、听明白自己的话，对这些话有什么样的情感反应,对自己的观点是否赞同,是否有什么补充和建议等,然后才决定是否继续以及如何继续后面的谈话。因此,倾听者借助恰到好处的回应,告诉讲话者自己对信息的接收和理解情况,并借助鼓励、提问等手段引导话题的内容和方向,对于推动交谈向更加积极的、双方都感兴趣的方向发展,显得至关重要。

三、积极倾听的方法

(一) 营造不容易分心的沟通氛围

沟通要高效,环境很重要。要尽量选择安静、平和的环境,使讲话者处于身心放松的状态;提前安排好桌椅的位置,确保沟通双方的相对位置能让彼此轻松地听清对方的话,并且感到自在舒适;主动关掉手机,或将手机设为静音状态。

营造良好的沟通氛围,还应注意沟通时间和场合。一般而言,讲话者精力充沛、不是很忙的时候,都是我们倾听的好时候;沟通时,如果有第三者在场,或在很正式的场合,讲话者一般容易分心或比较紧张,应避免在这时去请人作长篇大论。

(二) 鼓励对方先开口表达

"请对方先说"体现了倾听者良好的教养,表明了对对方的充分尊重,让对方还未开口就已经对我们好感倍增。鼓励对方先开口,能有效降低谈话中的竞争意味,有助于彼此放下包袱畅所欲言;还能方便倾听者在表达之前先了解对方的问题和需要,在轮到自己表达时也就更容易说服对方。

(三) 开放性、接纳性的身体语言

采用开放性、接纳性的身体语言,是为了明确地向对方释放这样的信号:"我对你和你所说的话非常感兴趣,你说什么我都能理解和接受",从而形成对讲话者莫大的激励,让其心态更放松、思维更活跃。这样的身体语言由以下要素组成:

1. 放松的身体姿势。面对讲话者或为了更好地倾听而稍微倾斜一点。

2. 身体前倾 20 度左右靠近说话者。暗示自己的注意力集中在讲话者身上,并且做好了接收信息的准备。

3. 稳定的目光接触。注视对方时,约 80% 的时间用于注视对方的眼睛。

4. 真诚的面部表情。配合对方的谈话内容,适时表现出微笑、惊喜、忧虑等面部表情。

5. 频频点头并发出声音进行回应。配合回应声的象征性点头动作幅度往往太小,如果把现在习惯的点头幅度加大两倍,可能会让对方加倍地喜欢。

(四) 抓住重点和关键

谈话重点一般是与实现谈话目标紧密相关的内容,抓住对方谈话的重点是积极倾听的一项

基本功。人脑接收和理解词汇的速度快于组织语言的速度,听者完全可以一边倾听一边回味对方的话,将其中的重点整理出来,以便更准确地把握对方的观点和意图,并适时指出其谈得不够透彻、需要补充的地方。

要抓住关键信息,既要排除外界干扰,也要排除对方说话方式的干扰,还要排除与主题无关信息的干扰,集中精力留意对方话语中对关键信息的提示,这些提示主要有:

1. 同一个信息重复几遍。

2. 在开始或结尾时强调的纲领性观点。

3. 比平时说得更大声,或更柔和、更缓慢。

4. 停顿较长,在说话前寻求目光的交流。

5. 在一句话之前加语气词"啊"、"嗯"或口头禅"这个"、"那么"等。

6. 直接指出要特别注意。如:"我们先要做的是……""你得知道……"

(五) 善于捕捉弦外之音

人们在表达期望、失望甚至不满时,往往不好意思直说,而是通过百般暗示来隐含地表达。在倾听时既要听清表面意思,也要领会表达者话语之外的真实看法、意图、需要、愿望等弦外之音。弦外之音一般通过以下几个方面流露出来:

1. 话题

如果要明白对方的性格、气质、想法,最容易着手的步骤是观察话题与讲话人个人经历或利益的相关状况。例如,一个没有车的年轻人却热衷于车的话题,说明其要么是渴望驾车时那种对一切控制自如的感觉,要么是表示自己有能力购车,要么是显示关于车自己有渊博的知识等,由此我们可以"解读"出:他对人生态度积极、有一定虚荣心、有较强的控制欲等。

2. 口头修饰语

口头修饰语如"当然"、"只有"、"仅仅"、"自然"、"现在"、"稍候"、"的确"、"只是"、"仍然"、"又"、"轻微"、"看上去"、"按理说"、"想当然"、"拜托"、"我确定"、"我猜"等,往往被轻微地强调出来,给句子的含义加入一些细微的变化,以暗示讲话者的真实想法和态度。如下表所示:

表 4-1 某些加上口头修饰语的陈述及其弦外之音

陈述	弦外之音
"这只是一个游戏而已。"	你怎么回事,太当真了吧!
"你后来当然醉了。"	不然你的一大堆蠢话/蠢行怎么解释?
"我只是实话实说。"	如果接受不了我的坦诚,你一定有问题。
"按理说,你应该想去。"	如果你不想去,就不对劲了。

续　表

陈述	弦外之音
"你还在这儿?"	你不该在这儿。
"我仅仅说了一个观点而已。"	你为我的一个观点就怒发冲冠,那是你的问题。
"拜托,让我们安静一下吧。"	你怎么回事,太闹腾了吧。
"你究竟还想要什么?"	你要求太多了,这简直是在挑战我的耐心。

表中的这些修饰语间接地表达了一种不高兴、不满意的情绪。去掉这些修饰语就是对事实的一般陈述,隐藏其中的隔阂和否定就没有了。

3. 副语言

借助副语言,讲话者可以用表面赞美的话来表达嘲讽之意,也可以用表面批评的话来表达褒奖之意等,因此倾听者要将讲话者的副语言信息和当时的语境结合起来仔细分析,以保证准确理解对方的弦外之音。关注副语言可以重点从以下几个方面入手:

(1)强调和重音

一句话如果没有表示强调的重音,就不太可能包含隐藏信息;如果对某个或某些词着重强调的话,则可以表达很多话外的信息。比如"小郑不想和小刘一起合作"这句话,重读的地方不同,含义也截然不同:强调"小郑",意思是"也许其他人愿意与小刘一起合作,但小郑不愿意";强调"小刘",意思则变成"小郑也许会跟其他人合作,但肯定不是小刘";强调"合作",意思就变成"小郑也许会跟小刘一起吃饭娱乐,但就是不想和他一起共事"。

(2)语速和语调

讲话者说话的快慢往往反映其深层心理。例如,如果讲话者对某人心怀不满或者持有敌意,提到这个人时,他的说话速度会变得迟缓,语调稍给人木讷的感觉;如果讲话者感到有愧于心或者说谎时,说话速度就会比平时快,而且声音更高、更尖;在讨论问题时,如果讲话者突然提高了说话的音调,即表示他想压倒对方,让对方听从自己;心怀某种不便言明而希望对方懂得的的企图时,讲话者说话时常常会一直看着对方,有意用抑扬顿挫的语调,以引起对方特别的注意。

4. 身体语言

如前所述,人们的身体语言不像口头和书面语言那样经过理性的过滤而容易作伪,因此流露的往往是真实信息。听者可以借助对说者身体语言的捕捉,获知其真实的情感和意图。以上级在下属面前的身体语言为例:

表 4-2 上司的身体语言流露的真实信息

上司的身体语言	流露的信息
久久地盯着下属看。	"如果接受不了我说话直来直去,那你一定有问题。"
面无表情,目光锐利,似利剑要把下属看穿。	"你别想欺骗我,我能看透你的心思。"
食指伸出指向对方。	要下属屈服于其不容反对的权威感。
友好坦率地看着下属,时不时对下属眨眨眼睛。	下属很有能力,讨他喜欢,甚至错误也可以得到他的原谅。
偶然往上扫一眼,与下属的目光相遇后又朝下看	如果多次这样做,说明上司对这个下属为人如何、心中在想什么等等拿不准。
拍拍下属的肩膀。	(从侧面拍)对下属的承认和赏识。 (从正面拍)小看对方或显示权力。

（六）指出值得赞同和赞美之处

在交流中,倾听者常觉得讲话者说的都是陈词滥调,或者提出的观点荒唐可笑,因而流露出不以为然的情绪。事实上,没有一个人表达的意见都是毫无依据的,只要稍有耐心,就可能听到有价值的信息。积极的倾听者应充分尊重讲话者的劳动,并设法从中找到自己接受、同意和欣赏的地方,这是获得对方好感的一大妙招。

例如:对方说"我们现在确实比较忙",可以这样回应:"是啊,您坐在这样的领导位子上,肯定很辛苦!"这种包含理解和肯定的回应,会让讲话者很高兴,激励其充满热情地与我们展开更开放、更深入的交流。

（七）适当转换听者与说者的角色

在大部分沟通过程中,听者与说者的角色常常在交换,以维持双方参与的热情。倾听者可以从对方的话语或非语言信息中,判断其是否希望自己更积极地参与到谈话中,并根据对方的期待和自己的关注点,决定是否保持沉默,还是问一些问题,或是该轮到自己充当讲话者来发言了。要注意避免一旦接过话头就滔滔不绝,对方被迫长时间成为听者,最终失去兴趣和耐性。

（八）采取有效措施防止走神

现实生活中经常有需要集中精力连续倾听好几个小时的情况,如参加重要会议、专业讲座等,必须采取积极措施防止走神,以免漏失重要信息。

1. 信息可视化

尽量将听到的抽象语音信息在头脑中转换成视觉形象,借助形象本身的生动性和便于记忆的特点将倾听过程趣味化,从而减少因为所听的内容枯燥无聊而走神的情况。

2. 做笔记

做笔记除了能帮助倾听者及时记录有价值的信息,还是避免走神的一个重要手段。对于自己在倾听过程中产生的疑问、特别感兴趣的问题等,也可以在倾听过程中做必要的记录,方便自己在对方说完后能及时、完整地提出来。

3. 请求复述

发现自己走神后,不要被动地坐在那里错过信息,而是要在道歉之后请对方将刚才自己没听进去的内容再复述一遍:"不好意思,请再说一遍"、"对不起,你能重复一下吗?"等等。这么做,倾听者可能会感到有些不好意思,但这也会激励其集中注意力,不要让同样的尴尬再次发生。

4. 要求解疑释惑

对某些信息不熟悉或者对讲话者的话感到迷惑时,如果不及时解决,会导致在后面的倾听过程中疑问越来越多。要求讲话者给自己一个解释或阐述,除了能帮助倾听者更准确地获得信息,还有助于集中注意力。

第二节　反馈

一、反馈的作用

(一)反馈的含义

有效的反馈是完整倾听活动的必备环节。所谓反馈,就是信息接收者向信息发出者作出回应的行为。当面口头沟通时,倾听者用微笑、点头、提问、发表意见等反馈活动,告诉讲话者对其信息的理解、对话题感兴趣的程度、是否有想深入下去的意愿等。

反馈并不意味着同意,听者可以不同意讲话者的观点;不过,即使不同意讲话者的观点,仍然可以表现出在积极倾听、认真理解讲话者的话语。

(二)反馈的作用

反馈的作用主要体现在:

1. 借助反馈,倾听者得以检查自己倾听的效果、核实自己理解的情况。

2. 借助反馈,倾听者向讲话者释放着关注和真诚,让讲话者知道和放心,从而营造更为友好融洽的沟通气氛。

3. 借助反馈,可以使讲话者澄清思想,使交流更加准确。讲话者本身可能刚开始对有些想法并不清晰,也很难精确地解释其含义,积极的反馈能帮助讲话者澄清想说的内容,或激发他们做进一步的补充。

4. 借助反馈,可让沟通双方发现共同的兴趣点,从而将交流不断推向深入。倾听者及时将自己赞同的、感兴趣的内容反馈给讲话者,便于讲话者调整话题,或不时将讲话机会让渡给倾听者,从而使双方的互动更积极、更富建设性。

二、反馈的原则···

(一) 完整接收,不随意打断

有效反馈以全面准确地理解对方为前提。在表达自己的意见和态度之前,要等对方把全部内容说完,因为讲话者要表达的真实意思往往在话语的最后。

如果在对方没有表达完全部意思之前就作出"好! 我知道了"、"我明白了"、"我清楚了"等表示,在对方看来等于是在说"行了,别再啰嗦了";如果因为觉得对方说话不利索,自以为是地直接替对方说完后半段,可能会遭到不满:"我想说的不是这个";如果恰好在其要表达关键信息前打断了他,对方可能更会大声抗议:"你知道什么?!"

善于反馈的人不会因为自己想强调一些细枝末节、想说完一句刚刚没说完的话、想修正对方话中一些无关紧要的部分、想帮对方把话说得更清楚简洁等,就随便打断对方的话。经常打断别人说话,容易给人以个性激进、礼貌不周、难以沟通的不良印象。

(二) 适时适度,不过冷过热

1. 反馈要适时

有效地反馈,抓好时机很重要。例如开会时,领导讲完话或讲到高潮处我们鼓掌,这叫抓好了反馈时机;如果领导讲错了我们也鼓掌,就有喝倒彩之嫌。倾听过程中需要及时作出反馈的情况主要有:

(1) 想向讲话者表示你一直在积极倾听并鼓励他继续讲下去。

(2) 显示你理解和接受对方的说法。

(3) 你不能肯定讲话者的意思,需要对方确认。

(4) 想从对方那里获得更多的正确信息。

(5) 遇到新思想,自己不太能理解,希望对方进一步说明。

(6) 当有问题需要解决,需要对方提供更多的事实和意见。

(7) 对讲话者的观点感到迷惑,甚至不同意讲话者的观点。

2. 反馈要适度

反馈适度,即反馈频率和内容都恰到好处,既不显得过冷,也不显得过热。

反馈过冷一般表现为没有回应,或回应的方式很单调,让讲话者感到失望甚至泄气。例如,当讲话者正热情洋溢地讨论一次难忘的经历时,"嗯,很好"这样简单空洞的回应就会显得沉闷和消极。更让讲话者"心寒"的是怠慢式反馈,即面对讲话者的倾诉,听者表现出傲慢、不予理睬或急于摆脱的态度,如面无表情的沉默、看表、收拾东西、接他人电话、打哈欠等。

反馈过热指有的人为表示对讲话者的高度关注,在回应时显得过于积极,甚至表现得很情绪化,例如:反馈时面部表情和身体动作过于夸张;喜怒哀乐的情绪反应很激烈,如猛地大声发出赞叹、惊奇、怀疑之声等。这些激烈的反应,看起来很投入、很热情,但却会让说话者不安甚至吓一大跳。

(三)虚怀包容,不妄加判断

1. 保持中立态度,包容奇谈怪论

在作出反馈时保持态度中立,既不支持也不反对,不让自己的情感好恶和价值倾向影响对方,从而使对方在没有压力的情况下畅所欲言,是保证双方交流顺畅的一个重要条件。否则,对方可能会顾及我们的倾向性,只挑我们爱听的说,那就很难真实全面地了解对方的真实想法。

对于在我们看来是奇谈怪论的内容,不必忙着质疑和批评。每个人的知识范围和理解能力都有限,理解不了对方的奇谈怪论,有时是我们自身局限性的问题。有的奇谈怪论能帮助我们打破旧思维、启发新思路,更应受到欢迎。因此对于奇谈怪论应充分尊重和包容,必要时可礼貌地请对方进行必要的解释或说明。

2. 避免评判式和诊断式反馈

与态度中立、保持谦虚的反馈方式相反,有的人喜欢给听到的内容下判断、做结论,有的人则喜欢猜测讲话者的目的和动机,结果常因为自以为是而引起对方的恶感,严重影响后续的沟通。

(1)评判式反馈及其不良后果

评判式反馈指对从讲话者那里听到的信息进行负面判断和评价。它包括看似轻描淡写的贬义评判,如"她只不过太多愁善感了"、"你是不可能真正了解的"等;也包括直来直去、语气激烈的批评,如"你这是胡说八道"、"老刘,你没活干怪谁呀?要是以前你做的事让老板满意,你就不会没活干了!"等。

评判式反馈常常是并未真正全面了解情况之前就冲口而出,动不动就给别人下结论、贴标签,这会给人以武断、轻率的感觉;尤其是针对讲话者的否定性评价,更易激怒对方。

(2)诊断式反馈及其不良后果

诊断式反馈对讲话者说话的深层原因、动机进行自以为正确的猜测,然后以肯定的语气说出来,像是医生在给病人下病因诊断书。如:"老刘,你知道你的问题是什么吗?你就是太自我中心了,谁要是不把你像神一样供着,你就怒火冲天。"

大部分诊断式反馈都倾向于把讲话者的需要和动机往坏处想,"诊断"出来的结果,就是把倾诉者描绘成了一个能力或品行很成问题的人,这样的"诊断"显然是让人无法接受的。

(四)客观理性,不嘲讽攻击

1. 客观理性地进行反馈

遇到分歧,应耐心听对方说完,弄清楚对方这么说的原因后,采取客观、理性的反馈方式,最大限度地避免激起彼此的不良情绪。一般可采取以下步骤:

首先,赞同对方话语中合理、有依据的地方;

其次,对对方话语中一些感到迷惑的地方,请对方予以必要的解释(如果没有疑问的地方,这个环节可以省略);

最后,以不绝对肯定的语气平和礼貌地提出自己的看法,请对方谈谈其理解。

2. 避免以攻为守式和质问式反馈

情绪化回应比较典型的是以攻为守式和质问式反馈。

(1) 以攻为守式反馈及其不良后果

以攻为守的反馈方式往往出现在听到反对或批评意见的时候,出于自我防御心理,不是去思考对方说得是否有道理,而是去攻击对方的缺点和错误,以此掩饰和淡化自身的问题。例如:"老刘! 您作为老同志,从没看见我一直努力工作,对我的一点小错误就揪住不放。你就没有错? 你不记得上次丢重要文件的事了?"

以攻为守式反馈一般语气嘲讽,话语具有攻击性,声音刺耳高亢,伴随有焦虑和紧张的身体语言(面部扭曲或面红耳赤、紧张或不安的手势等),并一而再再而三地打断倾诉者,不把别人问得哑口无言不罢休。这样情绪化的反馈显然是解决不了问题的,只会将对方最初的善意激发为最终的敌意。

(2) 质问式反馈及其不良后果

质问式反馈将对方的话放到显微镜下,对可能存在的问题和疏漏穷追不舍,并以一种质疑、诘难的口气提问,如:"你认为贯彻那项制度真的有用吗?""你确信自己精通这个问题,而不是一知半解?"等等。

质问中流露出的怀疑和暗含的否定,会让对方觉得这简直是找茬,只是为了发泄不满而已,以后的交流很可能变成"口水战",真正要讨论的核心问题反倒被抛到了一边。

(五) 同感支持,不好为人师

1. 坚持用同理心反馈

用同理心反馈,指倾听者在回应对方时重在表现自己"懂得"对方话内话外所表达的一切,并"理解"对方这么说的动机和苦衷等,以与对方共鸣的方式来表达对对方的心理支持。这种"理解"建立在对信息发出者关心和尊重的基础上,并以此鼓励对方放下戒备心理,能更客观、深入地表达自己的真实想法和情感需求。同理心反馈要求倾听者放下自己的思维定势和个人倾向,设身处地地站在对方的立场去理解对方。因而,在反馈时,倾听者既不会一言不发,也不会随便插话,而是紧紧抓住倾诉者的信息要点进行必要的确认,让对方了解自己在试图全面正确地理解其表面和隐含的信息。

良好的沟通呼唤人们尽量用同理心反馈。对对方关心的事情表示理解,和其发生共鸣,自然可以赢得好感和信任,并自然地引导对方进行深度思考,以发现更多的前景,得出正确的结论。借助同理心反馈,倾听者似乎没做什么特别的事,也不必承担风险来建议什么,却达到了帮助倾诉者更好、更客观地思考和行动的目的,这是其他反馈方式难以企及的。

2. 避免好为人师的指教式反馈

采用指教式反馈的倾听者自以为很善良、很积极,不时接过对方的话头,告诉对方应该怎么怎么做,以显示自己努力在帮助别人。即使对方只是想分享一下生活经历或发一下牢骚,指教式反馈者也会全力提供一个个解决方案,好像没有自己的建议,对方就真的不知道该怎么办似的。

其实,对于人人都知道该怎么做的问题,何必还要为其建议呢? 解决问题的前提是全面了解问题,而凭借倾诉者的片面之词很难知道问题的真相,又怎么能保证提出的建议真正合理? 另外,提建议也有个前提,就是对方向你征求建议,如果没有征求就主动"指点"会显得冒昧,是对别人解决问题能力的不尊重、不信任。

作为倾听者,如果实在觉得有必要为对方提点建议,但对方又没有直接寻求帮助,可先以轻松友好的语调直接询问对方是否需要帮助,如:"关于这个问题,你需要听听建议吗?"如果对方说没有必要,那说明其心中已经有打算了;如果对方同意接受建议,这时再提出也不迟。

三、反馈的方法

(一)理解性反馈

理解性反馈是最基本的、使用频率最高的反馈形式,即运用认同的技巧表示自己已经"理解"、"明白"对方的意思,没有听漏或迷惑,从而使讲话者能放心地继续往下说。具体方法有:

1. 当对方说完一部分,暂停时,倾听者适时地点点头。

2. 发出"嗯"、"哦"等轻轻的附和声。

3. 用"对"、"是的"、"不错"、"我明白了"等词直接表示。

(二)鼓励性反馈

如果没有听者的鼓励、"接着往下说"的提醒等,大部分讲话者不愿意或不好意思再说下去。倾听者如果希望谈话继续,需要时不时进行一些鼓励性反馈。可以直接用充满期待的表情鼓励对方说下去,如:微张着嘴,眼睛热切地盯着讲话者,好像是在说:"你的谈话真有意思,还有什么?请继续!"也可以在对方停顿的间隙插入引导性或鼓励性的词句,表达自己对讲话内容的重视和兴趣,如:"请继续——""您说得详细点。""啊哈,真有意思。""真的吗?""这太有趣了!""接下来发生了什么?"等等。

(三)确认性反馈

倾听者重述讲话者的意思,或提炼总结讲话者的内容,并请讲话者确认,以保证自己听清、听懂、听全了对方的关键信息、主要内容或真实意思等。确认性反馈的方法主要有：

1. 完整复述

几乎一字不差地完整地复述讲话者的原话，是为了保证信息接收百分百的准确率。在接受上级指示、接听重要电话时，常常需要采取这种反馈方法。

2. 尝试性复述

有时候谈话者所讲的内容较多较杂或没有表达清楚，完整地原话复述太费时费事，或仅仅复述原话无助于更好地理解，这时倾听者需要用不确定的口吻，尝试性地用自己的语言，简练地把讲话者所表达或想表达的意思表述出来，并请对方确认。常见的表达方式有："你好像认为……"、"你的想法是……"、"你一定觉得……"、"如果我的理解正确的话，……"、"让我们小结一下……"等。尝试性复述具体又分为以下情况：

（1）用自己的语言解释讲话者所讲的内容。如：

讲话者：我觉得好压抑！我加班加点，尽了最大努力，按时完成了项目，但是好像人人都没看见我的贡献。

倾听者：看上去你很失望，你没有得到足够的支持。

（2）对讲话者所说的内容进行简要的概括。如：

讲话者：这几天整个儿乱了套。李师傅撞了车，需要几天才能治好；小王患了流感；张姐扭伤了脚脖子；老张的爸爸得急病住了院。看到你出差回来，我真高兴。

倾听者：听起来这几天部门的工作都靠你一个人啊。

（3）从讲话者讲述的事实中提炼出观点。如：

讲话者：第一是市场情况发生了变化，我们谁也没有料到；第二是我们最好的一个技术员辞职了；第三是这个项目的最后期限马上就要到了……

倾听者：你的意思是，这一堆障碍让我们这个项目的完成更困难了。

（4）从讲话者说话的角度，大胆地设想其真实意思。如：

妻子：这次旅游真别扭！

丈夫：嗯，导游带我们去购物的时间太多了，让我们没法儿尽兴地游玩。

（四）同感性反馈

同感性反馈，是指不仅听懂了对方表达的意思，还对对方的内在状态感同身受，并用总结概括性的语言，表示出对对方情感和需要的理解和体谅。

例一：

A：我真是烦死了。这项预算一点儿都不精确，我花了大量的时间来核对，发现里面有不少错误，真耽误事儿。

B:是够烦的,你真的挺不容易。

例二:

讲话者:我真不知道该如何选择,每项活动都有赞成和反对两种意见,而且反应都相当强烈。

倾听者:如果处在你的位置,我想我也宁愿慢些作出决定,以免得罪某一方。

(五) 抚慰性反馈

抚慰性反馈指当说者向听者表述心中的负面情绪或不幸遭遇时,听者以言语或非言语的身体行为向说者表示某种安抚、慰问、同情、支持等。例如:

同学甲(退缩地):我……我早就说过我不行,我,我不去了!

同学乙(紧紧地握了握甲的手):别放弃,你能行的,走! 我们都到现场给你助威去!

(六) 探索性反馈

当讲话者谈到的某些内容引起倾听者特别的兴趣,希望知道得更深入、更具体详细;或想进一步了解讲话者对某些问题的真实看法或态度;或对讲话者表达的内容感到迷惑,就需要采取探索性的反馈方式,要求对方提供更多信息,或给出必要说明。例如:"您给我们讲讲小崔后来的发展吧。""您说他这么做不对,那您认为正确的做法是——""您说您不喜欢摇滚乐,我们想知道其中的原因。"

探索性反馈更多地是采用提问的方式,详见第三节。

(七) 控制性反馈

倾听并不只是一个被动的信息接收过程,在整个谈话中,倾听者完全可以借助控制性反馈,适时调节和控制谈话时间、谈话内容,使谈话过程在保证融洽的同时做到更高效,能令双方都感到满意。控制性反馈指在倾听过程中为保证及时完成本次沟通任务而推进话题,或根据需要转移话题等。例如:"刚才您谈的这个很有意思,以后有空我们再多聊聊。我们还有二十五分钟,下面要谈的问题是……"、"这次法国之旅,除了美食,法国的艺术一定也让您流连忘返吧。"

在采用控制性反馈时,一定要注意过渡衔接自然,不要让讲话者觉得有突兀和被强迫的感觉。

(八) 充满张力的沉默

面无表情、一潭死水的沉默会让讲话者失去继续说下去的兴趣或勇气。而配合充满张力的身体语言的沉默,却能起到"此时无声胜有声"的效果,如:眼睛热切地盯着讲话者、表情充满期待,是对讲话者最好的鼓励;而微张着嘴、双眼圆瞪、一脸迷惑等,则是在无声地表示:"你刚才的话我没听太懂,能解释一下吗?""这个我真的没想到,为什么你要那么讲呢?"倾听者这时的沉默,为对方留出思考酝酿的时间,使对方能给出有吸引力的新信息,或对以前谈到的内容进行必要的解释。

充满张力的沉默因为制造了一个信息真空,还会让对方感到压力,随着时间的流逝,这种压力会越来越大,从而"迫使"对方继续说下去。有些内容,也许讲话者一直在隐瞒着,本来并不愿意说出口,但倾听者利用"沉默",最终还是可能将其"逼"出来。在谈判时,沉默策略经常被运用,以产生给对方压力、促使对方妥协的效果。例如:

一位客户在电话中与销售人员就价格问题讨价还价了很久,并最终有点失去了耐心,烦躁地说:"那你说说,到底还能给我多大的折扣?"

销售人员沉默了一下,然后诚恳地说:"这确实已经是最低的了。现在我帮你下订单,好不好?"

接下来是一段难堪的沉默,销售人员和客户都一声不吭,也都不挂断电话。

当这名销售人员觉得都快受不了时,客户叹了口气,说:"好吧,那就下。"

上面的案例中,客户的沉默,其实是正在进行复杂激烈的心理斗争和自我说服;销售人员的沉默,则向客户表明了确实无法再打折的决心,他给客户时间思考,是对客户的充分尊重,相信客户经过认真思考会作出正确决策。

第三节 提问

提问是沟通中的重要环节,是促进沟通的重要手段,它既可以开启一段对话,也可以是对对方话题的反馈。沟通过程中,借助提问可以判明是非,寻求事实真相;可以引导论证,深入探索问题。陶行知先生在《手脑相长歌》中曾说:"发明千千万,起点是一问。禽兽不如人,过在不会问。智者问得巧,愚者问得笨。人力胜天工,只在每事问。"要能像智者那样问得巧妙,就要掌握好提问的原则和方法。

一、问题的类型··

根据对回答内容的限制程度,问题可以分为两个大的类型:

(一)封闭性问题

封闭性问题有点像对错判断或多项选择题,一般有直接、明确的答案,回答者只需要用一两个词简单地应答,不需要主观发挥和阐释。具体又分为四种:

1. 是非性问题

即只有"是"或"否"两种可能答案的问题,如:"这条街通往市中心广场,对吧?"这样的问题能帮我们向对方澄清和确认各种事实。

2. 寻求事实的问题

又称特定性问题,是有着特定答案的问题。这类问题主要是"5W1H"问题,即:谁(Who)、哪里（Where）、哪一个（Which）、何时（When）、是什么（What）、多少（How many/much）。如："上次跟你一起来的那个女孩是哪个学校的？""你在某某城市工作了多少年？""花台里那种叶子红色的植物是什么？"这样的问题能帮助我们了解更多资讯，更好地理解对方。

3. 寻求承诺、询问意愿、提出要求的问题

例如："你可以周一来上班吗？"（寻求承诺）"你喜欢那个候选人吗？"（询问意愿）"我可以尝尝这道菜吗？"（提出要求）这样的问题可让对方表明自己的态度、需要和想法，也可借此开启彼此表达意愿和需要的契机。

4. 选择性问题

指提出两个及以上的选项，请答问者予以选择的问题。如："关于这个合作的事情，我想找你好好聊聊，你看是明天下午还是今天晚上你比较方便？"这样的问题可以凝聚回答者的注意力，要求回答者在限定的范围内作出选择，让自己而不是让对方掌握更多引导话题的主动权。

尽管封闭性问题对于快速了解情况、寻求事实、避免啰嗦有着明确的作用，但它限制人们的思考，获取的信息较少，对于展现事情和情感的全貌是不利的。反馈时如果单纯地使用封闭性问题，会导致谈话枯燥，甚至让回答者觉得自己好像在接受警察盘问，感到非常被动和不快。

（二）开放性问题

要想让谈话继续下去，并且有一定的深度和趣味，就要提开放性问题。开放性问题就像问答题一样，不能简单地以"是"或"否"来回答，而是需要进行解释和说明。比如，在得知一位同事来自西藏后，你可能对他很好奇，向他问了以下一些开放性问题："西藏的生活习惯和这里有什么不同？""你的家乡有哪些人和事让你最难忘，可以说来听听吗？""为什么你不在宁静的家乡生活，而来到喧嚣拥挤的城市呢？"

开放性问题可以帮助提问者获得大量信息，这对于收集丰富的信息非常重要。开放性问题也向对方表示你对他的话很感兴趣，还想了解更多内容，从而鼓励对方更自由、充分地谈话。开放性问题主要包括：

1. 探索性问题

即沿着某一话题进一步探索更多信息的问题。这类问题鼓励回答者提供更多的细节，从而更加深入地探究问题的状况、原因、变化趋势等。如："你能讲得更具体些吗？""那后来怎么样了？""这件事对你今后的生活会产生什么影响？"等等。

2. 解释性问题

解释性问题是向讲话者询问其观点、情感或需求形成的过程或原因，以帮助提问者更好地了解讲话者的观点、情感或需求。主要又分为以下情况：

（1）要求对方表明看法，如："雾霾和汽车尾气之间到底有什么关系？""您认为这起事件对我

们究竟有哪些警示？"

（2）要求对方举例说明，如："您能举个例子吗？""有哪些证据能支持您这种观点？"

（3）要求对方展示论证过程，如："您是通过什么样的推理得到这个结论的呢？""我不太明白，您能用另外的方式再说明一下吗？"

（4）要求对方解释专用词语，如："您刚才说的那个缩写，代表什么呢？""你说的那些数据究竟意味着什么？为什么这么重要？"

（5）要求对方指出原因，如："您说……那您是怎么想到这一点的呢？""你得出这个结论的理由是什么呢？"

3. 过渡性问题

指倾听者为了将前一个话题引向后一个话题而提出的问题。如：

◇ 您刚才谈到喜欢京剧，那您怎么看待西洋歌剧呢？

◇ 关于合同的价格问题已经谈妥了，那合同的违约条款呢？

过渡性问题是提问者巧妙地控制谈话局面，引导话题转向自己感兴趣的方向的重要方式，但如果过度使用，会给谈话对象以被"操控"的感觉，所以使用时应尽量巧妙、自然，不让谈话对象觉得突兀。

4. 情境性问题

情境性问题是请对方回忆某个过去的情景，或假设一种情况或情景，让对方谈谈在这种情况下将如何作出反应。通过对方的回答，提问者可以了解其经历、经验，以及对做人做事的看法与态度等等。情景性问题又分为：

（1）情景假设性问题

简称假设性问题，创设某种问题情境，请被问者回答自己对这种问题情景的观点、情感和态度。

假设性问题有可能是针对被问者自身的。如一个著名的问题："如果你的母亲和妻子同时掉进了河里，她们又都不会游泳，你会怎么做？"

有的假设性问题是针对客观世界的，这些假设有其发生的可能。如："如果有一天太阳风暴摧毁了所有的供电设施，人类的生活将会是什么样子？"

（2）情境再现性问题

即要求对方再现真实的情景。如："作为总经理秘书，你在以前的公司肯定遇到过部门经理发生矛盾的时候，你是如何处理的？"

二、提问的原则··

（一）清楚自己要问什么

只有胸有成竹，才能有的放矢。提问之前，应明确以下内容：

1. 自己有几个目标，最主要的目标是什么？

2. 自己想问的问题，究竟有没有问的价值，是不是非问不可？

3. 自己怎样组织问题，以逐项实现各个目标？即如何安排自己提问的顺序，是由简到繁、先易后难、由浅入深、由窄到宽地逐步拓展，还是由宏观到微观、由宽泛到具体、由粗到精地逐渐深入？

4. 怎样营造有利于沟通的氛围，合理安排问题的表达方式，使对方乐于回答你的提问？

（二）让回答者感到安全和放松

提问，是希望回答者能敞开心扉，真诚地回答自己的问题，并借此将话题展开。而要做到这一点，需要回答者对提问者充分信任和欣赏。假如提问是挑剔、指责的，那么，回答者就会心生敌意，话题也就难以展开了。所以，提问者必须设法使被问者感到心理安全、情绪放松。

做到这一点，在提问时一是态度要诚恳，没有挑刺、指责之意；二是要保持必要的谦虚和礼貌；三是要表情亲切，声音柔和，语调自然；四是要根据话题情景，自然适当地流露感情。

（三）问题的设置难易适中

关于提问的难度，太难，超出对方的理解范畴，有刁难对方之嫌，会给对方造成尴尬；太易，会显得提问者幼稚无知，对方不屑回答。

难易适中，就是指所提的问题让回答者能"跳一跳，够得着"，即问题要有一定难度，需要回答者"跳一跳"——动用较多的知识和技能储备，或需要付出一定努力去寻求答案，但又能"够得着"——不至于超出其知识、经验和能力范围，这样的问题才能引起回答的热情。因此，交谈中要注意掌握对方的知识和能力水平，以便提出难易度恰当的问题。

（四）提出的问题明确具体

明确具体，即提问题应避免抽象和笼统，即使是大问题，也要从具体的角度入手，给对方以明确的回答方向，使对方易于理解和回答。例如，清华大学经管学院一学生曾向来校演讲的美国前总统布什提问："总统先生，中美两国的学术文化交流活动前景是非常广阔的，刚才在您精彩的演讲当中，对我们清华大学给予了很高的评价。那么，如果将来您的两个宝贝女儿有机会继续深造的话，您愿意让您的女儿来我们清华大学吗？"

这个提问是着眼于中美文化交流这样的大问题，但入手于一个很小的具体事件：布什总统是否愿意让女儿来清华大学读书。这个问题很具体，让对方有明确的回答方向，不能不作出明确的回答。如果这样问："你是怎样看待中美两国文化交流的前景的？"就比较空洞和模糊，对方完全也可能用模糊的语言来应答。

（五）对问题的表述准确清晰

"准确清晰"，即提问者要把自己的真实意思传达给对方，并让对方正确理解，而不会产生歧义或误会。这要求在语言表述上做到：一要实事求是，不夸夸其谈、华而不实、哗众取宠；二要通俗易懂、深入浅出，使被问者正确理解提问的内容；三要简洁清楚、恰到好处，避免不得要领的冗长说明。

在表述中，还应适当注意语调、节奏、停顿等副语言的配合使用，以更充分地传达提问者的疑问和兴趣；还要注意身体语言和话语表述一致，避免出现自相矛盾的信息。

（六）提问后留给对方思考的余地

提出问题后，对方可能马上回答，也可能要考虑是否需要回答，以及如何回答。此时，提问者不要急于追问，而要静静地等待片刻，对方考虑好了自然会回答。沉默本身也是一种回答的方式，当对方不愿意回答问题时，就把沉默当做一种策略。

（七）避免问到对方忌讳的问题

常见的禁忌话题不宜公开讨论，属于"雷区"，即便再好奇也不要问起，避免沟通中不愉快事情的发生。

三、提问的运用··

（一）用提问激发谈兴

熟悉的人之间迅速展开热烈的交谈也许不是问题，但跟不太熟悉的人、有竞争关系的人甚至陌生人之间的交流，往往初期推进比较困难，这时候，不妨采用提问的方式来调动对方谈话的积极性。

1. 利用自由信息

在与人打交道的过程中，对方总是会带给我们大量的自由信息，即我们没有主动要求也没有预料到的信息，包括对方的衣着、行为、身体特征、所处位置，乃至说话习惯、方言俗语、口头禅等所有与对方有关的情况，都可以被用来开启谈话，或做深入谈话的引子。常见的利用情况有：

（1）直接就某自由信息作一番评论后提一个问题。如：

姜丽：王娟，你最近去哪儿啦？皮肤晒得好漂亮啊。

王娟：真的吗？是这个周末去野营时晒的。

姜丽：我还没野营过呢，野营到底有哪些好玩之处呢？

（2）重新提起谈话者前面讲述中流露的自由信息。如：

姜丽：你刚才说你们一家人去年夏天在丽江度假，那带着孩子旅行有些什么不便的地方呢？

（3）利用自由信息转移到别的话题。如：

王娟：带太小的孩子出门旅游就是两个字：累、烦！麻烦事儿可太多了。对了，我注意到你头上插着一根簪子，很古典、很漂亮，是在哪儿买的？

2. 激发对方的表现欲

"好为人师"是人的天性。面对一开始没有谈话兴趣或比较矜持的人，不妨以"请教"的名义，将对方抬高到"助人为乐者"、"老师"甚至"专家"的位置上，在满足对方自尊心的同时，激发其不辜负提问者的表现欲，顺利打开对方的"话匣子"。例如："有个问题只有您能解答，您能给我几分钟时间吗？""我想请您帮个忙，您看可以吗？""关于这件事，您能给我提点建议吗？"

3. 激发对方的好奇心

用激发对方好奇心的提问，引起对方的兴趣和参与对话的热情，可以在短时间内形成良好的沟通氛围。例如："我有个问题憋在心里很久了，今天咱们能谈谈吗？""您听说过拓展训练吗？""知道为什么我感觉你特别亲切吗？"

在一些体验式培训课程中，培训师常常采用这种提问方式激起学员的兴趣，比如故意很专注地问某位学员："我挺好奇，我注意到你在刚才的游戏环节中，表现出……你为什么要那么做呢？"通过这样的问题，培训师调动的不光是该学员的注意力，更有其他学员的注意力。

（二）用提问确认信息

倾听者在不能确定自己是否听清、听全、听懂对方所表达意思的情况下，可以用提问的方式对所听到的内容加以确认。具体分为以下情况：

1. 确认讲话的内容

（1）要求讲话者提炼观点。这是最省力省心的弄清讲话者真实意思的提问方法。例如："您刚才的意思是……？""说了这么多，那您的主要观点是什么呢？""您不同意×××的观点，那么您的观点是……？"不过这种提问方法对讲话者不太愿意明说的想法是问不出来的，同时，这种提问有时因显得"突兀"或"咄咄逼人"而不太受欢迎。

（2）提炼讲话者的观点。即提纲挈领地重述讲话者的话，并询问是否是讲话者的真实意思，让讲话者进行确认或更正。例如："您的意思是说……是这样吗？""换句话说，你觉得事情是这样发生的？""不知我理解的是否正确，您的意思是……吗？"这种提问方法要求对讲话者观点的摘要尽量做到准确而且有重点，才能得到讲话者的快速确认，如果没把要点归纳到位，讲话者可能会怕听者没弄清楚而不得不再详细解释一遍。

2. 确认话外之意

当说话者只传达出部分信息或情感，以期待我们"心领神会"，而我们又没有把握是否弄懂了对方的真实意思时，就要进行再次确认。确认方法可以按下列步骤进行：

步骤一:对对方已给出的信息进行概括,并用自己的话试探性地指出对方还没表达的情绪和要求。

步骤二:用诚恳的语调要求对你的理解进行确认。

例如:

王彤:看来我一辈子都找不到工作了。

马莹:你有些灰心啦?(步骤一)

王彤:哎! 每去一个地方,都叫我留一份简历,就再没有回音了!

马莹:你觉得自己被敷衍了,是吧?(步骤一十步骤二)

王彤:是啊,真郁闷!

运用这种方法,可以将试探错误的不良后果降到最低,并让对方了解你的确在用同理心倾听。

3. 确认非语言信息

非言语信息可能具有多重含义,特别是在讲话者的语言信息和非语言信息相矛盾时,含义就更加复杂。为稳妥起见,对讲话者的真实意思是什么需要进行确认,以验证自己的理解是否正确。可以按以下三个步骤进行:

步骤一:告诉对方你所看到和听到并借以得出结论的事实。

步骤二:试探性地告诉对方你对这些事实的理解。

步骤三:问对方你的结论是否正确。

例如:"我问你是否愿意一起去学习古琴,你只是轻轻地说:'听起来好像很高雅的样子。'然后就转移了话题(步骤一)。我觉得你不是真的想去(步骤二),对吗?(步骤三)"

当然,也可能对方的非言语信息让人迷惑,倾听者拿不准其究竟是什么意思。这时可以把自己所看到的作一下陈述(步骤一),并请对方给以必要的解释(步骤二)。例如:"自从认识你以来,你只和我一起吃午饭,从来不答应一起吃晚饭或看演出(步骤一)。什么原因呢? 我想知道!(步骤二)"

(三) 用提问寻求真相

有时讲话者在表达意见或感受时,没有给予必要的说明,倾听者有必要当面问清楚。如果不设法弄清讲话者那么说的原因或依据,就难以确定其意见的合理性和感受的心理动因,只能靠自己的猜测和想象来理解对方的话,这很容易导致误解。

1. 弄清意见、情感背后的原因

当有人仅仅简单地表达意见,没有说明理由,听者可以通过提问来寻求对方更具体的真实想法。例如:

讲话者:"我觉得那件事情做得还不够完美。"

倾听者:"哦? 那您认为怎样才能使它完美? 或者是什么使它不完美呢?"

如果对方是防卫心理较强的人,尽量不直接用"为什么"这样的方式追根究底,可以采用更为委婉含蓄的提问方式,如:"您能不能解释一下……的原因?""您能给我们说说当时是怎么得出这个结论的吗?""是什么使得您那么想呢?"等等。

2. 弄清评判、要求背后的假设或规则

讲话者提出"应该、不应该、必须、一定、不能"等对人与事的评判或要求,都是建立在一些没有说出的假设或不成文的规则之上的。为了更好地了解讲话者的真实想法,有必要弄清这些评判和要求的依据是什么。具体方法有:

(1) 重复性反问。即以反问的语气重复讲话者言语中的"应该"、"必须"这些规定性的词汇,并看着讲话者,等着他自己加以说明。如:

刘婶:他当初就不应该结这个婚!

小陈:不应该?

刘婶:可不是嘛! 才认识两个月,都没摸清底细,也没好好相处,就草率地把婚结了!

借助提问,小陈弄清了刘婶关于幸福婚姻的"假设":幸福的婚姻一定要建立在彼此深入了解的基础上。

(2) 直接追问。即对于讲话者提出的某些观点直接追问,要求其说明这些观点所"假设"的前提或依据。如:"您说明年房价会跌,您得出这个结论的依据是什么呢?""您说狗听不懂人话,您这么说好像是假设了狗没有理解抽象语言的能力,是这样吗?"

(3) 假设性提问。即提假设性问题,诱使讲话者说明其看法背后的"假设"。如:

刘叔:穷成这样,还急着想结婚,这不,又被赶出来了吧!

小王:如果你是他,你会怎么办?

刘叔:我会先去挣钱,混出个样儿来,有房有车的时候,理直气壮地找丈母娘,让她把女儿嫁给我!

通过回答,刘叔透露了其关于婚姻的"假设":婚姻得建立在良好的物质基础上。

应注意的是,重复性反问和提假设性问题都容易被认为是一种挑战,所以在提问时一定要表现得自然而诚恳,尽量不要激起讲话者的自我防卫心理。

3. 弄清总结性观点的缘由

人们喜欢借助"不完全归纳法"得出总结性结论,例如:知道某些有钱人为富不仁,就认为所有富人都是为富不仁的;看见小王迟到过几次,就认定小王总是迟到等等。总结性观点中通常有"总是、从不、所有、每一个"等普遍化、绝对化的词汇。要了解这些总结性观点是否真的客观,需要以提问的方式弄清这些结论的理由是否经得起逻辑或事实的检验。常用的方法,也是用反问的方式重复对方结论中表示普遍化、绝对化的关键词。如:

朱经理:这个小刘,交给他的事,总是做不好!

小杨:——总是——做不好?

朱经理:上周我叫他把资料送给财务部的负责人,结果他随便交给财务部的什么人就回来了! 昨天我叫他今天早点来,结果你看,到现在还没露面!

小杨:还有呢?

朱经理:还有……我一时也想不起来了,反正,我就是对他印象不好。

小杨从朱经理的陈述中基本可以判断,他对小刘有情绪,所以看小刘什么都不太顺眼,而不是小刘真的什么都做不好,从而避免了被朱经理的判断误导。

4. 弄清比较性结论的理由

在交谈中常听到讲话者进行比较后的结论,如"……更好一些"、"……更难了"等等,却没听到其比较的标准和为什么要进行这种比较的原因。要弄清这些比较性结论是否合理,需要有追问的技巧,将各种除讲话者肯定的结论以外的可能性都考虑到。如:

朱经理:我思考过了,这几个人中,还是小吴去最合适。

小杨:哦? 你认为他做这些事有哪些优势呢?

朱经理:优势有很多,比如……

小杨:那他做这件事,会不会也有一些可能不太理想的地方?

朱经理:他做这件事可能的问题我也想过了……

小杨:那小魏做这个事,会不会就不存在这些问题呢?

朱经理:倒是,小魏在这些方面有自己的优势。

小杨:那小郑呢? 你认为他的情况怎么样?

……

朱经理:幸好你提醒,现在看来,还是让小吴和小魏一起去,互相提醒、帮衬着点,应该能把事情办得更好。

经过一系列追问,小杨和朱经理一起更清晰地考察了得出比较性结论的推论过程是否全面、客观,从而有利于得出更科学的结论。

(四) 用提问推动对方深入具体地思考

当对方对问题的思考还停留在表面时,如果我们要求其谈看法,对方多半谈不出个所以然;如果我们直接提出了自己的看法,对方则可能会感到难以理解和赞同。这时候不能操之过急,应借助有效的提问推动对方深入思考,并逐渐得出正确的结论。

1. 启发式提问

启发式提问又称教练式提问,提问者通常站在更高远的角度,用提问启发对方对推出结论的过程进行深入思考,并自行找到抵达结果的路径。启发式提问是培养人才的行之有效的方法,上级、老师为了一步步引导下级、学生尝试着找到解决方案,经常向下属、学员提这类问题。如:"除了目前的方案,解决这个问题还有别的可能性吗?""我们能否把这个问题分解成几个子问题?""这个问题的症结或关键之处在哪里?""这是最重要的问题吗,或者说还有没有更深层次的问题?""要做好这个事情,首先要解决的问题是什么?""经过今天的讨论,下次再做类似的方案,可以有哪些借鉴的地方呢?"

这些促使下属或学员进行建设性思考的启发式提问,对下属或学员来说,是在"授之以渔",而不是"授之以鱼",有利于快速培养下属或学员正确思考和解决问题的能力。

2. 推测式提问

即根据对未来的预测,或根据不同的可能性而提出问题。如:"您说中国的城市化率已经超过50%,且老龄化问题日益严重,那是否意味着在不久的将来房价将发生逆转呢?"推测性提问可以帮助我们了解对方对未来趋势的看法,以及对各种现实可能性的思考和态度,还可以引导对方去思考其以前没有想过的可能性,从而拓宽思路,从更高、更广的角度来思考解决问题的路径。

在沟通过程中,常见的推测性提问方式有:"物价已经这么高了,还会再涨吗?""它真的会发生吗? 会带来什么影响?""万一/要是……我们该怎么办?"等等。

3. 漏斗式提问

也叫层递式提问,即在提问时先就背景、全貌、方向提问,再就具体环节、问题和方法提问,通过环环相扣的提问,循序推进到更有难度或更明确细致的问题,推动回答者做更具体深入的思考。比如,管理沟通培训师在给某企业做培训前的访谈时,层层递进地问了以下问题:

"贵公司为什么要上沟通课程?"

"贵公司是通过何种途径知道我们开设了这个课程?"

以上两个问题是漏斗的大入口,由一个提供大体印象的概括性问题开始,对沟通对象做初步了解。

"贵公司期望课程达到什么效果?"

"这个课有三种讲法……贵公司希望哪种讲法?"

"课程中涉及人际沟通、工作沟通、商务沟通三大部分,贵公司希望讲课的侧重在哪里?"

以上三个问题是漏斗的腹部,推动对方进行越来越具体的思考。

"贵公司希望将课程分成几个层次? 每个层次各有多少人参训?"

"贵公司是否希望培训完毕进行考核? 考核的方式如何?"

以上两个问题是漏斗的小出口,利用具体问题来明确细节,使得交流逐步向问题的深层次发展。

漏斗式提问不仅可以推动回答者做更具体深入的思考,还能帮助提问者沿着由大到小、由宽泛到具体或由易到难的顺序,好像漏斗那样不断地缩小信息的范围,掌握更多明确、具体的信息,规避信息不足和偏颇的风险。

(五)用提问获得谈话主动权

谈话是一个积极互动的过程,倾听者除了做好信息的"接收器"和"译码机",完全可以结合具体情形,巧妙地获得谈话方向和谈话内容的主动权。常用的提问方法有:

1. 诱导式提问

也称引导式提问,指提问者按自己的沟通意图设置封闭性问题,引导回答者按提问者所需要的答案进行回答。面试官了解求职者的相关情况、推销员探知消费者的内心需求、教师引导学生深入新课程等,都经常运用这种提问方法。下面是一个借助诱导式提问进行电话营销的良好范例:

电销员:你好,王女士,我是某某物业管理公司的,打扰您一下,您注意到最近的新闻及小区的告示了吗?

王女士:注意到了。最近好多小区都发生了入室盗窃的现象,怪吓人的。你们社区管理部门一定要把治安搞好,否则很麻烦的。

电销员:是的,我们一定努力做好的。但您是否能配合我们?

王女士:怎么配合呢?

电销员:很简单,小偷入室盗窃,主要通过撬锁进入室内。您检查一下您家的锁,质量好吗?可有报警功能?

王女士:锁是装潢公司采购的,也不知道质量怎么样,没有报警功能。

电销员:这样吧,您确定个时间,我们帮您联系一家专业检测公司和报警器安装公司,到您家去看看,怎么样?

王女士:那太感谢你了! 明天下午怎么样?

电销员:好。那就明天下午3点钟吧。

诱导式提问一般提的都是对方会肯定回答的问题。因为在作出肯定回答的同时,回答者会随之正面地思考问题,其沟通态度也会是合作的、建设性的,这时引导其关注提问者希望的话题也就变得自然而容易了。上面的例子中,顾客同意报警器安装公司上门,是完成报警器销售的关键步骤,电话营销员正是提问了一系列顾客会肯定回答的问题,诱导顾客自然而然地同意了这个要求。

2. 过渡式提问

即通过提过渡性问题,引导双方将前一个话题转向后一个话题。过渡式提问是巧妙控制谈话局面、引导话题转往自己感兴趣方向的重要方式,但如果过度使用,会给对方以被操控的感觉,所以应尽量巧妙、自然,转向的应是双方都感兴趣的话题,才能保证谈话过程富有建设性。

【思考与练习】

一、笑话品读

美国二战时期赫赫有名的巴顿将军为了显示他对部下生活的关心,搞了一次参观士兵食堂的突然袭击。

在食堂里,他看见两个士兵正站在一个大汤锅前。

"让我尝尝这汤!"巴顿将军向士兵命令道。

"可是,将军……"士兵正准备解释。

"没什么'可是',给我勺子!"巴顿将军喝道。

士兵一边递给他勺子,一边再一次说:"可是,将军……"

巴顿瞪了他一眼,一把夺过勺子,舀起锅里的汤喝了一大口,随即"哇"地一口吐了出来。

他转向士兵,怒斥道:"太不像话了,怎么能给战士喝这个? 这简直就是刷锅水!"

"我本来想告诉您这是刷锅水,没想到您……您已经尝出来了。"士兵磕磕巴巴地答道。

思考:

1. 巴顿将军为什么喝了刷锅水?

2. 如果巴顿将军想杜绝"喝刷锅水"之类的事件,他在倾听下属说话时应注意什么?

二、案例分析

亚伯拉罕·林肯接手的第一个案子,是一名叫盖瑞森的年轻人被指控在 1837 年 8 月 9 日晚上的野营布道会上枪杀了克拉伍,目击证人是苏维恩。作为盖瑞森的辩护律师,林肯在法庭上一言不发,直到默默听完目击证人的证词,待到法庭已渐渐平静下来时,才缓缓开始提问:

林肯:"在看到枪击之前你与克拉伍曾在一起吗?"

证人:"是的。"

林肯:"你站得非常靠近他们吗?"

证人:"不,约有 20 米远。"

林肯:"在宽阔的草地上?"

证人:"不,在榛木林里。"

林肯:"在 8 月里,榛木林的叶子很密实吧?"

证人:"是的。"

林肯:"你认为这把手枪就是凶手当时用的那把吗?"

证人:"看起来很像。"

林肯:"你能看到被告开枪射击,那么能看到枪管的情形吗?"

证人:"是的。"

林肯:"枪杀现场距离布道会的场地有多远?"

证人:"750 米。"

林肯:"灯光在哪儿?"

证人:"在牧师的讲台上。"

林肯:"你是否看到克拉伍或者盖瑞森站立的地方有烛光?"

证人:"没有,要烛光干吗?"

林肯:"那么,你怎么看到的这起枪击事件呢?"

证人:"借着月光呀!"

林肯:"你在 22:00 看到枪击;在榛木林里;离灯光 750 米远;你看到了手枪枪管;看到那人开枪;你距离他有 20 米远;你看到的这一切都是借着月光?离营地的灯光几乎一里之外看到这些事情?"

证人:"是的,我之前都告诉过你了。"

听完了证人说的最后一句话后,林肯从大衣口袋里掏出了一本天文历,翻到其中的一页,高声念道:"1837 年 8 月 9 日晚上根本看不到月亮,月亮是在次日的凌晨一点才升起的。"

于是,林肯帮盖瑞森彻底打赢了这场官司。

分析:

林肯通过哪些提问的方式方法,成功推翻了证人的证言?

三、沟通实训

(一)任务描述

暴风雨来了,厄尔尼诺又在报复地球。在太平洋上有一个孤岛,有五个人被困在了上面。他们分别是 A:科学家,正在研究新的生物技术;B:即将分娩的孕妇;C:负责生态环保的科学家;D:某市的市长;E:孤独无助的小孩。这时候,有一条小船慢慢飘向小岛,但小船只能搭载一个人,因此必须从这五个人中选择一人搭船离岛寻求救援。

(二)任务要求

1. 每五人分成一组,分别扮演 ABCDE 五个被困孤岛的人,各自完成"为什么自己应该先离岛"的陈述。

2. 第一个人陈述完自己的理由之后,从第二个人开始,每人在陈述自己的理由之前,先复述前一人陈述的理由。等最后一个人申述完毕,第一个人再重复最后一个人的理由。

3. 由完整复述别人逃生理由的人与充分陈述自身理由的人共同决定谁可以先行离岛。

(三)总结评估

活动结束后,分组讨论谁是好的倾听者,是如何表现出来的?

四、沟通借鉴

向你的知心好友诉说一件令你不快或烦恼的事情,将你们的对话偷偷录音。事后听录音,分析对方倾听和反馈的过程:他(她)的反馈方法哪些是你喜欢的,哪些是你不喜欢的,为什么? 你应该从中吸取什么教训?

第五章　赞美、批评与接受批评、致谢与致歉

　　每个人都有优点和成绩,也有缺点和错误,因此,赞美、批评与接受批评、致谢与致歉在人际交往中必不可少。遵循赞美原则,妙用赞美技巧,将溢美之词说到对方的心坎上使其欣然接受;掌握批评原则,活用批评技巧,将批评意见表达得委婉到位使对方心悦诚服;正确理解批评的实质,将他人的批评视为关爱、鼓励和鞭策而坦然接受;常怀感恩之心,选择恰当的方式,将致谢做得礼貌周全;敢于认错和担责,运用有效的方式坦诚致歉,获得对方谅解……这是人生的必修功课,也是优化人际关系的良方。

第一节　赞美

　　人人都渴望被赞美,因为得到他人的认可是人的基本心理需求。即使再刻薄的人受到真诚的赞美,也会变得通情达理、乐于协作,所以赞美是最好的沟通润滑剂。同时,赞美也是成功者必备的修养,乐于赞美他人的人,往往胸襟宽广、视野开阔、思维灵活、善于发现和汲取他人的长处,不断完善自我。可以说,赞美是嘴角的春风,是开启人心的钥匙。掌握了赞美的艺术,十分有利于优化人际环境,拓展人脉关系。

一、赞美的原则

(一) 要真诚,莫虚伪

　　真诚,乃发自内心也。发自内心的赞美,因其表达的是真情实感而如春风拂面,让人感动。与之相反,现在社会上流行一种见人就赞美的"虚情假意":见了女士就称"美女",见了男士就称"帅哥",致使"美女"、"帅哥"都变成了廉价品。在商界,一些推销员为了达到自己的销售目的,毫无根据,见人就夸,"精英"、"强者"满嘴跑;而官场,互相吹捧之风也非常盛行,甲夸乙年轻有为,乙夸甲前途无量。殊不知,这些虚伪的赞美,并不能得到对方的好感,反而会让对方将你列入油嘴滑舌、奸诈虚伪之列。真诚的赞美才会让被赞美者产生心理上的愉悦,并因而对你怀有感激之情。所以,在赞美他人时,要真诚,莫虚伪。

（二）要真实，莫空泛

"真实"就是有根有据，被赞美者把一个大企业管理得好，你就赞美他的管理才能；他是技术拔尖人才，你就赞美他的技术贡献；某同学善于发明创造，你就赞美他的发明天赋或钻研精神；某女士并不漂亮，你就赞美她的气质或贤惠等等。总之要有根有据。如果一个赞美的词汇用在任何一个人身上都是可以的，那这个词汇就失去了赞美的价值。所以，我们在赞美他人时，要注意根据被赞美者的特点进行个性赞美，而不要用"美"、"出色"、"英明"等这些笼统的词汇，更不要用那些如"我对你的佩服如滔滔江水连绵不绝"等空泛飘浮甚至夸张的语言。过分的夸饰会让人对你的人品产生质疑，甚至可能产生误解和信任危机。

（三）要适度，莫夸张

有效的赞美要见机行事、适可而止，做到"美酒饮到微醉后，好花看到半开时"。也就是说，赞美时尽量不要使用华丽的辞藻，只要言辞恰当、说到"点儿"上就足够了。如果不审时度势、掌握尺度，即使赞美是真诚的，也会有阿谀奉承、溜须拍马之嫌，让人误以为你虚情假意，有不良企图，甚至认为是在讽刺他。

赞美好似煲汤，火候掌握不好，再好的材料也煲不出味道鲜美的汤。只有火候掌握适当，赞美才会散发出最浓郁香甜的味道。特别是对上司的赞美，把握火候尤其必要。

（四）要及时，莫滞后

同事取得成绩、朋友做了好事、家人有了进步，不要犹豫，立刻表达你的赞美之情！滞后的赞美就如隔夜茶，会变了味道；人家过完生日你才想起送蛋糕，情人节过了你才送玫瑰，只能引起对方无奈或讽刺的一笑。例如，你的下属今天的表现格外出色，非常期待得到你的肯定，你却没有任何回应；一周后你忽然想起此事才以表扬，他只会怀疑你的动机，而不会起到应有的鼓励作用。

（五）要充分，莫打折

有些人在赞美他人时经常用这样的表达："你车开得太好了，起车稳，开得也稳。就是和前车跟得太紧。"这就叫"打折"，后面一句"搭售"，让前面的赞美完全丧失效应，让人觉得不是滋味。这就是好多人在赞美别人时常犯的一个严重的错误：不是给予百分之百的赞美，而是画蛇添足地加上一句令人沮丧的评论，或是一些削弱赞美程度的言语。总之就是把赞美打了折扣再送出。赞美一旦打了折扣，就会有了瑕疵，就像雪白的桌布沾染了一块黑色的污迹，它会破坏赞美的效果，使受赞赏的一方原有的喜悦一扫而空，反而是那几句"搭售"的非议让人难以忘怀。

二、直接赞美的技巧

直接赞美就是当面赞美对方。这听起来简单，但真正运用起来并不容易，因为直接赞美绝不是赤裸裸地当面吹嘘对方，而是运用各种技巧，让人感受到你发自内心的喜爱、钦佩或鼓励。

（一）因人而异，投其所好

人的地位、志趣、经历等各不相同，优秀之处自然相异。所以，要想取得赞美应有的效果，抓住重点、突出个性是关键。在投其所好时，主要考虑以下因素：

1. 听者的文化水平

领导力管理中有一个被管理者普遍认同的观点：领导要用员工的语言和员工说话。即是说，你的语言表达要照顾到对方的理解力和接受能力。你说得再好，对方听不懂，也等于白说。而理解力和文化水平有关。你和大学生们可以谈论诗词歌赋，和保姆就要谈论买菜做饭带孩子。赞美的语言也是如此，我们夸女孩儿经常用"花容月貌"、"冰清玉洁"来形容，但如果是和一个小女孩儿直接对话，一定要说："你怎么长得这么俊呢？""看这孩子，多水灵！"所以，我们在赞美人时，要考虑到他的文化水平，考虑到他的接受能力，你的赞美之词让对方听懂，对方才能真正感受到你的赞美之情。

2. 听者的兴趣爱好

《花为媒》中唱词道："好不如巧，巧不如恰。"夸人夸得巧，才算会夸。怎么才算巧？就是夸到"点儿"上。你所夸的正是对方爱听的，想听的。那么，对方爱听什么？爱听他感兴趣的事情。有位出色的营销员，十分擅长开发客户群，所以，业绩增长很快。他的秘诀是：第一次与客户见面，只谈论客户的兴趣，并记在名片的后面。下次见面，他会将收集到的关于客户兴趣的资料打包，并写上赞美之词，作为"礼物"馈赠客户。例如，对方的兴趣是钓鱼，他就收集有关钓鱼的资料，下次见面时就与对方大谈钓鱼之道，并从中寻找对方的闪光点加以赞美。当对方听到他对钓鱼如此内行并对自己这方面的特长给予赞美时，不仅备感亲切，也会因为得到"内行"的称赞而自豪。

3. 听者的心理特点和情感需求

面对一位个性鲜明、追求潇洒独立的女孩，如果你夸她温婉可人、举止优雅，她很可能不买你的账，甚至会骂你满口胡诌；如果了解她的心理，夸她个性独立、有见解、有活力，她就会很开心。每个人的心理特点和情感需求不同。在赞美他人时，要抓住对方的心理和情感需求。比如，不是所有的女性都那么看重别人对其外表的评价，也许她看重的是别人对其学识、能力、品质的看法；也不是所有的商人都特别在意别人对其致富能力的肯定，也许他在意的是自己的公益形象。所以，我们要去除刻板印象，有针对性地选择溢美之词，真正夸到点子上，夸到人家的心坎上。

案　例

在镇压太平天国的军营中，一次，曾国藩用完晚饭后与几位幕僚闲谈，评论当今英雄。他说："彭玉麟、李鸿章都是大才，为我所不及。我可自诩者，只是生平不好诳耳。"

一个幕僚说:"各有所长。彭公威猛,人不敢欺;李公精敏,人不能欺。"说到这里,他说不下去了。众人皆低首沉思。

忽然走出一个管抄写的后生来,插话道:"曾帅仁德,人不忍欺。"大家听了拍手叫绝。

曾国藩十分得意地说:"不敢当,不敢当。"

后生告退后,曾国藩问旁人:"此是何人?"

幕僚告诉他:"此人是扬州人,入过学,秀才,家贫,为事谨慎。"

曾国藩听后就说:"此人有大才,不可埋没。"不久,曾国藩升任两江总督,就派这位后生去扬州任盐运使了。

4. 听者当时的心境

常言道:"入门休问枯荣事,观看容颜便得知。"在夸赞别人时,要学会"察言观色"。比如,26岁的小张刚被提拔为部门经理,你夸他"年轻有为,前途无量,"他一定很得意;但如果小李做生意刚赔了本,心情很糟,你也夸他"年轻有为,前途无量",他一定认为你是在讲风凉话。

5. 双方在组织中的地位

地位不同,成就不同,自己感到荣耀的方面就不同。所以,赞美要有针对性。下属赞美领导,要赞美他的功绩、管理才能、谦逊、没架子、关心下属、信守承诺等;领导赞美下属,则赞美他的敬业、才干、进取精神以及工作业绩、工作表现;同事之间的赞美要赞美他的乐于助人、才能等;称赞女性,夸她细腻、善解人意、工作能力和事业心等。总之,要根据不同岗位的不同工作成绩进行赞美。

除了以上因素,还要考虑年龄、性别、职业等因素。例如:对老年男性,或赞美他的精神矍铄,或肯定他的光荣历史;而老年女性,最喜欢听你赞美她的儿孙有出息,夸奖她教子有方;对年轻人,要赞扬他的创造才能和开拓精神,并举出几点实例证明他前程似锦;对于职业女性,可以称赞她上得厅堂、下得厨房,家庭事业两不误;对于机关干部,可称赞他为国为民、廉洁清正;对于知识分子,可称赞他知识渊博、宁静淡泊……

总之,只有了解沟通对象的特点,投其所好,你的溢美之词才能被对方照单全收。然而,人的长处往往不止一个,如何寻找对方的"所好"呢?那就需要事先理清对方的各项优点,在与对方交谈过程中寻找他本人最得意、最在乎的地方进行赞美。寻找的窍门就是通过倾听发现对方最感兴趣的话题,这一话题无疑就是对方平时的关注点,也往往是其所擅长的。

（二）赞美普通人每一次最微小的进步

认可促人成长,鼓励促人进步。卡耐基说,要成为有效的领导者,就要遵循一个原则:及时赞美最微小的进步,而且是每一次进步。普通人没有惊天动地的行动,有的只是脚踏实地的工作,任劳任怨的付出。所以,清洁工把卫生做好,值得赞美,送水工把水及时送到,值得表扬。越是普通人越需要鼓励,需要表扬,因为,那些功成名就者早已听惯了溢美之词,你的赞美再高明,也很难引起他的兴趣;而普通人或身处逆境的人,他们需要赞美来鼓足他们的信心,激励他们战胜困难的勇气。最有实效的赞美不是"锦上添花",而是"雪中送炭"。如果对这些需要赞美的人每一个小小的进步加以关注和赞美,他可能会终生难忘你的知遇之恩。

（三）赞美从"事"说起

按照"真实"原则,"事情"比"人"更具体真实。所以,我们应将赞美的重点放在人们所做的事情上,而不是放在他们本人身上。赞美人做的"事",让人容易接受,比如,刘斌是讲解员,在讲完绘画展览的内容后,你可以说:"刘斌,你讲得真好!"假如你说:"刘斌,你真棒!"就显得宽泛、笼统,缺乏真实感。所以,我们要经常抓住同事、朋友们所做的事进行赞美,比如,"你的稿子写得真好,观点明确,结构严谨。""今天的发型做得太好了,特适合你的脸型!"等等。

（四）欲扬先抑

欲扬先抑的"扬",是指褒扬、抬高。"抑",指按下、贬低。想褒扬某个人,不是直接褒扬,而先是按下,从相反的贬抑处说起,以形成波澜起伏,造成鲜明对比,容易使人产生恍然大悟的感觉,留下比较深刻的印象。《战国策》中有一段"冯谖客孟尝君"的故事,文章的开头写冯暖既无爱好,又无能耐,还爱闹待遇、发牢骚,简直是成事不足,败事有余,作者把他贬抑到最低处。然后却笔锋一转,写他如何为孟尝君经营"三窟",赞美了他非凡的才能。

案 例

大清乾隆朝,王翰林为母亲做寿,请纪晓岚即席做个祝寿词助兴。

纪晓岚也不推辞,当着满堂宾客脱口而出:"这个老娘不是人。"

老夫人一听,脸色大变,王翰林十分尴尬。

老纪不慌不忙念出了第二句:"九天仙女下凡尘。"

顿时,全场活跃,交口称赞,老夫人也转怒为喜。

老纪接着高声朗读第三句:"生个儿子去做贼。"

满场宾客变成哑巴,欢悦变成难堪。

老纪喊出第四句："偷得仙桃献母亲。"

大家立刻欢呼起来。

（五）似抑实褒

似抑实褒,有时是一种衬托手法,有时是说反话。比如,在文学描写中,作家们经常用其貌不扬来衬托其才华。比如,张艺谋执导的《红高粱》放映之后,轰动了国内外,赢得了行家和观众的赞美。记者罗雪莹写道："初见之下,艺谋相貌平平,不修边幅,很出乎我的意料。他方脸光头,一身发旧的蓝劳动布工装,哪像个出众的艺术家,倒像个乡镇企业的临时工。"同样,郑义说他"很像闯进西营村叫卖鸡蛋豆腐的农村小贩"。莫言赞叹道："我一见他直乐,说艺谋你挺像咱村的生产队长。外表一副木讷憨实相,真有点不相信你就是大名鼎鼎的张艺谋。"的确,当时风靡一时的张艺谋被媒体炒得大红大紫,对当时的赞美已经有司空见惯、曾经沧海难为水的感觉了。而以上三位作家的赞美却很独到,为赞其才,大谈其貌,以其貌不扬,反衬其才出众,独具慧眼,独具效果。

另一种是说反话。比如,现在提倡节俭的作风。一下属赞美他的领导："我们领导可吝啬了,把单位的日子当家的日子过,卡我们卡得特死,公车不让用,饭费不报销,实在挤兑他时,他自己掏钱请我们吃饭。"这样一夸,一个廉洁奉公的领导形象被树立起来。

（六）巧用对比进行赞美

在赞美他人的能力和才华时,可以用对比赞美的方法。因为才华和能力是相对性的东西,只有在对比中才能让人更清楚地意识到自己几斤几两。"听君一席话,胜读十年书","与你比,我这辈子算白活了"等,都是在对比中体现对别人的恭维。

赵忠祥初次主持《正大综艺》节目时缺乏信心,但两轮下来就得到了前任姜昆及姜昆夫人的夸奖。姜昆夫人的夸奖是"比姜昆强"。在对比中给予赵忠祥主持水平以高度评价,赵忠祥听后心里美滋滋的。

这种方法运用时须注意:对比对象和对比事项的选择要适当,不要造成夸一方而贬低了另一方的情况,否则,得不偿失。

（七）遇物加价,逢人减岁

能买到物美廉价的商品,证明这人精明、有眼光。所以,遇物加价就是肯定他人的精明和独具慧眼。比如,如果你认为对方的衣服值200元,让你猜的时候,你起码要猜300元,对方听后往往会有一种兴奋感,感觉自己很会买东西。但不要太离谱,要根据对方的身份和财力,一般以原物的 1.5 到 2 倍的价格估算是最适宜的;乱估、瞎估,就会给人留下虚伪的印象。

"逢人减岁"的技巧,重点用在老人和女性的年龄上。比实际年龄"老",是中年以上女性最忌讳的,如果你猜她的年龄比实际年龄小,她会产生心理上的满足感。而对孩子和青年男性而言,则可"逢人加岁",因为他们渴望快点长大、渴望成熟稳重。比如说:"你做事这么练达,举手投足如此沉稳,竟一点儿也不像个 22 岁的孩子",这会让这个男孩感到莫大的骄傲。

(八) 用行动进行肯定和赞美

赞美一个人,有时不必用语言表达出来。一次善意的行动,要胜过所有赞美之词。波普曾说过:"最聪明的赞美者,是做一些他所喜欢的事情,但却不表明是为他而做的。"这种方法多用于领导对下属的赞美或家长对孩子、导师对学生的赞美。严济慈在法国留学时,在导师法布里的指导下完成了博士论文《石英在电场下的形变和光学特性变化的实验研究》,法布里很欣赏严济慈在这篇论文中表现出的才华,但他没有直接赞美他的论文,而是在首次出席法国科学院的院士会时,宣读了严济慈的论文。这不仅显示了法布里对自己学生的高度评价,而且使严济慈扬名法国科学界。这"无声胜有声"的赞美令人感动。

(九) 适度贬低自己以抬高别人

这也是一种"欲扬先抑"的方法,但"扬"的是他人,"抑"的是自己;也是一种比较的方法。比如,当下属完成一个科研项目来汇报时,你可以这样夸:"还是年轻人哪,有专业知识,思维活跃,创新性强,不像我这个老顽固,想当初还怀疑你们的能力呢!"下属听了这样的肯定,一定很受鼓舞,也会更加尊敬你。对和自己有竞争关系的同事采取这一方法则更能彰显你自谦的美德。比如,两个准备竞选主任的同事这样对话:"于洪,演讲稿写得怎么样了? 早准备好了吧?""哪啊? 我的写作水平不行,演讲就更外行了。真羡慕你,在演讲上那么有才,能写又能说的,你得帮我啊!"

(十) 主动用赞美和鼓励的话与人打招呼

主动与人打招呼就表示"我眼中有你,我很重视你",而用赞美和鼓励的话打招呼起到的作用有时会远远超出想象。越是高层的领导,主动同基层职工打招呼,效果越好。如果在企业里你是总经理,你主动对普通员工、门卫或者清洁工打招呼,并顺便肯定一下他们的工作或者说一句嘘寒问暖的话,他们会感觉到自己受到了重视,因此会更加努力地工作。

案 例

大公司里的清洁工,本来是最不起眼的小角色,可是在韩国某大公司里,却有这样一位清洁工:一天晚上,他眼见公司的保险箱被窃时,本来可以选择明哲保身、不闻不问,或干脆躲避,可是他竟冒着生命危险,奋不顾身地与窃贼进行了殊死的搏斗,最终保住了公司的财产。事后,有人提出要给他嘉奖,为他请功,他都拒绝了。

当有人询问他这样做的动机时,他的回答大大出乎人们的意料。他说:"当公司的总经理从我身旁经过时,总会不时地赞美我:'你擦的地真干净!'"就是这么一句简简单单、平平常常的赞美之言,却使这位员工深受感动,并在关键时刻以身相报。

三、间接赞美的技巧

间接赞美就是不直接面对赞美对象,而通过第三者传递赞美的信息。间接赞美比直接赞美更委婉,技巧性更强。

(一) 在第三者面前赞美

直接赞美有时被视作社交辞令,而背后夸人却可以自然而然地避免阿谀奉承之嫌,显得更加真实、更加真诚。同时,赞美的范围有所扩大,效果更加突出,被赞美者也会因为第三者知道了自己受到赞美而备感愉悦。

在职场,我们要善于在一个同事面前赞美另一个同事,在领导面前赞美你的同事,在你朋友的朋友面前赞美你的朋友。比如,你可以在王局长面前说:"马处长工作认真负责,而且喜爱钻研,经常发表文章,是我们局里不可多得的人才啊!"这话日后传到马处长耳朵里,他自然会对你感激万分。还可以借第三者的话来做开场白:"难怪某某一直说你很不错,今日一见果然⋯⋯"这种开场白,能够迅速拉近陌生人之间的距离,便于后面的沟通。

(二) 传达第三者的赞美

当有人在你面前夸奖某人时,你理当传达这种赞美。比如,你在路上遇到小张,你对他说:"前两天我和老李谈起你,他对你推崇极了,说你这人特有本事。"一来,小张会因你传达了老李对他的夸赞而备感愉悦,并会顺理成章地认为你也是同意老李的看法的。这样一来,小张对你这个传话人自然也会好感倍生;二来,日后老李知道了也会因你将话传到了小张耳朵里,促进了他和小张的关系而感激你。这可是一举两得的妙招!

(三) 赞美对方在意的人和事

俗话说"爱屋及乌",有时候赞美与对方紧密相关的人或事,能收到比赞美他本人更好的效果。比如,在一位母亲面前称赞她的子女;在一位妻子面前夸奖她的丈夫;在一位教师面前赞美她的学生等。

第二节 批评与接受批评

一、批评··

批评,是指指出他人错误,并对这一错误表示否定态度和自我价值判断的行为。"金无足赤,人无完人",所以,批评或被批评是我们生活和工作中的常事。当我们被批评时,有些人的批评我们容易接受,而有些人的批评,虽然我们感觉到他批评得对,我们却听着不入耳,不愿意接受,这就涉及批评的艺术。批评得当,会引人自省、发人奋进;批评不当,则可能给对方造成伤害。所以,当我们要批评他人时,一定要讲究原则和技巧。

(一)批评的原则

1. 就事论事

(1) 对事不对人

即批评错误本身,而非犯错误的人。同一情境下的两种批评方式,是否遵循"对事不对人"的原则,沟通效果截然不同,例如:

沟通情境:某出版社有一份重要的书稿就要交付印刷了,张瑶是负责这本书的责编,王灿是该出版社总编,王灿发现张瑶交付的终稿依然存在不少问题,于是将张瑶叫到自己的办公室,准备和她谈一谈。

批评方式 A:

王灿:"张瑶,你最近是怎么回事? 这本书的分量你也是清楚的,都要送印刷厂了还有这么多错,你这个责编是怎么当的?"

批评方式 B:

王灿:"这份书稿还很不完善,看来印刷时间要延后了。我担心的是我们的质量保证体系——经过了这么多人的手,校对了这么多遍,交到我这里的最终稿竟然还有这么多错误。这本书很重要,错过了最佳的发行时机损失就大了。"

王灿的第一种批评方式属于典型的责问式,将事情丢在一边而直指责任人;第二种批评方式则属于理性探讨式,将发现问题、解决问题放在第一位,对事不对人。面对两种截然不同的批评方式,张瑶从心理上更容易接受哪一种? 哪一种方式更有助于解决实际问题? 显然是后者。

一味地指责,只会造成双方关系紧张,而无益于问题的解决。所以,面对对方的错误时,我们要冷静地分析产生问题的原因,和相关责任人讲明利害关系,以分析探讨的方式进行批评。这样,对方更容易心悦诚服地接受批评,并产生努力补救的动力。

（2）不上纲上线，不翻旧账、揭伤疤

还以上面的沟通情境为例，面对总编王灿的不当批评（即前面的"批评方式 A"），责编张瑶的反馈方式有以下两种，试比较其沟通效果：

回应方式 A：

张瑶："您一向是这样，不了解情况就下定论。我们编辑部一共 6 个人，却有 3 部书稿要赶，现在还有一个休产假的，大家已经是一个顶三个干了，您说我怎么办？上次也是这样，就知道批评我们效率低，时间催得那么紧，神仙也完不成啊！"

"您一向是这样，不了解情况就下定论"，这是典型的"上纲上线"，这种沟通方式很容易将批评的矛头由错误本身引向人身攻击，小题大做，增加受批评一方的反感和压力，无益于解决问题；而"上次也是这样，就知道批评我们效率低"，则是典型的"翻旧账"，这种做法只会引起批评对象的不快。

回应方式 B：

张瑶："您别着急，我知道这部书稿很重要，错过了最佳发行时机损失就大了。但是我们编辑部一共 6 个人却有 3 部书稿要赶，现在还有一个休产假的，大家都处于超负荷的工作状态，要想保证质量确实有困难。您看能不能跟印刷厂沟通一下，缩短印刷周期，再宽限我们几天，我这就拿回去抓紧时间认真校对，这样就不会延误发行时机了。"

作为下属的张瑶没有以牙还牙地顶撞上司，而是主动重申了问题的严重性，更分析了产生问题的原因及现实困难，还提出了有效的解决建议，简直是滴水不漏。面对如此通情达理、知晓利害又有想法的下属，作为总编的王灿还能说什么呢？

2. 有理有据

这里说的有理有据指两个方面：一是批评之前做必要的调查，搞清楚事情的来龙去脉和责任归属，避免冤枉人、错位批评等现象发生；二是不掺杂个人恩怨和主观情绪，不对对方妄加揣测、横加指责。以上面的沟通情境为例，如果总编王灿面对下属张瑶的抱怨（即前面的回应方式 A）说出了下面的话：

王灿："张瑶，你是成心的吧？是，当初竞聘总编的时候我就多你两票，我知道你心里一直不服。所以你明知道这本书很重要还弄成这样，是想故意拆我的台，对不对？"

这种罔顾事实、恶意猜测的批评，将彻底激怒张瑶。可以预见，今后两个人会冲突不断。

3. 无法改善的事情不要批评

问题或错误的出现有多种原因：思想意识、思维方式、方法技巧等造成的问题或错误是可以改变的，而因为智力水平、个人天赋或能力等方面不足而造成的问题是难以改变的。所以，如果是因为对方智力、能力、天赋不足等原因造成的失误，批评是无济于事的。这种情况下，我们就不要批评，而是要发现人的长处后赞扬他、鼓励他，自信心提高以后或许原来做不好的事情会有所改善。

4. 避免"气头上"的批评

人在"气头上"难以控制住自己的情绪,容易冲动,有可能口不择言,随时开火。最好的方法就是在"气头上"时提醒自己控制情绪,等气消了再冷静考虑问题出现的原因以及批评的方法。

5. 批评方法因人而异

批评的目的是让对方接受自己的意见。而批评者与被批评者的关系、被批评者的性格和情绪特点等都不相同。所以,仅仅是批评理由充足还不够,还要根据两个人之间的关系,对方的性格和心理特点、接受能力等来掌握;此外还要充分考虑对方的"禁忌"和"敏感话题",以免惹怒或者伤害对方。

6. 要尽量避开公共场合

"当众表扬,个别批评"是沟通中必须掌握的原则。"当众表扬"会促进人的进步;而当众批评则适得其反。批评应在单独场合进行,独立的办公室、安静的会议室、午餐后的休息室,或者公司楼下的咖啡厅都是不错的选择。这样可以让被批评者感到尊重,既达到你所要的效果,也可以保住被批评者的面子,对方会容易接受。

7. 批评应点到即止

有效的批评往往能够一针见血地指出问题的实质,使受批评的一方心悦诚服,而絮絮叨叨的指责却只会增加对方的逆反心理。即使对方乐意接受,也会因为你缺乏关键语言而抓不住错误的症结所在,反而不利于问题的解决。

(二) 批评的技巧

1. 欲抑先扬

从心理学上讲,如果先听到别人称赞,之后再听到委婉的批评,相对于直接受到批评更容易接受。所以,当我们不得不提出批评意见时,开头的缓冲式赞扬就变得至关重要,这就像理发师替人修面时,先敷上一层肥皂水。以具有吸引力的个性和敏捷的智慧著称的美国第 25 任总统威廉·麦金利,就很善于运用这一原理。

> **案 例**
>
> 1896 年,麦金利被共和党提名为总统候选人。一位共和党重要党员为帮助他竞选,绞尽脑汁撰写了一篇演讲稿。他觉得自己写得非常成功,是一篇不朽之作,很自豪地在麦金利面前把这篇演讲稿朗诵了一遍。这篇演讲稿虽然颇有可取之点,但麦金利听后感到并不合适,如果发表出去,可能会引起一场批评风波。麦金利不愿辜负他的一番热忱,可又不能不说这个"不"字。

　　麦金利沉吟着对他说:"我的朋友,这真是一篇难得的、精彩绝伦的演讲稿,我相信再也不会有人比你写得更好了。就许多场合来讲,这确实是一篇非常适用的演讲稿,可是,如果在某种特殊的场合是不是也很适用呢? 从你的立场来讲,那是非常合适、慎重的,可是我必须从党的立场来考虑这份演讲稿发表所产生的影响。现在你回家去,按照我所特别提出的那几点,再撰写一篇,并送一份给我。"

　　这位共和党要员果然回去重写了,并在那次竞选活动中,成为麦金利最有力的助选员。

2. 以鼓励的方式提出批评

卡耐基说:"能力会在批评下萎缩,而在鼓励下绽放花朵。"如果在家中对孩子或者伴侣、在单位对下属,说他在某件事上显得很笨、很没有天分,那么他的积极性和创造性就会受到打击,追求进步的愿望和信心可能受到摧毁。如果用相反的方式,宽宏地鼓励他,使事情看起来很容易做到,让他知道你对他做这件事的能力很有信心,只是他的才能还没有真正发挥,有些方面还有待加强和提高,那他一定会树立信心和勇气,用尽全力去做好这件事。

案　例

　　一位四十多岁的钻石王老五终于订婚了,他年轻的未婚妻建议他学一学舞蹈,以便日后两夫妇在交际场合不至于尴尬。这位男士接受了建议,心里却没底,因为他二十多岁的时候都没有学好舞蹈,何况现在。以下是他自己讲述的前一阵子学习舞蹈的经历:

　　我所请的第一位舞蹈老师告诉我说,我的舞步完全不对,必须从头再学起,她说的或许是真话,但那让我灰心极了。我无心再继续学下去,于是我辞掉了她。

　　第二个老师,说的也许不是实在话,可是我听了很高兴。她肯定地对我说:"你有一种很自然的韵律感,你该是一位天才的舞蹈家。只是你跳的舞步有点旧式,可是基本步子是对的,所以不难学会几种流行的新舞步。"其实我知道,我自己只是一个四流的舞者,或许是因为我付了学费,她才那样说的,但在我心里,却希望她所说的是真的。而她不断地称赞我,确实减少了我舞步上的错误。我感谢她,她那句"你有一种很自然的韵律感"鼓励了我,给了我希望,使我自己愿意改进。

3. 化"明示"为"暗示"

卡耐基说："当面指责别人，这只会造成对方顽强的反抗；而巧妙地暗示对方注意自己的错误，则会受到爱戴。"既然你批评他的目的是提醒他、帮他改进，为的是使你们的合作更愉快、工作进行得更顺畅，而不是图口舌之快以解心头之恨，为何要一言击中对方的面门让人下不来台呢？将心比心，谁也不愿意接受直来直去的批评，所以要体谅对方的处境和感受，尽量不直接指出对方的不足，而是以提醒、暗示等含蓄委婉的方式让对方自己发现问题所在。这样既避免了对方的尴尬，使他更容易接受你的意见和建议，又有助于促进双方的关系，使对方对你心存感激。

4. 慎用"你"，多考虑"我们"

在批评人的过程中频繁使用"你"这个字眼，批评的性质就会变成针对个人的指责，造成情感上的冲击。如前面的案例中，总编王灿在批评责编张瑶时，将"都要送印刷厂了还有这么多错，你这个责编是怎么当的"改成"定稿里还有这么多明显的错误，我们得谈谈问题出在哪了"，张瑶就会容易接受得多，因为这让张瑶感觉到王灿的批评不是针对她，而是和她站在同一战线上面对问题。

5. 从自我检讨入手提出批评

每个人都不是十全十美的，年轻时都犯过错误，有过失误。如果提出批评的人，开始先诚恳地表明自己也犯过类似的错误或过失，再对他人提出批评，对方就比较容易接受。对于这一点，人际关系大师戴尔·卡耐基深有体会：

案 例

数年前，卡耐基的侄女约瑟芬来到纽约做他的秘书。约瑟芬19岁，三年前从一所中学毕业，仅有一点点办事经验，很多方面有待改进。

有一天，卡耐基实在忍不住想要批评她时，先对自己这样说："慢着，且等一等，戴尔·卡耐基……你的年纪比约瑟芬大一倍，你处事的经验，也高过她一百倍。你怎么能希望她具有你的观点、你的判断力、你的见解呢？戴尔，在你19岁的时候，你做了些什么？记得你那笨拙、愚蠢的错误吗？"真诚、公平地想过这些后，卡耐基发现，约瑟芬其实比他当年要强多了。

从此以后，当卡耐基提醒约瑟芬的错处时，总是这样说："约瑟芬，你犯了一点错，可是老天爷知道，你并不比我所犯的错误更糟。你不是生下来就会判断一件事的，那是需要从经验中得来的。而且，我像你这个年纪的时候，远没有你现在做得好。我自己犯过很多可笑的错误,我绝不想批评你或是其他任何人……可是,如果你能这样去做,是不是更聪明一点呢?"

没过多久,卡耐基惊喜地发现,约瑟芬已经是一位很能干的秘书了。

6. "三明治"策略

"三明治"策略,就是把批评意见夹在肯定意见里一起表达,要点如下:

(1)绝对不在谈话一开始就提出批评或是负面的看法,开场白永远应该是对对方的肯定;

(2)先提出一些具体的、积极的看法,再谈批评意见,但不可就此打住;

(3)结束语永远应该是对对方的积极评价和肯定。这样,在批评意见之前和之后都有一些正面内容作为缓冲,可以安抚对方的情绪。

例如,公司要求上班时间穿职业工作装,可有一天刘小姐没有穿,她的主管如果采取"三明治"批评策略,就应该这么说:

"嘿,小刘,今天的发型很漂亮啊(第一步——赞美),如果配上咱们公司的职业装(第二步——其实是批评),会显得更精神更漂亮(第三步——赞美)!"

这一技巧用途极其广泛,甚至已经成了宣布坏消息或提出批评意见的固定套路了。比如,招聘人员在拒绝求职者时经常这样操作:开头先对面试人进行一番夸奖,说求职者的很多长处使得他们很难取舍;接下来就是坏消息了——公司选择了其他水平更高的候选人;最后,对求职者未来的光辉前程进行一番祝愿。这种批评法使每个人都会感觉受到鼓励,所以很容易接受。

7. "将心比心"策略

如果在纠正他人的失误时,首先站在对方立场上肯定他已经作出的努力,并帮助对方开脱责任,此时再提出当事者存在的不足,并与其共同查找失误的原因,研究补救的办法,那么,对方一定会感激你的理解和体谅,不仅不会因为被批评而心怀不满,还会积极地采取措施尽快改正。"将心比心"策略的要点:

(1)肯定批评对象所作的努力,并对其深表理解,给予情感上的安慰;

(2)为对方开脱责任,表明谋事在人成事在天,这件事无论谁做也难免出现这样的纰漏;

(3)提出当事者存在的不足,并共同查找失误的原因,听对方诉说苦衷;

(4)帮对方分忧解难,研究补救改进的办法,总结经验教训,并予以鼓励。

8. 幽默策略

幽默艺术也可应用于委婉地批评他人,在点出批评对象的错误之处时含而不露、旨在启发,于轻松诙谐的气氛中,既缓解被批评者的紧张情绪,又使其意识到自己的错误并加以改正。幽默式批评常巧妙运用含有哲理的故事、双关语、形象的比喻、错置的情境等。例如:

课堂上很乱,有的学生在说笑,有的学生在睡觉,有的学生眼观窗外。

正在讲课的老师突然停了下来,一本正经地对大家说:"如果坐在中间谈笑的那几个同学,能像观看窗外景色的那位同学那么安静的话,也许就会让前面这两位同学睡得更香了。"

此言一出,引起哄堂大笑。谈笑的不说话了,看着窗外的回过神来了,睡觉的也被大家的笑声惊醒了,几个人也都面带愧色地笑了。

需注意的是,幽默式批评不适于对严重错误的批评,也不适于面对那些不解幽默中的"典故"的人进行批评。

二、接受批评

古圣先贤无不通过各种方式提醒我们要乐于接受批评,如《孟子·公孙丑上》记载了子路"人告之以有过则喜"的故事,《弟子规》规劝世人不要"闻过怒,闻誉乐";人际关系学大师戴尔·卡耐基也说:"即使傻瓜也会为自己的错误辩护,但能承认自己错误的人更会获得他人的尊重,而且有一种高贵怡然的感觉。"

可在现实生活中,由于我们的自尊心和面子观念作祟,听到批评时,往往心中颇为不快,有的人甚至一批就"爆"。其实,大多数的批评都是用心良苦、意义深远的,真正懂得这一点,我们面对批评时就不仅不会芒刺在背,反而会"闻过则喜"了。

(一) 批评的实质

理解了批评的实质,就会正确看待批评、坦然面对批评、真心接受批评,就会从心里悟出:没有了批评,那才是最可怕的!

1. 批评是一种关注

再聪明的人也会犯错误。一般人犯了错误,不容易引起人们的注意,很少招致批评。但对于那些单位中的骨干、事业中的精英,因为他们的工作涉及面广、影响大,很容易引起人们的关注,所以,犯了错误,人们的批评也多。一般规律是,人们对某人的关注度越高,对他的批评也就越多。

2. 批评是一种认同和重视

人们并不是随便对什么人都提出批评的。一个人要批评的对象,往往是和自己接触比较密切、各方面和自己相差不远的人。与自己悬殊太大、距离较远的,一般不会去批评,因为各方面比自己做得好,批评显得嫉贤妒能、不自量力;各方面比自己做得差,批评显得傲慢自大、目中无人。可见,对被批评者有一种内在的认同感,才会费心去批评。

3. 批评是一种信任和期望

世故圆滑之人是不会随意批评别人的,因为他不愿得罪人。肯直言不讳批评你的,只有你的朋友、亲人和器重你的上司。因为他们看重你,信任你,对你给予厚望。可以说,你得到的批评越多,说明你的人缘越好。所以,我们要正确对待批评,否则会成为"孤家寡人"。

4. 批评是一种促进

人不是"生而知之",办任何一件事都是一个学习的过程,"没有最好,只有更好",任何工作都有需要不断改进的地方。有了批评,可以使我们及时发现自身和工作中存在的问题,弥补我们的缺陷,促使我们进步,前进才有动力。

人无完人,错误是不可避免的,可怕的并不是错误本身,而是不知其错、知错不认、知错不改。所以,受到批评时,我们应首先想到批评的实质以及提出批评意见的人的初衷,然后静下心来思考自己是否存在别人指出的问题,避免过激反应,否则就会如《三字经》所说的"损友来,益友却",渐渐地再也听不到批评意见了。

(二) 接受批评的原则

认识到批评的实质,就要正确对待批评,正如毛泽东同志所说的,"有则改之,无则加勉"。具体要做到:

1. 正确面对,不逃避

有些人对别人的批评不能正确面对,而是采取逃避态度。其具体表现为:对别人的批评充耳不闻,拒绝讨论该话题,转移话题,或者自己走开;这种态度正和批评者的希望相反:批评者一般出于关心或责任,希望被批评者倾听他的意见,并且认真对待。如果被批评者真的有错,却又对批评采取逃避态度,那只能使自己在错误的路上越走越远,既不利于工作,更不利于自己的成熟和成长。

2. 虚心接受,不反击

对待批评的另一种错误态度就是"反唇相讥"。有些人具有很强的自我防御心理,这种心理源于"自以为是"的性格,或者是面子心理,或者对批评者有成见等等,总之,一听到批评,不管对方说得对与错,都会马上反唇相讥。比如下面夫妻间的对话:

丈夫:今天这菜做得有点咸!

妻子:嫌咸?! 上外面找淡的去!

丈夫:什么态度?! 不就随意一说吗!

妻子:就这态度! 给你做了还咸了淡了的! 想吃正好的,自己做啊!

就这样,丈夫一句算不上批评的话,就引起了一场争吵。假如妻子说"咸了? 下次少放点盐",这场争吵就避免了。所以,我们要充分认识批评的实质,充分认识到"批评"对我们的益处。只有这样,当我们犯了错误或出现失误而受到批评时,才能正确对待,并平心静气地接受。也只有如此,我们才会感受到更多人的关心、帮助,甚至提携。

3. 面对错误批评,不急于辩解

我们有错时会受到批评,但有时我们并没有犯错,只是出现了令批评者不满意的结果,或者由于误会而遭到批评。比如:我们的成绩令家长或老师不满,我们的工作由于客观原因没有达到预期目标,本来不是你负责的事情却遭到无端指责等等。此时,我们也应该有正确的态度——有则改之,无则加勉。急于辩解只会令对方不满,甚至激怒对方。待对方的不满情绪宣泄出来之后,再耐心地分析情况、解释原因,对方会因自己的误解和冒失感到抱歉,也会对你的沉稳和大度印象深刻。

(三) 接受批评的方法

1. 冷静倾听

听到批评,马上否认或马上辩解,甚至反唇相讥,这些做法不利于我们认识错误、改正错误,不利于我们的人际关系,更不利于我们生活目标和工作目标的达成。正确的做法是,当对方提出批评时,我们先冷静倾听,不论对方的批评方法是耐心教诲式的,还是暴跳如雷式的,都让对方把话说完。这样,既显示我们尊重对方,又让对方看出我们的涵养。

2. 理性分析

辩解、反唇相讥、消极抵抗等都是不理性的表现。正确的做法是:倾听之后,快速做理性分析,根据不同情况,作出不同的应答。如果对方批评得对,我们虚心接受,承认错误并表示歉意和改正;如果对方批评有误,我们先承认他对的部分,之后委婉表明自己的立场和态度。

3. 问清原委

有时对方说出带有批评意味的话,其实只是想借此提个建议,甚至是想要引出一段表扬(欲扬先抑),如果我们没有耐心听完别人的批评就打断对方,急于反驳或为自己辩解,那么就会错过可能很精彩的建议或赞扬。

案 例

有一次,一位心理学教授在俄勒冈大学给一个班的学生讲授柏拉图关于真理本质的看法。讲座很受欢迎,但是教授的一位朋友雪莉说了一句令他吃惊的话:"你为什么还在柏拉图身上浪费时间呢?"

教授有些被激怒了,心想,作为体育系毕业,整天打羽毛球的她,怎么有资格来指责我对柏拉图的兴趣?! 不过他没有这样说,而是问她:"你为什么说这是在浪费时间呢?"

雪莉的回答同样令这位教授吃惊和感动:"我只是觉得,你真正的才能在于心理学,在于教会人们怎样做到最好!"

幸好这位教授耐住性子问清了原委,否则就失去了聆听朋友真诚建议的机会。

有时我们听到的批评是泛泛的,或者是没头没脑的,这也需要我们问清原委,了解对方的真实想法,从而找到解决问题的办法。

例如:

老板:你最近的表现怎么这么差?

小陈:头儿,您是指哪些方面? 您说具体点儿,我才好改正啊!

小陈这样的回答是理性的。老板下面肯定会说明具体原因,同时会赞同小刘的态度,即便不因自己生硬的态度向他致歉,心里也会认同他的冷静和礼貌,增进对他的好感。

4. 同意对方的批评

问清原委后,就只需同意对方的批评了。对于那些因不知情或误解而产生的错误批评,又怎么去同意呢? 有两种表达方式,可以让我们既平和地接受对方的批评,同时又保留自己的立场。

(1) 同意对方所说的事实

如果对方的批评是有道理的,就先同意对方所讲的事实,之后表明自己的立场。下面的例子,包含了对批评意见的同意式回答和防卫式回答:

例一:

秘书:刚才的转弯你没转好啊。

司机(同意式回答):是啊,确实转得太猛了。下次我会提前减速。

司机(防卫式回答):这辆破车! 我已经尽力了!

例二:

弟弟:我觉得你不该放弃目前的工作。你已经有一定资历,就算生意萧条也轮不到你先走。如果换了新的工作,你就是第一个被炒的。

哥哥(同意式回答):说得对。也许我该再考虑考虑。

哥哥(防卫式回答):你对工作的事情毫不了解,你又从来没工作过!

不难发现,同意式的回答表示同意对方说的事实,但是并没有因此而放弃自己的立场,他们面对批评者时采用了"我没错——你也没错"的态度;而防卫式的回答则要么回避问题,给自己找借口,采取"我有错——但是是别的人或物造成这个错"的态度;要么反唇相讥,采取"我没错——你才有错"的态度。同意式的回答尊重了彼此双方,而防卫式回答只会让批评者失望甚至恼火。

同意对方的批评,最简单的方法就是直接重复对方说过的一些关键词,如:

甲:"你怎么不讲原则?!"

乙:"是,我只顾人情了,忘了原则。"

这比简单应答"是的"或者"没错"要好得多,表示你真的在听对方的意见。提出批评的一方会因为其意见得到你的承认而满意,也会因为你的坦率而尊敬你。当然,如果你表示同意,愿意着手改变这个毛病,那么对方会更加喜欢你,哪怕你仍然像从前一样行事。

案 例

　　二十多年前,当美籍华人画家兼作家刘墉在中国台湾制作新闻节目"时事论坛"时,第一集才录好,有关单位就来审查,说节目是批评当年的联考,评得太尖锐,会影响考生情绪,必须修剪。

　　"是的,我马上修剪。"刘墉说。

　　怎么办? 来宾上完节目都已经走了,播出的时间又已经排定,刘墉急得像热锅上的蚂蚁,他赶紧把问题节目的录影带调出来看了一遍。然后呢? 一点也没剪。因为他觉得实在没有必要剪。

　　然后,刘墉再请有关单位看,看完,居然没有问题了。不久之后,"时事论坛"还得了金钟奖。

　　所以刘墉总对子女说:"常常只要让一步,事情就都解决了。嘴硬的人,占不了便宜。"

---

(2) 同意对方有发表意见的权利

对方的批评意见里可能既包含事实、推测,还带有个人的价值判断。有时候其批评尽管不合事实,但是出于关心而提出,并具有一定的建议性。对此,最积极的回应方式就是先认可对方忠告的善意,同意对方价值判断的合理性,然后再说明自己的情况、意见或个人价值倾向。例如:

例一:

妻子:天天这样喝酒,你会得肝病的!

丈夫:我知道你关心我,其实我也不愿意喝,但工作需要嘛,我会少喝的,放心吧!

例二:

丈夫:如果你继续这样网购,信用卡会被刷爆的,咱们迟早要露宿街头。

妻子:我知道你是看我最近总在网上买东西,担心我会变成"网购狂"。其实你不用担心,你没发现我现在很少逛街,连超市也很少去了吗? 我只是把以前花在商场超市的钱花在了网上而已。并且网上买还便宜,其实是省了钱呢!

以上两个例子中,丈夫和妻子面对批评时的回答都是首先肯定对方表达意见的权利和善意,之后表达自己的观点。这种接受批评的方式让批评者容易接受,可以达到双方和谐解决问题的效果。

总之,当你完全不同意对方的批评时,你可能很急切地想让对方知道你的想法。但是,在表达你的想法之前,一定要先设法找到某种方式向对方表示赞同,这是正确应对他人批评的不二法门。

第三节 致谢与致歉

一、致谢

"致谢"是对他人的帮助给予口头或行动上回报的感恩行为。对他人的帮助给予感谢,是社会主义道德和社会基本礼仪的要求,也是个人修养的体现。致谢的行为,在肯定他人付出的同时,也会起到鼓励他人再接再厉、继续努力的作用。反之,如果对他人的付出和帮助置若罔闻,一是让对方感到失落,感到其付出得不值得,同时也会让对方认为你是一个不值得帮助的人,是一个缺乏感恩之心的人,当你再次需要帮助时,对方也难以再伸出援助之手了。

感恩之心人人都有,致谢的行为我们都会。但如何"致谢"才能取得应有的效果?这里就要讲究原则和技巧。

(一)致谢的原则

1. 及时主动

尽管许多人帮助他人并不指望得到回报,但对于受帮助的人来说,一定要及时而主动地表示真诚的感谢。及时,指一旦被帮助的事情有了结局,马上表示感谢;主动,是从态度上说的,要登门特地去致谢,以显示诚恳和隆重,而不只是偶遇时顺便说一句感谢话。及时主动,说明你对他人的帮助是非常尊重和重视的,也说明你是一个懂得感恩的人,这有助于进一步加深彼此的感情。

2. 因人而异

感谢他人的途径和方法多种多样,比如,口头感谢、礼节性拜访、礼物的赠送等。采取什么样的方式合适,要根据帮助者的身份、职业、性格、文化程度及经济状况等具体情况来确定。不要以为送价值不菲的礼物就是真诚的感谢,说不定对方会很不高兴,甚至认为是对他的侮辱;也不要以为无限的赞美就是感谢,有些人帮你,只是希望你能努力学习和工作;对有些人的感谢,最好的方式也许是广为宣传。

3. 力求适度

感谢别人要掌握分寸,力求适度。过分,会给人造成负担,让人难以接受,甚至产生怀疑;不足,会让人觉得你不尊重对方的付出,不懂感恩。

合理适度,可综合以下两方面来把握:一是对方付出的劳动的多少,二是对方的帮助给自己带来的益处(经济的、情感的、名誉的、身体的等),要综合这两个方面,再决定感谢的分量。仅从别人付出的劳动或仅从给自己带来的益处一方面来决定都可能导致失度,因为这两者之间往往不相协调,有的帮助者付出的劳动很少而给被帮助者带来的益处很大,有的也许正相反。

4. 以情报情

帮助与感谢是一种情感交流行为,对方愿意帮助你,这本身就是一种情的表现。对情的回报,除了物质上的必要馈赠之外,还应用同样的情来报答,这样才能体现出人与人之间的温暖,才能建立更密切的人际关系。不要以为对方帮助了我,我已经酬谢过他了,从此两清,互不相欠。这样未免太缺少人情味了,日后还如何打交道呢? 因此,应保持长久的联系,让人情之桥永远畅通。

5. 信守承诺

当遇到自己无法或无力解决的困难时(比如亲人走失,重要物品丢失等),有些人会通过新闻媒介或其他形式公开寻求帮助,并许下诺言:一旦帮助成功,给予一定数量的酬谢。而现实中却存在这样的现象:有些人见对方品格高尚,决意不要酬谢,就暗自高兴,心安理得地"食言";有些人见对方完全是冲着酬谢来的,不但不给已经答应的酬谢,反而指责其动机不纯,没有乐于助人的品德。这些行为都是不信守承诺的表现。对品德高尚的帮助者,即使他坚决拒绝,也要通过其他途径表示感谢;对完全为酬谢而来的帮助者,其动机固然难说高尚,但毕竟付出了劳动,如果受助一方因此而违诺,其做法更不道德。所以,当我们得到帮助时,不论对方的态度和动机如何,只要对方达到了你的要求,就必须兑现当时的承诺,给予应允的报酬。

(二) 致谢的方式与技巧

良好的人际关系表现为你来我往的沟通与交流,其中包含着交往双方彼此时间的付出、行为的付出、金钱的付出和最重要的情感付出。人们的牵挂、问候、关心和爱是所有付出中最有价值的部分。致谢礼仪是情感付出的一种表现形式,它传递了人内心深处的感激之情,也延续了双方交往的情感。学习致谢礼仪,可以培养人谦逊温和的性格,形成尊重别人的习惯,成为一个懂得感恩的人,自然也能得到更多的友情和帮助。

表示感谢的方式多种多样,无论运用什么样的方式表达感谢,都应是发自内心的,而不应只是礼节上的客套。

1. 口头致谢

口头致谢是应用最多的一种感谢方式,可以在任何时间、任何地点、任何场合使用,所以也是最直接、最有效的方式。口头致谢包括:

(1) 当面致谢

首先,态度一定要真诚。不用心、不真诚、流于形式的感谢等于没有感谢,甚至还会招人反感。如果不能做到真诚,还不如暂时不表态。

其次,要专注地凝视对方的眼睛。感谢他人时,最好看着他们,凝视两三秒钟后,再郑重地表达你的感谢之意。

再次,明确、清晰地表达。表示感谢时一定要投注感情,清晰地、明确地说出来,让人觉得你的感谢是"发自内心"、"十分乐意"的。如果别人帮你解决了一些困难,只有"谢谢"两字还不够,表达感谢的语气要加重些,如"真得好好谢谢你,你帮我解决了一个大难题","多亏你帮忙,不然我可没办法了"等。

(2)电话致谢

不方便当面向对方表示感谢时,可以通过电话来表达。电话致谢时,注意要以"你好"等问候语开篇,如果和对方没有熟悉到一接电话就能判断出彼此是谁的程度,还要自报家门"我是×××",之后再切入正题。由于电话致谢时对方看不到我们的身体语言,所以更应重视自己语音、语速、语调等副语言的表现力和感染力,让对方听出我们的诚意。

2. 书面致谢

以书面的形式向他人表达感谢,可以使人感受到你的郑重、在意和真诚。同时,书面致谢易于保存,可以反复阅读。书面致谢礼仪包括书信往来、写感谢便条、寄送卡片、发送电子邮件或手机短信等。

(1)书信致谢

在手机短信和电子邮件大行其道的时代,一封精心选择信纸和信封、用手一笔一划写出的书信,会使得感谢显得格外正式和隆重。信中要对要感谢的事情进行简洁的描述,着重说明对方的帮助对自己的意义,以及自己深切的感谢之情。

(2)感谢便条

在获得了同事或朋友的小帮助或受邀参加了一些小活动后,可以写简短的便条表示感谢:用方形、心形、圆形或不规则形状的纸,再配上彩色笔,表达出自己的高兴和感谢,如"今天多亏你提醒,不然后果可就严重了,感激中……"、"感谢你邀请我参加你的生日晚会,我很开心,祝你天天快乐☺"、"谢谢你邀请我来做客,特别感谢你做的美味的晚餐"等等。

(3)卡片致谢

在受到热情帮助后,用精心挑选的卡片或自制的卡片,配上手写的感谢之言,你的感激之情会瞬间感染对方。例如:"美丽的花离不开阳光,甜蜜的友情离不开帮助与关怀。谢谢你这些天为我做的一切"、"感谢你的热情帮助,无论走到哪里,你的真情永远和我在一起"。

(4)电子邮件致谢

电子邮件是目前人们常用的便捷沟通方式之一,发一封 E-mail 来表示谢意,同时可以配上可爱的小插图和动听的音乐,选择字体的颜色和形式,制作成字画合一的电子艺术品,当然也可以做成动画卡,这样表现力丰富的电子表达方式一定会为你的致谢增色不少。

（5）短信致谢

手机短信是目前最常用的即时简短书面沟通方式。通过短信表达感谢既方便快捷,又便于对方查收,而且短信中还可以插入表情和图片等,这样致谢就更加声情并茂了。

3. 借由他人转达谢意

有时,直接面对面表达谢意不方便(比如远隔千里),通过电话或电子邮件表达又不够隆重,不足以表达自己的心意,那么,借由对你和你感谢之人都很熟悉的第三者转达你的谢意就是很不错的方式。但是,选用这一方式表达谢意要注意两点:首先,要选对转达的中间人,这个人不能对你或你感谢的人其中任何一方有成见、关系不和;其次,要表述清晰,不能含糊不清或有歧义,以免中间人的理解和你的表达有出入,造成误解。

一些邮政、快递公司也提供类似的礼仪服务——由工作人员按照你的嘱托代你登门道谢或道贺。由于礼仪人员受过专门训练,相关经验也比较丰富,更能客观、准确、礼貌周全地传达你的意思,同时亲手转交你送给对方的鲜花等小礼品,所以这些礼仪服务是很不错的选择。

4. 礼品酬谢

我们向他人表示谢意,除了通过口头或书面的形式表达,往往还会附赠一些精心挑选甚至亲手制作的小礼品以表达诚意。借助于花束、花篮、盆栽等"花语"表情达意是目前比较流行的方式,不过如果对方不懂花语,就要附上卡片说明,以免误读;根据所谢之人的个人喜好来挑选或制作礼品,更能打动对方的心,让对方体会到你为了向他表示感谢之情确实是用了心的,而非仅仅出于礼貌。

有时候,我们还要为别人提供的帮助支付相应的酬劳,因为别人为帮助我们付出了很多时间与精力,甚至造成了对方收入上的损失。对此,我们应提醒自己:有所劳就应该有所得,别人没有无条件为我们服务的义务,如果我们主动做过承诺,就要欣然兑现,还要诚心向对方表达谢意,不能表现得像单纯的买卖一样没有人情味;如果对方提供帮助后主动提出物质方面的要求,只要是合理的,应予酬谢;即使对方没有提出要求,只要我们发现自己给他人造成了损失或让其有金钱上的付出,在自己有能力的时候应及时足量地予以酬谢。

二、致歉···

"致歉"指由于自己犯了错误或对他人有了伤害而真诚表达歉意的行为。人非圣贤,孰能无过？犯了错误并不可怕,可怕的是不敢面对和承认错误,不愿意向对方说声"对不起"。究其不愿意致歉的原因,主要是"自尊心"作祟。要认识到,致歉并非耻辱,致歉是想把自己的错误纠正过来，这是负责任的表现，是值得尊敬的行为。对别人真诚致歉，意味着很在乎彼此之间的关系，传递着希望重归于好的信息。与其坐等别人戳穿或批评，不如自己主动出击，获得谅解的概率也会高得多。所以，我们应该勇于承认自己的过错，并抱着负责任的态度尽力弥补自己的过错。只有这样，才能得到对方的谅解，也才能真正改正错误。

（一）致歉的原则

1. 严肃对待，不滥用

虽然说"致歉"表明我们对错误或失误的正确态度，但并不是每一句"对不起"都会得到"没关系"的回应，也不是每一种错误都能用"对不起"来弥补，每次得罪了人不是都可以用"对不起"换取和好如初的。致歉并非万能，少犯错，少失误才是根本。不能利用别人的宽容大度而纵容自己犯错，不能用"对不起"来掩饰自己的不思进取和不思悔改。

严肃对待"致歉"还应做到：一是不该或不必道歉时不要滥用"对不起"，如果没有错，就不必为了息事宁人而认错；二是无关痛痒的事情不必说"对不起"，以免被认为态度轻率；三是致歉时不能避重就轻，用现象掩盖错误实质。

总之，工作和生活中，尽量少犯错，少失误，减少致歉的次数；道歉要抓住错误实质，要理由充分，让对方感受到我们对错误和失误的深刻认识。这样的"对不起"才是有效的。

2. 态度诚恳，不敷衍

"致歉"表明对错误的正确态度及对受伤害方的诚意。有了诚意，就可能挽回友情、亲情或损失，没有诚意，只把"对不起"当礼仪、当形式，或迫于某种压力而故作姿态、敷衍了事，那再怎么弥补也无济于事。所以，有了错误或失误，我们首先要诚恳致歉，其次再评估损失的大小，给予对方应有的补偿。

诚恳的道歉包含四步：第一步，承认犯了错误或冒犯了对方；第二步，为此表示忏悔；第三步，愿意承担相应的责任；第四步，保证以后不再犯同样的错误。完成了这四步，致歉才显得认识深刻、态度诚恳。当然，也不是说每个道歉都必须具备四步，可根据错误的性质和造成的后果灵活选择。有时只需要承认错误即可，有时需表示悔恨才能求得对方原谅，有时重在承担责任、弥补过失，有时对方最想听到的是保证"以后再也不犯此类错误了"。

3. 主动及时，不拖延

"主动及时"包含两层意思：一是态度要求，二是时间要求。当认识到我们的错误或失误时，要马上主动致歉。被迫致歉，会使歉意大打折扣，不容易得到对方的谅解；而拖延时间，会让对方感觉你不真诚，时间耽搁越久，一是我们自己越来越难启齿，二是误会与隔阂会越来越深，给对方造成的困扰与痛苦也越大，求得对方谅解的概率也就越来越小。与其等别人提出批评指责后再道歉，不如主动认错致歉，以获得对方的谅解和宽恕。

4. 直抒歉意，莫吞吐

"直抒歉意"和"吞吞吐吐"表明致歉的两种态度。"直抒歉意"是主动真接地说："我错了，对不起，希望你原谅！"这是正确的致歉态度。而"吞吞吐吐"有两种表现：一是迫于某种压力不得不致歉，其实并不知道自己错在哪里；二是致歉时先为自己辩解，将自己犯错的借口放在前面做铺垫。实际上，这种态度是没有真正认识到自己的错误，致歉没有诚意，别人一听就知道你是在推卸责任。

致歉还要注意用词的准确性，要争取做到清晰明了，不能带有任何歧义或挑衅的成分，否则就会适得其反。致歉用词到位，受害方就会觉得"嗯，他确实知错了"。比如：有愧对别人的地方，就应该说"深感歉疚"、"非常惭愧"；渴望别人的原谅，就可以说"多多包涵"、"请您原谅"；有劳别人，可以说"打扰了"、"麻烦了"；一般的场合，也可以讲"对不起"、"很抱歉"、"失礼了"等等。

（二）致歉的方式

致歉的方式可以多种多样、不拘一格，不过最好选择自己比较擅长、容易做好的方式进行致歉，这样就不会使致歉看起来别扭或不情愿。

1. 登门致歉

登门致歉是一种比较直接的方式，也是最真诚的方式。采用这种方式，除了要准备自我检讨外，还要做好容忍对方发泄甚至吃"闭门羹"的心理准备。

2. 书面致歉

难以启齿或不便亲口向对方表示，可采用书面致歉的方法，这样比较婉转，不会使自己难堪。比如，发一封带有表情动画的电子邮件，图文并茂地表达你的歉意和忏悔；也可以回归为传统的书信，亲笔写好后邮寄给对方或者托熟人代为转交，对方会为之动容的；如果再附上一份礼物或一束鲜花，则更能表明致歉的诚意。

目前最流行、最便捷、对方最难以拒收的书面致歉方式是手机短信。致歉人经过仔细推敲最终发送的道歉短信，对方几乎百分之百要打开浏览。短信致歉的手法主要有：

（1）幽默型：用开心一笑博取对方的宽慰。如：

"别生气了，地球上的二氧化碳已经够丰富了。怎样你才能不生我的气呢？这样吧，你画个道，设个套，挖个坑，我就跳。"

（2）抒情型：把带着体温的歉意送给受伤害的一方。如：

"一颗真挚的心，一份深深的歉意，期待着你的一条短消息、一通电话、一封 E-mail、一次相见！"

（3）顺口溜型：以轻松而凝练的表达缓和紧张的关系。如：

"是我无心，害你伤心；用我真心，让你开心！"

（4）情境型：提供充满悔意的场景和氛围让对方体验。如：

"没有你阳光不再灿烂！今天太阳好大，但比不上我心里下的雨大！再不原谅我，我的心要开始发霉了！"

（5）猜字型：用文字的良苦安排所造就的艺术表达来展示诚意。如：

"敬罢方晓错中错，请罪不知归不归。原有情分会珍惜，谅吾不再伤汝心。（请看每行第一个字）"

致歉短信的类型还有很多，它们在内容上各有千秋，形式上更是花样翻新，寥寥数句，胜却千言万语，并且做得有礼有节，不失为一种很好的致歉方式。

3. 行动致歉

有时候，仅用语言来致歉会显得苍白无力，这就需要用实际行动来说话了，也就是通过持续的改过自新行为，使对方感到你是真的悔悟了，而且确实能做得更好，从而取得谅解与信任。

4. 进餐致歉

约对方共同进餐或喝茶，借助饭店、茶楼、咖啡厅轻松自然的环境氛围，增进双方的理解与沟通，从而使怨气得以化解，达到致歉的目的。采用这种方式，一定要精心挑选就餐的地点，遵循方便对方的原则，选择在对方家庭住址或工作单位附近；要注意就餐环境是否安静、舒适，是否方便私下交谈，氛围是否令人心情愉悦。

5. 曲线致歉

如果对方正在气头上不愿意听任何解释，甚至不愿见到你，这时可采取曲线致歉的策略。即：在他人面前坦承自己的过失，让他人把你的致歉传递给对方，使对方释怀解怨。

6. "物语"致歉

如果觉得致歉的话实在不好说出口，可以选择"借物抒情"。吵架后，一束鲜花能够冰释前嫌；一张卡片可以尽述悔意；一件贴心的小礼物可以挽回一段友谊……

（三）致歉的方法

大多数人很清楚自己并非十全十美，可是承认自己犯了错也是个难事，需要学会认错技巧，这些策略会帮助你鼓足勇气去获得对方的原谅甚至帮助。

1. 静听对方发泄法

因为错误或失误向对方致歉时，往往会受到对方训斥。此时，我们要静静地听完对方的斥责，不要解释和打断，只需严肃认真甚至可怜巴巴地望着他，不时地点头赞同对方的观点，使其将心中的怒气彻底发泄出来。让对方痛快淋漓之后，我们再表示"对不起"。对方化解了积怨，又看到了你的真诚态度，自然也就谅解你了。

2. 夸大过错法

致歉人越是夸大自己的过错,越是反省深刻,对方越不得不原谅。比如说:

"千错万错都是我的错。因为我的一时疏忽,给我们部门甚至公司造成了恶劣的影响,……真的非常非常抱歉!"

试想,在这样的道歉面前,上司还会喋喋不休地上思想政治课吗? 与其让领导站出来教育你,还不如主动展开深刻的自我批评。

3. "戴高帽"法

因为小的错误或失误致歉时,我们可以给对方戴上"高风亮节"、"大人大量"的高帽,对方也就按照"高风亮节"、"大人大量"的标准来对待我们的失误了。比如:

"这次确实是我做得不好,有些欠考虑。这事要是碰到别人,一定会揪住我不放,幸亏遇到的是你,我知道你一向都不爱计较,但是该赔偿的我还是一定要赔偿的。"

4. 幽默致歉法

通过幽默的表达方式,可以机智地化解尴尬,使致歉变得轻松自然,一切误解和不快都融化在会心一笑之间。例如:

解放战争时期,彭德怀元帅有一次错怪了洪学智将军。

后来,彭德怀拿了一个梨,笑着对洪学智说:"来,吃梨吧! 我赔礼(梨)了。"说完两人一起哈哈大笑起来。

幽默化解法更适合上司对下属、夫妻之间或是关系比较熟络的同事和朋友之间出现不太严重的问题时的致歉。

【思考与练习】

一、课堂讨论

1. 怎样理解"良言一句三冬暖,恶语伤人六月寒"?

2. 我们为何吝于赞美他人? 都有哪些方面的原因?

二、沟通典故品读

值得驱遣的耕柱

耕柱是春秋战国时期一代宗师墨子最得意的门生,也是大家公认的优秀人才,但他受到墨子的责骂也最多。

一天,耕柱愤愤不平地问墨子:"老师,难道在这么多学生当中,我竟然如此差劲,以至于要时常遭您老人家责骂吗?"

墨子听后,不动肝火:"假设我现在要上太行山,依你看,我应该用良马来拉车,还是用老牛来拖车呢?"

耕柱回答:"再笨的人也知道该用良马来拉车。"

墨子又问:"那么,为什么不用老牛呢?"

耕柱回答:"理由很简单,因为良马足以担负重任,值得驱遣。"

墨子说:"你答得一点也没错,我之所以时常责骂你,也只因为你能够担负重任,值得我一再地教导与匡正你。"

思考并讨论:

1. 耕柱为何会愤愤不平?结合案例,谈一谈批评的实质是什么。

2. 墨子的批评方式有何不妥?有没有更好的方式既能匡正耕柱的错误又能激励他不断进步?

三、沟通任务分析

范明是某外贸公司的办公室主任。一天,他安排上的疏忽致使公司在接待一个重要客户时出现了纰漏,可能会导致即将到手的合同流失。公司的王总经理非常气愤,冲进范明工作的综合办公室劈头盖脸地一通批评,当时,办公室的秘书小张和小邓也在场。

经过范明及时的解释和迅速的补救,总算平息了这场风波,顺利地和那位客户签订了合同。王总经理觉得那天当着小张和小邓的面不分青红皂白地斥责范明,让他在自己下属面前威信扫地,做得有点过头了,何况范明是该公司元老级的员工,而且是公认的"老黄牛",平时兢兢业业很少出错,不禁有些愧疚。

思考:

1. 王总经理选择怎样的方式道歉,既能为范主任挽回面子,又不失自己的尊严?

2. 如果范主任在王总经理怒批自己之前主动去承认错误,他应该怎样做才能平息王总经理的怒火?

四、沟通实训

任务一:

赞美一位景仰已久但从未当面表达过的人,或者赞美身边一位急需获得肯定和鼓励的人。

实训要求:

1. 参照本章所学的内容,选择你认为最合适的赞美方式。

2. 记录本次沟通的全部过程,包括你的表达以及对方的反馈。

3. 梳理并分析所运用的赞美原则与技巧,评估沟通效果并反思其中需要改进的环节,为日后做好类似的沟通提供借鉴。

任务二：

假定今天是"感恩节"，请向远方的父母、尊敬的老师或挚友表达谢意，感谢他们这么多年以来对你的关怀和帮助。

实训要求：

1. 参照本章所学的内容，选择你认为最合适的方式。

2. 记录本次沟通的全部过程，包括你的表达以及对方的反馈。

3. 梳理并分析所运用的致谢原则与技巧，评估沟通效果并反思其中需要改进的环节，为日后做好类似的沟通提供借鉴。

第六章　说服、请求与拒绝

　　说服力对于职场中人意味着影响他人态度与行为的能力,提高说服力要以诚信为基石、以倾听和提问为先导、以尊重为前提进行弹性沟通,熟练掌握正向和逆向说服的技巧。求人办事首先要调整心态突破面子障碍,还要做到靠人先靠己、找准请求对象、抓准请求时机、选择恰当的请求方式和渠道、端正请求的态度、笑语温言、谨慎催问,并视情况采用投石问路、趋高就低、因势利导、激将等技巧来达到目的。要想拒绝他人又不得罪对方,就要遵循不轻易拒绝、不马上拒绝、拒绝所求之事而非求事之人、理由要充分、语气温和而坚定、方式因人而异、要注意场合等原则,并灵活运用积极拒绝和消极拒绝两种策略。

第一节　说服

　　说服就是用理由充分的话使对方心服。这里强调了"心服"二字。正如孟子所言:"以力服人者,非心服也,力不赡也。以德服人,中心悦而诚服也,如七十子之服孔子也。"(《孟子·公孙丑章句上》)也就是说,不能靠威力胁迫他人服从,要靠德行让对方心服口服,只是靠嘴上功夫是不行的。因此,影响说服效果的三个关键因素中,排在第一位的是说服者的人格,即说服者是什么人,公信力如何;其次才是劝说内容蕴含着的力量,即说什么;最后是说服者的说服方式,即怎么说。所以,我们可以说,说服就是说服者以自己的公信力为基础,以事实为论据,通过晓之以理、动之以情,试图使对方的态度、行为朝特定方向改变的一种影响性沟通。而说服力,是指说服者运用各种可能的方法和手段去说服受众的能力。美国黑人领袖、女权运动先驱弗里德里克·道格拉斯曾这样形容说服力:"如果我能说服别人,我就能转动宇宙。"其实,只要遵循说服的原则,灵活运用说服的技巧,就可以增强说服能力。

一、说服的原则

(一)以诚信为基石

　　社会心理学家认为,信任是人际沟通的"过滤器"。换句话说,说服者一贯诚信的个人声誉是化解被说服者戒备之心的最好武器。只有赢得对方信任,对方才能正确理解你的动机,从而采纳你的建议。否则,你的友好动机会被"不信任"过滤掉。

想取得他人信任,就要树立诚信形象。无论和谁打交道,承诺的事情一定办到,办不到的事情绝不随意答应。久而久之,在上司、同事和客户中就会形成良好口碑,你的请求和建议也会因为自己的人格魅力而越来越具有"说服力"。

(二) 以倾听和提问为先导

世界著名说服大师拿破仑·杨庭曾说过:"洞察人类欲望,是一切说服的真谛。"在说服他人之前,应首先弄清对方的需求、这些需求的层次性以及渴望得到满足的强烈程度,正所谓"攻心为上"。如何了解对方? 最有效的方式就是让对方说。如果对方不肯主动说,我们就要用提问的方法,引导对方表达其真实的想法和需求。所以,真正的说服,是从有效提问与积极倾听开始的。

(三) 以尊重为前提

要有效说服,首先要有尊重对方的态度。因此,绝对肯定、指手画脚、盛气凌人、贬抑对方的词句是不能用的,因为这些字眼和表达方式极易伤害他人的自尊心,并由此引起反感甚至抗拒。请对比以下表达方式的说服效果。

1. 变"绝对肯定"为"留有余地"

(1) 绝对肯定式表达:这件事绝对是这样的……

留有余地式表达:如果我没搞错的话,事情应该是这样……

(2) 绝对肯定式表达:我敢肯定/打保票……

留有余地式表达:我不敢妄下断言,但据我的了解……

2. 变"强硬推荐"为"礼貌建议"

(1) 强硬推荐式表达:我保证这个产品买回去绝对值,没什么好犹豫的!

礼貌建议式表达:您已经了解了很多情况,现在可以下决心了吧?

(2) 强硬推荐式表达:你应该这样做……

礼貌建议式表达:如果我们这样做,是不是会……

3. 变"贬低对方"为"尊重对方"

(1) 贬低对方式表达:笨蛋,你怎么就不明白呢(你怎么能这么做呢)?

尊重对方式表达:相信您已经认识到……

(2) 贬低对方式表达:你大概不知道……

尊重对方式表达:正如您所知道的……

4. 变"强词夺理"为"晓之以理"

(1) 强词夺理式表达:真的,不骗你,不信我后悔去吧!

晓之以理式表达:毕竟我从事这个专业20几年了,您可以相信我。

(2) 强词夺理式表达:不管你信不信,我反正是信了。

晓之以理式表达:调查到的情况我都介绍了,相信您能够作出正确的判断。

5. 变"以我为中心"为"以您为中心"或"以我们为中心"

(1)"以我为中心"的表达:我认为(我的意见是)……

"以您为中心"的表达:您认为(您的意见是)……?

"以我们为中心"的表达:我们是否可以这样想……?

(2)"以我为中心"的表达:依我看,这个问题可以这样解决……

"以您为中心"的表达:依您看,这个问题可以怎样解决?

"以我们为中心"的表达:抛开你我之前的想法,我们是不是可以换个角度来重新考虑这

个问题……

(四)弹性沟通

"弹性"亦即"灵活"。所谓"弹性沟通"即指沟通内容与沟通方式要因人、因地、因时而异,而且,在整个沟通过程中,说服者要根据不同需要不断调整自己的沟通态度和沟通方式,而不是不看时机、不分对象、一根筋地硬冲,强迫对方接受自己的意见。否则,被说服者与说服者之间会产生抗拒,说服就会变成你输我赢的战争。

二、正向说服的技巧

(一)先建立情感联系,再进一步说服

情感是人际交往的纽带,"情理兼济"是说服的上等策略。开门见山的提出意见或建议偶尔会奏效,但更多时候会遭到拒绝,甚至会产生争执而使说服工作陷入僵局。较有效的说服方式是先建立双方的信任,营造适合说服的氛围,即先动之以情,之后,晓以大义,申之利害,便能收到理想的说服效果。

1. 说服之前先拉近彼此关系

面对一个陌生或交往不深的说服对象,说服者应先与其建立情感联系:比如我们是老乡、同姓、同庚、校友、有某种亲戚关系,或者我们共同认识某个人……"套上了交情",对方也就消除了戒备心理,也因此有可能倾听你的意见或建议。

2. 说服之前先唤起情感共鸣

"情感共鸣"是消除戒备心理、缩短心理距离的有效途径。缩短了心理距离,坦诚交心也就是自然之事了。现实生活中,唤起双方的情感共鸣并不难:共同的兴趣爱好、对世事时局同样的忧虑和期待、对某个名人同样的评价等等,都可以成为叩开对方心扉的钥匙。所以,说服者要主动

找到对方情感、态度和看法中与自己一致的地方，并以此话题赢得对方好感，达成情感共鸣，之后再予以说服。

3. 说服之前先唤起对方同情

孟子曰："人皆有不忍人之心。……恻隐之心，仁之端也。"（《孟子·公孙丑上》）"不忍之心"、"恻隐之心"，即同情心、怜悯心。当弱者说服强者时，就可以首先唤起对方的同情或怜悯，以达到说服对方的目的。

但需注意的是，这一方法不能滥用。如今很多选秀节目的选手都使用这一"招数"，通过悲情经历来唤起观众同情，进而说服观众投票，就遭到大家的普遍质疑和诟病。

（二）先肯定对方，再提出自己的看法

说服的过程，是从差异中找出共同点，然后促使对方在共同点基础上沿着我方引导的方向思考的过程。这是一个不断互动、不断激起双方思维的火花，并最终达成一致的过程。在这个过程中，说服者应首先表示出对对方的尊重。而尊重对方的最好方法就是肯定对方的意见或见解。同意对方的说词远比制服对方的说词更具说服力。因为，任何人遭到反对时，出于面子而自我防卫乃是自然反应。仅仅出于这一点，就足以使被说服者无法同意你，即便他们认为你是有道理的。如果你想说服别人去做某事，先要求自己停下来想一想："我怎么样设法让他们自己主动做这件事？"那就是先同意对方的说法。同意对方的途径有两种：

1. 肯定对方意见的合理性

常用句型：

"你说的很有道理，<u>同时</u>，我也有一个想法……"（避免用转折性连词）

"我同意你的看法，<u>同时也</u>……"

"我感谢你的意见，<u>同时也</u>……"

以上的句型有三重意义：

第一，你能站在对方的立场看这件事，而不以"但是"或"不过"的字眼来否定或贬抑他的观点，因而容易被对方接受；

第二，你正努力营造双方携手合作的沟通氛围；

第三，你为自己的看法开辟了一条对方不忍抗拒的途径。

可以说，以上句型是我们用以说服他人接受自己意见的必备表达方式。

2. 肯定对方意见背后的立场和动机

沟通时，我们无需赞同他的所有主张，但一定要尊重他的立场和动机。

（1）尊重对方的立场和看问题的角度

生活或工作中，每个人都习惯站在自己或自己小团体的角度和立场来看问题，其结论虽然未必完全正确,但却都是可以理解的。比如商务谈判中,谈判代表都站在维护自己公司利益的立场提出谈判条款;而商家和买家总是一个想多挣钱,一个想压低价。因此,我们在说服对方时,首先要表示对其思考问题的立场或角度的理解,之后找出双方意见的契合点,对不同点进行利弊分析,从而引导对方同意我们的观点。

(2)"拔高"对方意见背后的动机(激发对方高尚的动机)

当对方的意见有明显的错误而没办法加以肯定时,你可以假定对方做事的动机是善良、高尚的,从而将对方推到无法退却的路口,思路只好顺着你引导的"高尚"方向去发展了。

比如,你和同事关于"核武器"问题观点不一,你主张"冻结核武器",而他则主张"建立核打击"。他说:"要想解决核武器问题,唯一的办法就是让别人知道,我们的核武器足以毁灭他们!"这时,你不能和他争论,而要站在他的立场说:"看来你真的对霸权主义深恶痛绝,不希望下一代生活在核武器的威胁之下。同时呢,我相信,除了用核武器拼个鱼死网破,我们还可以找到其他更合适的方法处理和他国的外交关系。"这样,你将对方的动机拔高到"反对霸权主义"的高度,使对方变得"有远见"、"有爱心"、"有责任感",之后再提醒他核武器对地球的毁灭性后果,他就很容易接受"冻结核武器"的观点了。

(三) 预测对方可能的顾虑并设法化解

以说服客户购买某商品为例:客户最终作出购买决定之前,通常有五种购买担心:

"这款产品是不错,那其他产品会不会更好呢?"

"这款产品真像他所说的那么好吗,有没有什么缺点他避而不谈?"

"这笔交易是不是公平的,我会不会买亏了?"

"为这款产品花这么多钱值得吗? 会不会挤占了其他的预算?"

"买这么贵的东西,家人会不会有意见?"

作为说服者,要理解被说服者的种种担心,并站在对方的角度为其"分忧",帮其剖析相关的种种利害得失,对可能的不足或弊端提出可以化解的方法和措施,以打消对方听取我们意见时的顾虑。

(四) 只提对方会回答"是"的问题

每个人都有惯性思维,当一个人对前面的问题不断回答"是"时,下一个"是"就很容易脱口而出。所以,从谈话开始,就要创造一个说"是"的气氛,利用人们的惯性思维,引导对方自然而然地对我们的观点或请求说"是"。这一技巧如果用得纯熟,可以将说服变成一种不断让人说"是"的艺术。例如:

某电气公司业务员周健推销一台马达给宏达公司,并答应试用 3 周后付款。3 周后,周健拜访这家公司。宏达公司的林总工程师见到他劈头就说:"周健,这马达我们不能要。"

"为什么?"周健十分震惊。

林总工程师:"你们的发动机太热了,我都不敢把手放在上面。"

周健:"啊? 如果那些发动机真的太热,是可以退货的。对了,你这里一定有符合电气制品公司标准的发动机吧?"

林总工程师:"有。"

周健:"电气制品公司一般规定发动机的设计,其温度可高出室温华氏72度是吗?"

林总工程师:"是! 但你们的产品还是太热了。"

周健:"工厂里的温度是多少?"

林总工程师:"啊! 大概是华氏75度左右。"

周健:"噢。假如工厂内的温度是75度,再加上发动机的温度72度,也就是华氏147度了。假如您把手放在147度的水龙头下,是不是会被烫伤呢?"

林总工程师:"当然会。"

周健:"嗯,那您最好还是不要把手放在正工作的发动机上。"

林总工程师:"你说的有一定道理。看来是我们工厂车间温度高了点。"

最后,林总工程师在试用合格书上签了字,周健顺利地拿到了发动机的价款,并接到了这家公司购买发动机的第二批订单。

(五) 不谈给自己带来什么,只谈给对方带来什么

就一般人性而言,每个人首先关心的是自己,而不是别人。所以,我们在说服别人接受我们的建议时,就要反其道而行之,主要谈你的建议能给对方带来什么利益,不采用你的建议,对方会有什么损失。即,站在维护对方利益的角度向对方"晓以利害"。例如:

有个年轻人走进某银行要开户,银行工作人员递给他几张表格让他填写,但他一看表格这么多,就有点烦。对于表格里面涉及家人信息的内容,他更是拒绝填写。

银行职员看着他,微笑着说:"要填这么多内容,是挺烦的。其实呢,亲人的资料,您要是不愿意填,也可以。只是,假设——只是假设啊,有一天您碰到意外,您是不是愿意将银行里的钱转给您指定的亲人呢?"

年轻人:"不转给亲人,还留给银行不成?"

银行职员:"那么,您是不是认为有必要把这位亲人的名字告诉我们,以便我们届时可以依照您的意思处理,而不至于出错或拖延?"

年轻人:"嗯,那倒是。"

最后,那个年轻人不仅填了所有资料,还在银行填了个信托账户,指定其母亲为法定受益人,并填写了所有与其母亲有关的资料。

（六）运用专家和权威数据进行说服

出于戒备心理，大多数人不会很快相信直接进行说服的人，总觉得对方"动机不纯"、"别有用心"，这时，聪明的说服者与其将功夫用在嘴上，不如将功夫用在腿上，和对方一起去拜访业内人士甚至专家，借他们之口说出令人信服的事实或看法；或将功夫用在手和眼上，收集期刊、网站、政府机关、统计机构等提供的相关信息，让它们为自己的看法提供证据。

如果向听众提供可靠的资料，而不是你个人的看法，就会增加说服力。要记住，听众受到证据的影响，也相同程度地受到证据来源的影响。相比而言，引用权威资料更能消除听众的先入之见。

（七）运用具体情节和事例进行说服

俗话说"事实胜于雄辩"，所以，我们说服他人时，最好用事实说话。用事实说话，最常见的就是举出具体例证：个别具体化的事例和经验比概括的论证和一般原则更有说服力。例如：

曾任 IBM 公司总裁的汤玛士·华生原本就患有心脏病，有一次旧病复发，需要马上住院治疗。

"我怎么会有时间呢？"华生一听说医生建议他住院，立刻焦躁地回答，"IBM 可不是一家小公司呀！每天有多少事情等着我去裁决，没有我的话……"

"我们出去走走吧！"这位医生没有和他多说，亲自开车邀请他出去逛逛。

没过多久，他们就来到近郊的一处墓地。

"你我总有一天要永远地躺在这儿的。"医生指着一个个坟墓说，"没有了你，你目前的工作还是会有别人来接着做。公司仍然还会照常运作，不会就此关门大吉。"

华生沉默不语。

第二天，这位总裁就向 IBM 董事会递上辞呈，并住院接受治疗，出院后又四处旅游，过着悠闲的生活；而 IBM 自然也如医生所说，并未受到影响，至今依然是举世闻名的大公司。

在运用具体情节和事例进行说服时应注意，每一个细节都要做到真实可靠、无懈可击；如果你有一处数据引用错误，一个情节过分渲染，就会使被说服者迅速否定你所说的全部事实，从而使你的说服效果全部丧失；同时还要注意：事例要具有典型性，以增强说服力。

（八）让对方觉得你的建议是他自己想出来的

想让那些固执、很难接受他人建议的人改变工作方法或接受一种新思想，最好的方法是设法让他认为这个点子完全是他自己想出来的。需要注意的是，这种策略有时需要时间和耐性，要慢慢去做，切勿急躁，容许对方用一定时间去理解和消化你的建议，一点一点变成他自己的想法。切记，你的工作只是播种，要给种子在对方头脑中生根发芽的机会，最终让他自己去收割。

（九）利用"居家优势"

"居家优势"是指如果沟通的一方以主人的姿态接待另一方（或多方）到自己提供的场所进行

沟通,主人一方自然会赢得一种心理优势,而另一方(或多方)也会出于对主人的尊重以及自身对环境的不熟悉而处于劣势。也就是说,一个人在自己或自己熟悉的环境中比在其他的环境中具有更强的支配力和说服力。销售人员发现,把消费者约到自己的店里,销售成功率占98%,而上门销售,成功率只有10%。所以,保险公司和直销公司采取的策略就是会议销售,把消费者约到自己举办会议的场所,讲解自己的产品优势,说服消费者购买,成功率非常高。所以,我们在说服他人时,就要利用这种居家优势,选择自己熟悉的环境或中性环境,以使说服达到更好的效果。

三、逆向说服的技巧

(一) 善意"威胁",以刚制刚

当对方的做法或观点立场明显蛮横无理或过于以自我为中心,采取正面说服效果不理想时,不妨采取强硬的态度,抓住对方的利益诉求点或"软肋",以"威胁"的方式,指出对方顽固坚持现有立场的后果。如果对方不知该如何正确处理此事,不妨再给他提出一些合理化建议,让对方有台阶可下。这时,对方就较容易接受你的意见。例如:

某公司组织技术人员外出学习,当大家风尘仆仆赶到事先订好的旅馆时,却被告知当晚因锅炉工的失误,原来订好的标准间(有单独浴室)没有热水,不能洗澡。为了解决这一问题,负责这次学习的技术部刘部长约见了旅馆经理。

刘部长:对不起,这么晚还把您请来。但我们大家满身是汗,不洗洗澡怎么行呢?何况我们预定时说好供应热水的呀!这事只有请您来解决了。

经理:这事我也没有办法。锅炉工回家去了,他忘了放水,我已经叫服务员开了集体浴室,你们可以去洗。

刘部长:是的,我们大家可以到集体浴室去洗澡,不过话要讲清,标准间一人120元一晚是有单独浴室的,现在到集体浴室洗澡,那就等于降低到统铺水平,我们只能照统铺标准,一人降到50元付费了。

经理:那不行,那不行的!

刘部长:那只有给房间浴室供应热水。

经理:我没有办法。

刘部长:您有办法!

经理:你说有什么办法?

刘部长:您有两个办法:一是把失职的锅炉工召回来;二是您可以给每个房间拎两桶热水。当然我会配合您劝大家耐心等待。

这次交涉的结果是经理派人找回了锅炉工,40分钟后每个标准间的浴室都有了热水。

（二）激将法

如果被说服者是一位好胜心强、自我感觉良好的人,当正面说服不奏效时,不妨采用激将法。激将法有两种形式:

一是直接激将法,即直截了当地给对方以贬低、羞辱,从而刺痛、激怒他,使之犹如冷水浇头,精神一振,非要用行动证明他不是你所说的那样糟糕,而这种行动,恰恰是你希望的。

二是间接激将法,即以赞美第三者的方式,间接贬低对方,以激发起对方压倒、超越第三者的决心,并采取你希望其采取的行动。

需要指出的是威胁法和激将法运用得好,会增强说服力,达到说服的效果;如果运用不当,则会使对方产生敌意。所以,在具体运用时一定注意:第一,态度要友善;第二,讲清后果,说明道理;第三,威胁或刺激的程度要恰到好处。否则反而会弄巧成拙。

拓展阅读

说服要因人而异

世界上有多少人就有多少种说话的方式。要想顺利达到自己的说服目的,必须先了解对方乐于接受什么样的方式,才能在说服时顺势推展,取得预期的结果。

下面就介绍九种常见的人物类型以及每种类型的说服策略:

1. 沉默寡言型。这种人话少,问一句才说一句。这不要紧,即使对方反应迟钝也没关系,你该说多少就说多少。因为这种人表面上看似不太随和,但只要你说的话能言之有理、顺耳中听,你便有可能达到说服对方的目的。

2. 喜欢炫耀型。这种人好大喜功,老是喜欢把"我如何如何"挂在嘴上,他们最爱听恭维和称赞的话。对他所炫耀的内容要有耐心仔细聆听,听得越用心,称赞得越充分,说服他的成功率就越高。

3. 尖酸刻薄型。这种人天生只会说刻薄话,好像控告他人、贬低他人、否定他人是他们生活的一大乐趣。毫无疑问,这类人是最令人头痛的。但有一点却是十分肯定的,即这类人也同样需要与人交往,有时候他们心里已经接受了别人的意见,而嘴上还不服输。这种人往往不自信,所以更希望得到肯定。对于这种人,关键是不要被他的难听话所唬住,也不要直接表现你的反感,而是要采取一种不卑不亢的高姿态并随机劝导,这样才会有好的效果。

4. 优柔寡断型。这种人遇事没有主见，往往消极被动，难以作出决定。面对这种人，说服者应牢牢抓住主动权，充满自信地运用语言技巧，不断地向他提出积极而富有建设性的意见，多运用肯定性的语言，多从他的立场来考虑问题。这样有助于他作出决定，或在不知不觉中替他作出决定。

5. 知识渊博型。这类人往往宽宏、明智，要说服他们只要抓住要点，不需要说太多的开场白，也不要故弄玄虚，直接摆事实、讲道理就可以了。

6. 性情温婉型。这种人如果他没有充分了解每一件事，就不能指望他会作出决定。对于这种人千万不能急躁、焦虑或向他施加压力，应努力配合他的步调，脚踏实地地去证明、引导，慢慢就会水到渠成。

7. 性格急躁型。这种人往往精力过盛，做什么事情都快，因而对待这种人，要精神饱满，清楚、准确而又有效地回答问题，如果太拖泥带水，他们可能就会失去耐心。对待这种人，说话应注意简洁、抓住要点，避免扯一些闲话。

8. 心性善变型。这种人容易见异思迁，容易决定也容易改变。如果他拒绝了你的建议，你仍有机会说服他改变主意，不过，即使他这次同意你的意见，也不能指望他下次还会接受。

9. 生性多疑型。这种人容易猜疑，容易对他人的说法产生逆反心理。说服这种人的关键在于让他了解你的诚意或者让他感到你对他所提疑问的重视，例如："您提的问题切中要害，我也有过这种想法，同时……"等等。这样，他会认为你在说真话，于是会认真提供你所需要的帮助。

第二节　请求

说到求人，多数人都感到犯难。曾有这样一则故事：杭州一位科场失意多年的穷秀才，在又一次名落孙山后，于六和塔塔壁书写一对联：上联："望天空，空望天，天天有空望空天"；下联："求人难，难求人，人人逢难求人难"。这副对联形象地诠释了俗话所说的"上山擒虎易，开口求人难"。

但是，求人又是我们经常需要去面对的事情。在现实社会中，我们每个人都离不开别人的帮助，不论你是什么人，在当今的多元社会中，没有别人的帮助，你注定是孤立、失败的。

那么,我们为什么在求人时产生畏难情绪呢? 主要是心理障碍:或怕遭到拒绝,或认为求人伤面子。其实,这都是没有自信的表现,是一种社交恐惧症。要想得到他人的帮助,必须克服这种自卑心理,摆正对"求人"的认识。有了正确的心态,再掌握好请求的原则和技巧,我们会发现,"求人"并非难事。

一、请求的原则

(一) 靠人先靠己

生活中有这样的现象:很少求人办事的人,当有困难求人时是比较容易被接受的;而任何事都需要他人帮助的人,人们就感到厌烦了。正如谚语所言,"自助者天助"。无论是生活还是工作中,80%要靠自己的努力,20%自己无法解决的部分再求别人帮助。这样才不会给人造成"凡事依赖别人"的印象,别人也更愿意向自强不息的人伸出援手。

(二) 找准请求对象

"找准对象"包含两层含义:一是找到帮得上忙的人,二是找到愿意帮忙的人。所以,在向他人提出请求时,首先对其人进行了解,要进行关系和为人两方面的了解。确认他有能力帮忙,又是一个助人为乐的人,那找到他,你的事情就迎刃而解了;否则就会碰钉子。"求人"最忌病笃乱投医,不问对象,见人就托,一来会让人勉为其难,二来会耽误事情的最佳处理时机。

(三) 抓准请求时机

天时、地利、人和,"天时"排在第一位,可见做事情抓准"时机"的重要性。"请求时机"包括时间、场合及被求者的心情,只有三者都适宜,提出请求的成功率才会高。所以,我们必须注意求人的时间和场合禁忌。一般而言,周一,特别是周一上午不要找人办事;吃饭时间、晚上十点之后不要给人打电话;午休、下班前不要找人办事;办公场所不宜送礼;当别人心情不好时不要找他办事……

(四) 选择恰当的请求方式和渠道

求人办事,当面请求最为适宜。但根据不同情况,可采取不同方式:留便条、打电话、发电子邮件、个别面谈、请客吃饭、上门拜访、托别人代为请求……请求方式和渠道恰当,就可提高成功的概率。比如,请求同事协助完成某项工作,留便条、打电话或发电子邮件即可;求同事或朋友帮助办理私事或较难的事情,可以在宴席或茶桌前进行;如果请求领导加薪或外出培训,就可以在办公室当面提出;如果拜求不熟悉的人办事,就需要既熟悉你又熟悉对方的中间人帮忙引荐或代为请求;如果所求事情非常紧急,也可以打声招呼登门拜访……

(五) 端正请求的态度

"态度决定一切",求人也要端正态度。求人的态度包括前去求人时的态度、得到帮助后的态度和被拒绝时的态度。前去求人时我们要以自尊、自重、自爱为前提,要晓之以理,动之以情,而不是卑躬屈膝、低三下四；得到帮助后不忘表示感谢；而遭到拒绝时，也要豁达大度，不抱成见，并同样向对方表示感谢。

（六）笑语温言来陈情

出现困难或危机，往往使人沮丧。但在求人帮忙时，千万不要把沮丧的情绪带到别人面前。要努力保持微笑，"微笑外交"是处于不利地位的谈判者最常采用的策略。以笑语温言向对方陈述你的困难，以求对方的理解和帮助。沮丧的面孔只会让人反感，而收不到好的效果。

（七）催问要适宜

求人办事不能过于急躁，正如俗话所说，"心急吃不了热豆腐"。所以，我们不能每天都催问，否则会适得其反；如果迟迟得不到回音，我们可以利用适当的机会和适当的方式进行催问，但要平心静气，不得埋怨和指责。

二、请求的技巧

（一）投石问路，巧用隐喻

当我们对所请求之事没有信心，对请求的对象也没有十分把握时，我们可以采取"投石问路"的方法，即通过比喻、隐喻、借题发挥等方法对所求之人进行提醒和暗示，使他意识到我们的请求意图，试探出他对所求之事的态度，之后再提出或不再提出请求。这种方法可以避免遭到拒绝时的尴尬。

（二）趋高就低，步步为营

所谓"趋高就低"是指在请求别人时，先提出一个比自己实际要求高、估计对方会拒绝的请求，遭到对方拒绝后，再降低条件，提出自己真正的请求，直到对方难以拒绝。

国外有个著名的实验，研究人员请求一些大学生带领少年管教所的孩子们去动物园玩一次，只有16.7%的学生接受这个请求。于是研究人员换了一种方法：先请求大学生们花两年时间担任少管所的义务辅导员。当这费时费力的工作被拒绝后，研究人员再请求他们带孩子们去玩，结果，大部分学生都答应了这个请求！因为，他们已经拒绝了别人一次，再次拒绝就会显得太不给人"面子"，也显得自己没有爱心，有损自身形象。可见，向别人寻求帮助时，可以先提出一个更高而且肯定会被拒绝的请求，然后再向他提出真正的请求，怀着对拒绝第一个请求的歉意，对方答应你这个小小的请求的可能性就会大大增加。比如：你想借300元，则向他提出借1000元的大要求，遭到拒绝后，你就可以跟他说："那借300元总可以吧？"这种情况下，请求的成功率会高很多。

（三）因势利导，自然请求

生活和工作中的许多请求是可以"自然"完成的。这种"自然"不是真正的"自然"，而是我们用心去寻找的"自然"，即我们刻意去创造或寻找到一个自然提出请求的机会，以若无其事的态度，"临时动议"提出请求。

"自然请求"的"法门"在于见机行事，因势利导。最好借助某个契机，引导话题，抱着先人之忧而忧的态度，自然地从对方的需求入手，让对方主动认识到你的请求的合理性，而不是直接抛出自己的请求。比如下面的案例，蒋玲并没有提出自己想学习粤语的要求，更没有请求老板为此买单，而是借机突出了学习粤语对于老板和公司的好处，最后获得了老板的支持。

一次，蒋玲陪同老板与一位广州客商谈一个合作项目，其中由于语言不畅出现了一点误会，多亏蒋玲反应机敏才最终谈成了生意。在回来的路上，蒋玲不失时机地对老板说："老板，如果我们两个粤语十分熟练，应该能够争取更多的生意。""那倒是，不过我没有那么多时间学习。"老板说。"我知道有个粤语家教，收费很合理，我们两个人请一个老师更加合适。"蒋玲急忙表态。"好吧，你看着办好了，不过千万不要耽误工作。""我们可以晚上学，如果您有应酬，我学了以后可以替您补习。"蒋玲不温不火地说道。就这样，蒋玲顺利地达到了学习粤语的目的，并在不久之后就利用熟练的粤语为老板谈成了几笔生意。

（四）请将不如激将

"请求"与"说服"相辅相成，"说服"偶尔用激将法，请求也可以适时运用激将法。请求时运用"激将法"主要是利用对方的能力、自尊、地位和名誉激将。其中还分正激和反激。比如这样说："朋友们交口称赞您的办事能力，而且您又是一贯乐于助人，这点小事您一定能办成！"以肯定对方能力的方法，堵住对方的推辞，这是正激。再比如，你找做了领导的朋友办事，他推辞，你就可以说："我可是老百姓啊，俗话说，当官不为民做主，不如回家卖白薯，你看着办吧！"这样说，对方顾及面子和自己的声誉，在力所能及的情况下，也就答应给你办了，这是反激。

运用"激将法"一定要把握好分寸。首先不要一味苛求，强人所难；其次激将的语言要恰到好处，不要因过火而伤了和气。

总之，请求的艺术丰富且复杂，情况不同，采取的方法也不同。请求他人办事时，我们要将 IQ（智商）与 EQ（情商）有机结合，在低姿态的情感诉求下，运用好请求艺术，以求得贵人相助，使困难和问题迎刃而解。

拓展阅读

求人帮忙的 24 种委婉表达方式

1. 商量法。以商量的口气提出请求，令人易于接受。

好的表达：你能否帮我一个忙，把这件事情处理好？

对照表达：尽快替我把这件事办一下。

2. 谦恭法。通过抬高对方、贬低自己的方法把请求表达出来,显得彬彬有礼。

　　好的表达:您是贵宾,我们都在恭候您呢。

　　对照表达:请您出席我们的会议。

3. 悲观法。通过流露不太相信能成功的想法把请求表达出来,给对方和自己退路。

　　好的表达:我知道这事很不好办,不过还是想麻烦你一趟。

　　对照表达:你去一趟!

4. 知错法。表明自己知道不该提出请求,出于无奈。

　　好的表达:真不该在这个时候打扰您,但实在没有办法。

　　对照表达:麻烦您去一趟。

5. 乞谅法。先请对方谅解,再提出请求,显得友好、和谐。

　　好的表达:真不好意思,我又来麻烦您了。

　　对照表达:这事得麻烦您。

6. 体谅法。先说明自己体谅对方的心情,再提出请求。

　　好的表达:我知道你手头也不宽裕,不过实在没办法,只好向你借一借。

　　对照表达:请你借一点钱给我。

7. 迟疑法。首先讲明自己本不愿打扰对方,再提出请求、缓和语气。

　　好的表达:这件事我实在不好意思催问,可还是要请您给抓抓紧。

　　对照表达:您怎么一直没有替我办?

8. 述因法。提出请求时把具体原因讲出来,使对方感觉很有道理,应该帮助。

　　好的表达:隔行如隔山,我一点都不懂那里的规矩,你是熟悉的,就麻烦你了!

　　对照表达:你帮我办吧!

9. 定规法。通过讲述有关的规定来表达相关意思,避免自己直接指明对方,减少发号施令的口气。

　　好的表达:上头规定此事由你负责,所以我非求你不可。

　　对照表达:这件事由你负责。

10. 婉转法。避免提及对方,运用不定代词代替"你"、"我"来表达相关意思,婉转表达请对方帮助办事的意图。

　　好的表达:这事如果谁帮了我,我会感激他一辈子的。

　　对照表达:这事如果你帮了我,我会感激你一辈子。

11. 复代法。用"我们"代替"我"表达自己的意愿,以免显得武断。

好的表达:我们是实在没有办法了才来找您帮忙的。

对照表达:我是没法子才来找您帮助的。

12. 谦称法。用谦虚的自称来代替"我",显得谦和有礼。

好的表达:晚辈失礼了,这点儿小事还来打扰您。

对照表达:我失礼了,这点小事还来打扰您。

13. 暗示法。通过暗示语句表达相关意思,以免直接驱使对方,使对方感到难堪。

好的表达:我要出差了,那件事来不及办了,可没人接手不行。

对照表达:那件事你接手办吧。

14. 不言自明法。用说半句、留半句的方法来表达请求,点到为止。

好的表达:我已在这个岗位干了八年了……

对照表达:我想换个岗位。

15. 线索法。提供有关线索,间接引导对方考虑自己的请求,给对方留下余地。

好的表达:我们公司离你家很近,几步路就到了。

对照表达:请你到我公司来谈。

16. 预设法。通过蕴含的前提暗示相关意思,使对方心领神会地按照自己的要求去做。

好的表达:上周是我值的班。

对照表达:这周该你值班了。

17. 淡化法。有意用轻描淡写的语言表达有关意思,使请求易于让对方接受。

好的表达:请你帮我把这个房间稍微粉刷一下。

对照表达:请把这房间彻底粉刷一下。

18. 缩小法。把要求说得很小,以便对方接受,达到满足自己的愿望和要求的目的。

好的表达:你帮我这一步就可以了,其余的事情我自己来做。

对照表达:(前提是这件事有些为难对方)这件事就全靠你了。

19. 夸大法。用夸张的语言把自己的窘境表达出来,求得对方的同情和帮助。

好的表达:我是上天无路,入地无门了。

对照表达:我只能给你添麻烦了。

20. 重言法。借助同语反复句式来表达请求,显得较为通情达理。

好的表达:领导毕竟是领导。

对照表达:这事非你不行。

21. 反语法。通过反话来密切双方的关系，表达自己的请求，显得轻松愉悦。

　　好的表达：朋友说你帮人很热心的（实际上很冷淡）。

　　对照表达：你怎么对这事不热心？

22. 反问法。通过反问句表达有关意思，避免直陈己见而显得缺乏涵养。

　　好的表达：除了请你帮忙，我还能怎么办呢？

　　对照表达：我没办法了，只好请你帮忙。

23. 笼统法。用笼统的语言来表达有关请求，避免令人反感的直接吆喝。

　　好的表达：这里需要盖个章。

　　对照表达：请你给我盖个章。

24. 含糊其词法。用不点名道姓的办法来表达请求，照顾人家的面子。

　　好的表达：好像有人在为难我们。

　　对照表达：你在为难我。

第三节　拒绝

　　拒绝是一种理性解决问题的方式，并不代表自私冷漠。有时候，拒绝不但是对自己负责，更是对他人负责。当别人有所请托时，你一定要量体裁衣。当自己无能为力时，要学会拒绝，虽然当时在一定程度上会给他人带来不愉快，但如果硬着头皮答应下来，就可能给自己带来更大的困扰，也可能因无力实现承诺而给对方带来更大麻烦。

　　当然，要想拒绝他人又不得罪人，既要讲究原则，又要讲究方式方法，这就是"拒绝"的艺术。

一、拒绝的原则

（一）不轻易拒绝

当我们对别人有所要求时，我们会希望对方爽快承诺，而不希望遭到拒绝。所以，当有人请托我们办事，而所请托之事在我们的能力范围之内，所办之事又合理合法时，我们要发扬助人为乐的精神，帮助他人解决问题，而不是无情拒绝。

（二）不马上拒绝

别人请托你办事，是出于对你的信任。我们首先表现出对这种信任的尊重。尊重的表现就是倾听,仔细倾听对方的需求,用心去理解对方的处境和需要,并仔细考虑是否能帮上忙。如果实在帮不了忙,要说明原因,并表达无法满足对方的遗憾之情。这样做,就会降低"拒绝"产生的负面效应,也会得到对方的理解。

(三) 拒绝所求之事而非求事之人

上一条已经谈到,我们应对请托之人的信任表示足够的尊重。如果别人请求时我们表现出随意、冷漠、粗暴,甚至盛气凌人,对方就会感到你是在拒绝他这个人,而不是某件事。这时,心理上的隔阂、敌意甚至怨恨就产生了,两个人由此反目成仇。所以,我们要婉言拒绝对方所求之事,让对方感到你是心有余而力不足。

(四) 拒绝理由要充分

拒绝在某种意义上,其实就是一种辩论。别人会想尽办法试图说服你接受,而我们则必须利用各种理由反击,向他说明自己不能接受的原因。如果我们要让对方心服口服,就必须说出一个值得信服的理由。当然,选择权在我们手上,即使没有理由,同样可以选择拒绝;只是这样的结果,一定会让对方感到极度不悦,毕竟遭受毫无理由的拒绝,任谁都不会开心。

(五) 拒绝语气温和而坚定

很多人在拒绝他人时易犯的毛病是由于善良而表现出优柔寡断;由于怕让人失望,拒绝语言听上去模棱两可,让人觉得还有商量的余地而心存希望并反复恳求说服。因此,你说"不"时,语气要委婉,但态度要坚决。既让对方既容易接受,又不再抱有希望。

(六) 拒绝方式因人而异

人际交往中,我们会遇到各种人士:领导、同事、朋友、客户,不同身份、不同性格的人有着不同的思维方式、行事风格及沟通特点。面对不同的人,我们要采取不同的拒绝方式。比如,对领导的不合理要求,我们要在"服从"的前提下委婉拒绝;对于很少求人的人,我们要考虑是否能帮上他的忙,实在无能为力再婉言拒绝;而对于总是把工作推给你的同事,你就要在他开口之前找个充分的理由断然拒绝……

(七) 拒绝要注意场合

我们在拒绝他人时,要选择没有第三者在场的场合。如果当时有第三者在场,你可以推辞说:这件事等有时间咱俩单独谈,之后找一个合适的场合予以拒绝。

二、积极拒绝法

大胆地说出"不"字,是相当重要却又不太容易的课题。有人喜欢你直截了当地告诉他拒绝的理由;有人则需要以含蓄委婉的方法拒绝,各有不同。我们应根据请求者性格特点和沟通习惯的不同,选择以下方式中的一种或几种:

(一) 反向拒绝，让对方替你说"不"

在社交中，直接拒绝别人，往往容易得罪人。所以，拒绝对方，要给对方留有足够的面子，不直接说"不"，而是巧施妙计，让对方主动"撤销"请求。

故事一

20世纪40年代，电影院里经常有戴各种帽子观看电影的女观众。她们的帽子经常妨碍后面观众的视线，许多观众对此经常向经理投诉。经理想，如果明言禁止戴帽，可能会让许多女观众愤怒离去。他想到了一个反向拒绝的好办法。在影片公映前，银幕上打出了一则通令："本影院为照顾高龄衰老的女客，允许她们戴帽，不必摘下。"结果，所有戴帽的女士全部摘下了帽子，因为任何一个女人都不愿意承认自己高龄衰老，所以不得不接受诱导，把帽子摘了下来。

故事二

古时候一个国君，特别喜欢马，专门设置几百个马信替他养马。有一天，一个马信不小心把国君的一匹爱马养死了，国君特别生气，就下令让司法官杀死马信。司法官不同意国君的看法，但他没有直接拒绝反驳，而是故作生气地说："这个马信确实该死！没能让国君的爱马长生不老，此其罪一；让国王因马杀人，违反了律法，此其罪二；让所有百姓认为国王重马轻人，是个昏君，此其罪三。三罪并罚，立即执行绞刑！"国君听了，马上收回成命，放了那个马信。

故事一在"允许"中蕴含着"不允许"；故事二在服从中蕴含对国王的劝诫，两个故事都是从反面拒绝的实例，通过表面允许或顺从，让对方认识到自己的错误，从而主动撤销自己的做法或主张。在社交中，巧设计谋让对方心甘情愿地接受你的拒绝，是一种非常高明的社交手段，这既尊重了对方的感觉，也达到了你拒绝的目的。

(二) 给予出路法

当你对对方的要求感到力不从心或不愿接受时，你可以向他指出另一条出路让他尝试。这样，一是表达了自己对对方处境的关切，二是减少了对方被拒绝的失望感，点燃其通过别的途径解决问题的希望。例如：

陈康敏是某银行人事处长。一天，一个老同学来到她家，想让陈康敏帮忙把他儿子安排进银行工作。可陈康敏经过了解后得知，同学的儿子根本无法胜任银行的工作。但陈康敏也清楚，如果直接拒绝，老同学说不定会翻脸。所以，她巧妙地说："真是不巧，我们最近没有招人计划，不过你别担心，我认识一个朋友，他那里似乎招人。你让你儿子到他那里投一份简历试试看吧！"说完，陈康敏就把朋友的联系方式抄了一份给老同学。虽然事情没办成，但同学还是很感谢陈康敏的热情。

再比如，你一位同事想把本属于他的工作转移给你，你先不要本能地拒绝，而最好慎重一些，比如可以这么跟他说："我很乐意帮你，可太不巧了，我手头的活儿也很多。要不这样，你自己先干着。我一忙完手头上的活马上来帮你。"这样拒绝，不仅合情合理，也能让对方知难而退。

(三) "以其人之道还治其人之身"法

我们前面讲过，每个人都是以自我为中心的，这是人的本性，所以人们很难做到时时处处设身处地为他人着想，也就难免对他人提出一些不合理的要求。面对这些要求，一味地强调自己的难处并不明智，最好的拒绝方法就是用对方的思维逻辑击退对方，使对方自然而然地意识到自己的要求是无礼的，从而主动放弃以避免尴尬。例如：

罗斯福在当选美国总统前，曾任海军要职。一次，他的朋友听说美国海军在加勒比海秘密建造了潜艇基地，便问他是不是真的，这是个很让人为难的问题。当时，罗斯福环顾了一下四周，低声问："你能保密吗？"

朋友赶紧凑上前说："当然能！这个你放心！"

罗斯福松了一口气，说道："那么，我也能。"

那位朋友一愣，随即知趣地笑笑，也就不再追问了。

(四) 先发制人法

如果你能敏锐地察觉对方可能提出什么样的请求或要求，你就可以采取先发制人法。这种方法有两种实施方案：一是在对方提出请求之前，你先提出一个"奢侈"的、他必然会拒绝的请求。当对方拒绝你之后，就不好意思开口请你帮忙了。比如，对方想提出向你借钱的请求，而你在他开口之前告诉他你的一个项目需要 20 万，很想向他借钱，这样，他就绝不可能再有机会向你提借钱的事了。二是在对方提出请求之前，说明你不具备帮他的条件。比如，他所求之事可能要占用你的时间，你就可以赶在他向你请求之前告诉他："最近我都快忙死了，一个月之内我的工作表都排满了，就差住在公司了。"

这种预先提醒方式，提前将对方想提出的请求给"逼了回去"，你也就避免了不得不拒绝请求的尴尬。

(五) 借他人之口说"不"

利用他人帮助我们拒绝对方，这种方法在日常生活中用得很多。比如，当一位年轻姑娘不想答应一位男士的邀请时，她便可以说："对不起，我爸爸刚打了电话，让我早点回家，抱歉。"这样说，既隐藏了自己的主观想法，又减轻了对方的失望和难堪，同时也让自己不会因拒绝别人而产生愧疚和压力，一举数得。

不过，需要注意的是，借用第三者来拒绝时，这个第三者应选对方所尊敬的对象或具有权威性的人物，这样才让"不"的理由更加充分、可信。

利用第三者说"不"，可以把拒绝的责任转嫁给第三者，从而缓解拒绝者与被拒绝者之间的矛盾，但是运用此法时，一定要考虑周密，灵活掌握，不要因此伤害了对方的感情。

（六）情感安抚法

别人请求我们帮忙,是因为他们有了困难。当我们无能为力时,首先要表示同情、关切,或对对方的努力表示赞同,这样,可以给对方一个心理缓冲的时间。等对方在心理上感到比较安慰后,再提出自己不得不加以拒绝的理由。你的同情和鼓励,使两人距离拉近,对方就容易以"同理心"思考你的处境,一般也就能以"理解"、"体谅"的态度接受你的拒绝。

（七）巧用比喻法

拒绝人难就难在害怕对方遭到拒绝后面子上挂不住,心情不愉快,从而对我们产生怨气,影响彼此的关系。如果我们能避开对方所求之事,巧借比喻、幽默地说服对方放弃请求,我们所担心的问题就会迎刃而解。例如:

有一次,一位读过《围城》的美国女士到中国来,打电话给该书的作者钱钟书先生,说自己很想拜见他。钱钟书先生一向淡泊名利,喜欢清静,于是就在电话中婉拒道:"假如你吃了一个鸡蛋觉得不错的话,又何必一定要见那个下蛋的母鸡呢!"

钱先生以其特有的幽默和机智,运用新颖、别致而又生动、形象的比喻,拒绝了那位美国女士的请求,既维护了那位女士的自尊,又避免了不必要的麻烦。

三、消极拒绝法

（一）体语暗示法

开口拒绝实为不易,提前在心中演练了多次,见面后仍难以启齿。此时,就要充分调动身体语言,用"无言的"方式来表达拒绝。

1. 作出下意识摇头的样子

自己在言语上不直接拒绝对方,作出正在郑重考虑对方的请求的样子。此时,对方一定注视着你。你可以通过动作似乎很轻微,但却似乎是情不自禁地反复摇头,让对方去"察觉"你内心深处的"不愿意"。

对方看你"痛苦地"反复摇头,就会明白你的内心很挣扎,骨子里很想拒绝,但碍于情面而开不了口。这时,对方一般会主动表示收回请求,你也就不用再多说了。

2. 不自然的微笑

你在微笑,表明你尊重对方,不想让对方不愉快;但你的微笑是勉强的、挤出来的,这使得你脸上的肌肉显得很不协调。作出在考虑对方请求的样子,同时将这种很不协调的笑容挂在脸上,一直挂着,对方再迟钝也明白你的不愿意,最终会坚持不住,主动表示撤销请求。

另外,如果在对方没提出请求前你很自然地笑着,对方提出请求后,你脸上的笑容消失,或僵在脸上,现出被对方的请求搞得大脑一片空白的样子,也是很好的"拒绝"方式。

3. 作出似乎是"下意识"的"逃跑"姿势

一些对你来讲实在是无法用言语拒绝的人,还可以采用似乎是本能地将正对着他的身体向偏离他的方向倾斜,会往后退上一两步,似乎是有急事想走的样子等等,这些急于"摆脱"对方的身体语言,会让对方察觉你的真实意思,而放弃想找你帮忙的想法。

另外,一些显示你心不在焉的身体语言,如目光游移不定、拒绝与对方目光交流、频频看表等,也会向对方表明你拒绝的态度。但这些方法因为显得不太尊重对方,容易伤了对方自尊心,所以不是迫不得已不采用。

（二）转移话题法

这也是拒绝他人的好方法。当某人向你提出某种要求时,你不是正面拒绝,而是巧妙地岔开话题,使对方不自觉地淡忘原来的意思,或者不好意思再提出原来的请求,从而达到委婉拒绝的目的。

这种方式,通常在对方是自己好友或者比自己位高权重、自己不敢得罪的情况下使用。转移话题,扯到风马牛不相及的东西,虽然可能让对方有些生气,可也无可奈何,不过,你要让你的话题转移得看起来比较自然且合情合理。

（三）模糊语言法

在拒绝中,一方对另一方提出的问题,不做明确表态,而是用模棱两可、似是而非的语言答复,搞得对方不知你是想赞成,还是反对,如运用一些诸如"大概"、"也许"之类的模糊语言。这样做,可以起到化解对方压力,提高自己主动性的作用,给人的感觉仿佛是一拳打在棉花上,不知不觉地便处在了被拒绝的位置。例如:

在一次记者招待会上,《纽约时报》的记者马克斯询问基辛格有关美苏会谈的"程序问题",他说:"到时,您是打算点点滴滴地宣布呢? 还是来个倾盆大雨,成批地发表协定?"基辛格听了,面露笑容:"我明白了,大伙儿看,马克斯同他的报纸一样,多么公正啊。他要我在倾盆大雨和点点滴滴之间任选一个,可我无论怎么办,总是落不着好下场。"他略微停了一下,然后一字一句地说:"我打算点点滴滴地发表成批声明。"全场闻言,哄堂大笑。

基辛格的回答看似不合逻辑和语法,却是非常巧妙。他套用记者的话,实际是对记者所提出观点的反驳。这是故意用模糊语言进行拒绝的典范,充分体现了模糊语言的威力。

（四）一拖再拖法

一拖再拖法指当对方提出请求时,我们不能直接拒绝,就对其提出的请求提出延缓执行,或对请求暂不给予答复。如:

小张:"麻烦帮我复印一下。"

小王:"好的。我现在很忙,过半小时好吗?"

他自然不会花半小时等你复印一份小小文件,只好自己亲自办理了。

同样,当对方提出要求后,你表示一定好好"考虑考虑"、"研究研究",却迟迟没有答复,聪明的对方就会意识到你的拒绝。特别注意的是,已经承诺的事,不能用这种方法,而一定要遵守承诺。

(五)"破唱片"法

"破唱片"法,就是让我们像破唱片一样,一遍又一遍地重复同样拒绝的话。这种方法一般用于熟人或亲戚,因为他们在请你帮忙时,不顾你的感受,也不怕你的拒绝,不论你提出什么条件,他们都会用尽一切办法,给你一大堆有吸引力的理由,对你的拒绝加以谴责。面对这种情况,"破唱片"的拒绝法,让你能够从容应对哪怕最难缠的要求。

使用"破唱片"的技巧,是对对方说什么都表示同意,但始终用同样的话拒绝他的要求。没有人能够和破唱片争论,所以对方最终将无计可施,只好放弃。下面,我们以陈军要求他的女朋友杨蕾放弃节食计划为例,来做个示范。

杨蕾:陈军,今晚我们去哪儿吃饭?

陈军:商业街新开了一家川菜馆,去那里怎么样?

杨蕾:去别的地儿行吗?那儿的菜很油腻的,我可是有节食计划的啊。(自我透露)

陈军:听说那家的水煮鱼片特好吃,走吧。

杨蕾:好吃是好吃,但这次我一定要把节食坚持下来。(同意对方说的事实以及破唱片)

陈军:哎呀,一天不节食又不会要你的命。

杨蕾:是不会要我的命,但是我还是要坚持节食。(同意对方说的事实以及破唱片)

陈军:我觉得你其实应该放松放松,别搞得太认真,累。

杨蕾:也许吧。但是我真的想减肥,我要将节食进行到底!(同意对方有发表意见的权利、自我透露以及破唱片)

陈军:别傻了,没人能把节食坚持到底,我打赌你早晚会放弃!

杨蕾:他们是他们,但是我不会,我要坚持下去。(同意对方说的事实以及破唱片)

陈军:好的,好的,说不过你!其实是我有一张这家餐馆的优惠券——打五折——今天晚上就过期,想清楚了啊,现在不用,过期作废!

杨蕾:噢,搞半天是有优惠券。陈军,我知道错过这么好的机会很可惜,但我还是想坚持节食。(同意对方说的事实以及破唱片)

陈军:噢,崩溃……!得了,带你去"天厨妙香",听说那里的素食味道特好,价格还不贵。走吧!

【思考与练习】

一、课堂讨论

1. 除了用话语说服之外,还有什么方法可以增强说服效果?

2. 如何理解俗话说的"上山擒虎易,开口求人难"?

二、沟通典故

唐朝安史之乱后,手握权柄的节度使为了粉饰自己的种种罪恶行径,用尽各种伎俩宴请名流高士为其歌功颂德,而诗人张籍被李师道选中。面对权势遮天的李师道的邀请,张籍想要拒绝却不能直言以道。所以,他送了首诗《节妇吟》给李师道:

"君知妾有夫,赠妾双明珠。感君缠绵意,系在红罗襦。妾家高楼连苑起,良人持戟明光里。知君用心如明月,事夫誓拟同生死。还君明珠双泪垂,恨不相逢未嫁时。"

分析:

1. 在当时的境况下,如果张籍没有拒绝李师道的邀请会有怎样的后患? 如果张籍生硬拒绝又会招致怎样的后果?

2. 案例中,张籍运用了哪些拒绝的技巧?

三、案例分析

松下幸之助的求职经历

日本松下电器公司总裁松下幸之助,自幼家境贫寒,年纪轻轻就承担起全家的经济重负。有一次,身材瘦小的松下到一家电器工厂谋职,他向人事主管说明来意,请求安排一个哪怕是最低下的工作。这位主管看松下身材瘦小又衣着不整,觉得很不理想,但又不便直说,就找了一个理由:"我们现在不缺人,你一个月以后再来看看吧。"这本是个推辞,但没想到一个月以后松下真的来了,那位主管又推脱说此刻有事,过几天再说吧,隔了几天松下又来了。如此反复多次。这位负责人终于说出了真正的理由:"你这身衣服,是进不了我们工厂的。"于是,松下回去借钱买了一件整齐的衣服又回来了。人事主管一看实在没办法,便说:"关于电器方面的知识你知道得太少了,我们不能录用你。"两个月后,松下再次来到这家企业,说:"我已经学习了不少有关电器方面的知识,您看我哪些方面还有差距,我一项一项来弥补。"

这位人事主管盯着松下看了半天才说:"我干这行几十年了,头一次遇到像你这样来找工作的,我真佩服你的耐心和韧劲。"于是松下被录用了。正是凭借这种超凡的毅力和百倍于他人的努力,松下幸之助才会成为世界电器行业屈指可数的人物。

思考：

1. 案例中体现了哪些请求和拒绝的策略？

2. 我们应如何面对他人的拒绝？

3. 松下幸之助是如何说服人事主管录用他的？

四、沟通反思

回忆自己的一次购物经历，反思最后有没有以你最满意的价格购买到你真正需要和喜欢的产品（或服务），或者有没有做到理智并机智地应对销售人员的推销攻势而拒绝购买。梳理购物过程中与销售（或客服）人员沟通的全部细节，分析其中运用的沟通原则与技巧，找出你或对方的精彩表现，并反思其中需要改进的环节，为日后做好类似的沟通提供借鉴。

第七章　职业关系中的人际沟通

职业关系中的人际沟通,简称职场人际沟通,主要包括与领导的沟通、与同事的沟通、与下属的沟通以及与客户的沟通。职场人际沟通应遵循的总原则包括:组织利益至上、维护团队和谐、尊重潜规则、体现人情味、适时适度、保守秘密。与领导的沟通应遵循摆正关系、把握特点和要求、主动沟通并适应、尊重并维护威信、谦虚低调的原则,采取恰当的策略以赢得领导的信任和赏识;与同事的沟通应遵循互助合作、亲切宽容、外圆内方、正确对待竞争、切忌揽功诿过的原则,采取适当策略在同事中树立好形象、赢得好人缘;与下属的沟通要遵循真诚关怀、平等相待、差别化管理、"疑人不用,用人不疑"原则,在布置任务、倾听下属心声、激励下属、以身垂范、留人辞人方面讲究策略;与客户的沟通要遵循客我双赢、让客户感到被重视、建立稳固的伙伴关系原则,在了解客户需求、建立沟通渠道、提升忠诚度、应对沟通症结、处理投诉方面讲究策略。

第一节　职场人际沟通的基本原则

一、组织利益至上

职业关系中,人们是为了实现组织的目标而走到一起的,建立好人际关系是为了更好地完成工作。因此,在沟通之前,首先要有整体目标意识,衡量一下,这个任务是否符合公司整体目标的达成,是否违反公司的制度,是否有悖于公司利益;最终有利于组织利益就去做,反之则不能做。其次,具体沟通目标要与公司的整体目标保持一致,比如,上司不能为了讨好下属而拿公司财物做人情;员工不能为了讨好客户而透露公司机密。总之,作为组织的一员,要以高度负责的态度忠诚于组织,在组织利益至上的前提下,采用灵活多样的策略和措施,做好沟通工作。

二、维护团队和谐

和谐的团队、健康的工作环境是完成工作任务的保障。职场中,我们每天至少有三分之一的时间是在与上司、同事、下属的沟通中度过的,人际环境是否和谐,同事关系是否融洽,直接影响我们的工作效率和身心健康。同事关系好,则工作氛围好,人的心情就好,工作效率就高;反之,同事关系差，心情烦躁，工作效率就低。所以，沟通中要树立团队和谐意识，以同心同德为目标，处理好上下级之间、同事之间、部门之间的关系，共同致力于打造团结共进的和谐团队。

特别强调的是，要"团结"，而不要"拉帮结派"。办公室里搞"圈地运动"不是明智之举，在获得某个"小集团"鼎力相助的同时，可能会遭到"大集体"或其他"帮派"的疏离、提防甚至打压。所以，我们要站稳立场、明辨是非，要有大局意识和整体观念，既保持自身的独立性，又要维护单位的团结氛围。

三、体现人情味

职场中的人们是因为工作关系而走到一起来的，但这并不意味着职场沟通就仅仅是为了工作。事实上，职场中的很多沟通都是为了融洽彼此感情、建立亲密互信的关系，因为这些是增加团结合作、减少矛盾冲突最好的润滑剂。

很多人不明白这一点，将职场沟通变成了就事论事、仅为了完成工作目标而进行的功利性沟通。例如，有的领导认为，与下属沟通就是发号施令，敦促下属按时保质保量完成任务，而不考虑下属的感受、难处和苦衷；有的下属认为，与领导的沟通就是早请示晚汇报，沟通目的就是为了完成领导交给的任务，而不考虑领导喜不喜欢自己说话做事的方式、领导有哪些暗含的期待和需要等；有的人与客户沟通就是为了要把产品或服务推销出去，而不考虑对方是否真正需要、是否经济上能承受、是否信任自己等。这种不懂换位思考、不尊重他人感受、不体谅他人需要、不注意感情交流、没有人情味的沟通，结果往往是欲速则不达，越想实现功利性目标，越因为难以获得支持帮助而无法实现。

职场中也需要"先处理心情，再处理事情"，需要沟通具有人情味。具体来说，领导在与下属沟通时，应尊重下属的面子，从下属的期望和需要出发，不要只给下属提要求，还要看自己能给下属什么帮助；下属应尊重领导的价值观和奋斗目标，思考能给领导哪些方面的支持，怎样才能让领导更信赖和赞赏；同事之间应相互尊重、嘘寒问暖，尽量给彼此提供方便和帮助；对客户也应将心比心，帮助客户找到并满足其真正的需要，获得客户的充分信任。这些充满人情味的沟通，不谋求一时一事的成败，而是在互尊互信的基础上建立和维护持久深入的、富有建设性的合作关系，最终实现更大更多的互利。

四、适时适度

沟通适时，指时机、场合的把握；沟通适度，指分寸、距离的把握。职场中的人际沟通尤其要注意适时适度，否则，很可能在不经意间已经让对方感到不悦，甚至得罪了对方，严重影响到今后的合作。

（一）时机和场合的把握

1. 选择恰当的沟通时机

人的心境和状态不同，对外界信息的接受程度也不同。以与领导的沟通为例，应尽量选择领导比较闲、心情好的时候，避免领导很忙、很累、心情不好、对下属想谈的问题不感兴趣的时候；如果有较为重要的事情要反映，而目前领导状态不佳，最好设法先让领导心情舒畅、精神饱满起来，如汇报一个好消息、讲一则趣事或笑话、给领导沏一壶好茶等，然后再提出；当然，如果出现了紧急情况，就必须马上汇报，不论领导是什么状况。

2. 注意沟通的场合

场合不同，人的心理和情绪往往不同，什么场合说什么话应该把握好。例如：庄重的场合说话不能太随便，喜庆的场合说话就要欢快一些；与对方的关系不是很近，任何时候说话都不能太随便，很得对方信赖的话，在轻松的场合开开玩笑也无伤大雅；提出不同意见或建议时最好只有对方本人在场，当有其他人尤其是对方特别在意的人在场时，则应尽量避免当众批评，以保全对方的面子。

（二）分寸和距离的把握

1. 说话注意分寸

不论是与领导沟通、与同事沟通、与下属沟通，还是与客户沟通，说话分寸一定把握好。首先不能违反原则和制度；其次，不要把话说得太满或过于尖刻，要给自己留有余地，给对方留有面子；再次，可以直接表达的就直接表达，不宜直接表达的，学会委婉表达。

在与领导和同事沟通时尤其要注意谦虚低调，切忌大包大揽、卖弄才干。在交流时应让对方充分发表意见，确实需要补充时再适当发表一下见解；谈自己的看法时，要用随时准备接受指正的语气提出。

2. 保持适当的人际距离

职场中的人们每天有八个小时在一起工作，彼此之间熟悉之后，就容易不拘礼节，如果不自我约束，很容易"过界"而触怒到对方还不自知。所以，职场中的人际沟通要做到亲密"有间"、热情有度。具体而言：

在对待下属时，可以学习美国通用电气公司总裁斯通的做法：亲者远之，远者亲之。即，与公司的高管或中层工作时间接触多，那在生活中就和他们远些；而对普通员工，工作中接触少，生活中就多关心他们。这样，既不高高在上，也不会和下属混淆身份。

在与领导和同事相处时，即便自己与对方年龄相当，且对方有种种不足，我们仍然应尊重对方，注意保持相当的人际距离，让对方得以维护神秘感、尊严感。这要求做到：工作上不上下相侵、生活上不做酒肉朋友、男女间不可过于亲昵。

五、保守秘密

(一) 保守组织的机密

各个组织都有自己的机密,包括研发部门的技术研发项目,人资部门的干部与薪金调整,销售部门的销售策略,业务部门的招投标方案等等。相关人员在沟通中必须小心谨慎,树立严守机密的意识,不该说的话不说,不该透露的信息绝不透露,包括对朋友、家人及客户。现实中,透露机密甚至出卖本组织机密的人比比皆是,这种违背职业道德的行为我们要坚决摒弃。同时也要避免无意间透露本企业的秘密。总之,在职场中要有高度保密意识,确保秘密信息不外露、不外传。

(二) 保守他人的秘密

人有天生的好奇心,喜欢打探秘密,也喜欢传播秘密。同时每个人都有自己的隐私或秘密,这些隐私仅限于和最亲密的人、自己信任的人分享。在职场中,如果有人向我们透露了自己的秘密,说明其充分信任我们,这份信任绝不可辜负。如果我们将这份秘密传给他人,自己的诚信形象就被摧毁了,以后谁还敢信任你呢?如果我们通过他人之口获知了某个人的秘密,也不应随便乱传,一是出于尊重对方,二是为了避免以讹传讹。总之,对于他人的秘密,不管是否是其亲自告诉我们,都应严加保密,这是对人对己都负责任的表现。

(三) 保守自己的秘密

职场中的人际关系,是既合作又竞争的关系,有着共同的利益,也有着利益上的矛盾和冲突。保守自己的秘密,一是为了避免给他人增加为你保守秘密的负担,二是为了避免出现利益冲突时,自己的秘密成为被利用和攻击的工具,从而使自己饱受感情和利益上的双重伤害。

第二节　与领导的人际沟通

一、与领导沟通的原则

(一) 摆正与领导的关系

很多人觉得在领导面前感到压抑,容易失去自我,不知该如何与领导相处,这是思想上没有摆正与领导关系的表现。只有透彻地理解自己与领导之间的关系,才能清楚在不同场合下自己应扮演的角色,做到既维护自我的独立和尊严,又能积极坦然地与领导共事。

1. 工作上的主从性

工作中,下属和领导是管理与被管理的关系。作为下属,服从领导合理合规的安排和指挥,按照领导的要求完成任务,是最基本的职业道德和工作义务。所以,工作中接受领导分配的任务时,一定注意避免产生心态和行为的犯上、越位。

2. 智能结构上的互补性

一般来说，领导是管理型人才，下属是专业型或操作型人才；领导擅长宏观决策与计划，下属则主要从事微观执行与具体操作。可见，下属在知识结构、专长、能力、体力、思维等方面既与领导有相符之处，又与领导互为补充。正是这种智力和能力结构上的互补，使得上级和下属都是组织结构中不可或缺的组成部分，二者既各司其职，又彼此合作，共同为实现组织目标而奋斗。

3. 人格上的平等性

工作上，下属要服从领导。但就人格而言，双方是平等的。所以，双方要互相尊重，相互宽容，合作融洽，做好工作。

（二）尊重并维护领导的权威

下属在工作场合应充分尊重领导，处处维护领导的尊严，使领导更从容自信；如果能注意帮助领导维护威信、完善形象，让领导具有更大的号召力和向心力，不仅有利于本部门团结，还有利于提高领导的管理效率。

（三）主动沟通并适应领导

领导同时面对数个下属，无暇对每个下属都深入了解。作为下属，应主动与领导沟通。主动沟通包括：主动向领导请教、学习；主动请示、汇报工作；主动提供公司所需的信息；主动提出意见和建议；主动要求加班或承担新任务；主动化解矛盾和误解等。通过主动沟通，让领导更好地了解我们的工作能力和工作业绩，以取得更多发挥才能的机会。

领导的管理模式、行事风格、工作节奏各不相同，采取的沟通方式也各有差异。作为下属，我们要学会在了解领导的基础上，主动适应领导的工作风格和工作节奏，以避免工作中的误解和冲突，达到顺畅关系、提高工作效率的目的。

二、与领导沟通的策略

工作中，下属与领导沟通的常见情况主要有：接受指示和任务；向领导请示和汇报；向领导提出工作意见或建议；接受领导的指导和批评等等。怎样能够很好地完成任务，请示、汇报、提意见或建议的效果如何，接受批评时采取什么样的态度和方法，是有很多策略和技巧的。掌握并灵活运用这些策略、技巧，对顺畅人际关系、提高工作效率、达成工作目标至关重要。

（一）正确领会领导意图

组织的成功靠领导力和执行力的完美结合。领导掌控全局，把握方向，要具备领导力；下属执行决策，完成任务，要具备执行力。下属的执行力如何，对任务的完成情况如何，第一步就要看是否能正确领会领导的意图。这一点主要表现在对于领导所布置任务的接受情况。

首先，要有全局观念和集体意识。每个组织都有自己的整体目标和阶段性目标，领导给下属的指示和任务,一定是围绕公司目标和计划的。作为下属,要全面、深刻地把握上级的指示精神,有必要了解组织目前的中心任务和阶段性计划,从中领会领导所布置任务的根本宗旨和核心内容。

其次,把握领导沟通的风格和习惯。领导的沟通风格不同,下达指令、布置任务的方法也各不相同,有的直接,有的委婉,有的简练,有的详细……

再次,做好对所接受任务的信息确认。如第一、第四章所述,信息的传递过程存在"沟通漏斗"效应,减少甚至避免信息在传递过程的流失和错误,就得借助反馈进行信息确认。在领导传达指示、布置任务时,下属应专注倾听,即便认为自己已经听懂、记全了,为了确保万无一失,也要对所接受任务的内容和领导一一进行确认。只有确认已经全面、正确地领会了领导的意图,执行起来才会有的放矢,不出现与领导意图南辕北辙的窘况。

(二) 请示、汇报懂原则、讲方法

请示、汇报是下属的常规行为。但请示、汇报要注意遵循相应的原则,做到把握关键、适时适度。

1. 请示、汇报的原则

(1) 按职责分工对口请示和汇报。一般的事项只须向主管领导请示汇报,避免多头请示和越级、交叉请示的现象;涉及综合性的重大事项,应向主持全面工作的领导请示汇报,并将有关情况通报给其他相关分管领导。

(2) 请示的是自己难以处理或者无权处理的事情。领导明确授权的工作,应主动独立去完成,不要事事等待指示;领导没有明确授权的工作,应凭经验掌握哪些事情应先请示后执行,哪些事情无须请示即可去做,哪些事情可以先做了再汇报。

(3) 尽可能不把多项事情集中在一次进行请示,尤其是重大事项需书面请示时,更应严格遵循一文一事的规则。

(4) 请示必须在事前进行,待领导指示或批准后方可行动。如果不得已出现"先斩后奏"的情况,事后应主动及时地向领导说明原因并恳请谅解。

(5) 汇报时做到要事详报、急事急报、小事不报或简报。报告内容要客观、真实,尤其是涉及一些重大事项、突发事件的各类数据、现场的具体情况、员工的真实想法等,一定要掌握第一手材料,并进行适度的筛选加工,切忌大话、空话、假话。

(6) 请示、汇报准备要充分。尤其是口头请示和汇报时,一定要理清思路、分清重点,表达精练、用词准确,便于领导很快抓住重点和关键。

(7) 请示、汇报要及时,不能拖延误事。

(8) 请示、汇报要讲场合,负面的或涉密的信息汇报尤其要注意这一点。

2. 请示、汇报的内容和方法

下属在请示和汇报的内容和方法上，必须把握好四个关键：

一是需要请示、汇报的情况。下属需要请示的情况：领导主管领域的事，一定要请示；领导擅长的、能给予较多指导的，要多向领导请示；牵扯其他部门的事情，需要领导决定或出面的，一定要请示。

下属需要汇报的情况：报告当前工作的情况和进程，让领导及时了解进展并作出指导；报告工作中发生的重大问题或存在的困难，让领导及时作出处理决定或给予帮助；就某项工作提出自己的意见和建议，供领导做决策时参考；应领导的要求汇报或反馈某些情况信息。

二是请示和汇报的方式。应根据所请示、汇报事项的重要性、紧迫性以及领导的沟通习惯等，灵活决定采用哪种沟通方式。重大的、涉及方针政策的、需要授权批准的事项，应选择书面请示的沟通方式；对于紧急的事项，不管是否重要都应先用口头请示的方式及时办理，等缓一缓再补写书面请示。无论采取何种方式，都要注意尽可能留下书面记录，以便留档备查。

三是请示和汇报的时机。根据请示、汇报的原则，该及时请示、汇报的时候，绝不能拖延误事。但若时间和场合不宜当面请示、汇报，如领导正忙、领导正在发脾气、需要单独汇报而领导的办公室有其他人，等等，需根据情况的紧急程度，决定是耐心等待适宜的时机，还是设法创造适宜的时机（如领导在发脾气时，先设法让领导平静下来，再请示、汇报），还是采用比较间接、隐蔽的方式，如发短信、留纸条、QQ留言等。

四是请示和汇报时的礼仪和态度。请示、汇报时要表情郑重、态度谦恭、语气委婉、真诚；不可显得急躁慌张，用急迫的口气逼领导表态，更不可固执己见、强词夺理。

总之，作为下属，在职场一定要避免多头请示、先斩后奏等错误，要在适当的时机、适当的场合，用适当的语言及表达方式向领导请示和汇报，以保证信息沟通顺畅，保障工作质量和效率。

（三）巧妙合理地提出建议

不论是机关，还是企事业单位，领导掌握决策权，但管理要靠集体的智慧。作为下属，为了整个组织的利益，向领导提出合理化建议是自己的职责。在提意见或建议时，要特别注意以下几点：

1. 明确沟通目标，做好沟通准备

提意见或建议，目的是让领导能欣然接受。所以，事前一定要想清楚：我为什么提出此建议，此建议对解决问题有什么益处；采取什么方式提出建议领导容易接受；什么时候提出合适；对于自己的建议，领导可能会提出哪些问题，自己该如何回答等等，这些问题都要事先有所准备。只有准备充分，自己的建议才会更缜密科学，才有可能被很快采纳。

2. 选择恰当的时机和场合

给领导提意见或建议，时机和场合很重要。如果时机不正确，如领导对某些情况完全不了解也不感兴趣，或领导太忙、心情不好等等，即使下属的意见是正确的，领导也不一定理解，或不一定能听进去。

3. 从容建议，讲究策略

要想使建议被采纳，提出建议时要讲究策略：

（1）营造平和的气氛，采取委婉的表达。在正式提出建议前先做些铺垫，比如，先试探着说："经理，有件事想和您沟通一下，您看方便不？"之后再进入正题。在建议之后，一般要加上一句："关于某某问题，这只是我的个人之见，不知您觉得对不对……"以充分显示对领导权威的尊重。由于采用了委婉的询问方式，即便上司不接受建议，也不会当场拒绝而令自己难堪。

（2）表述时简明扼要、抓住中心。向领导提出建议时，既要委婉、巧妙，又要言简意赅、中心明确，关注领导最关心的关键问题。表达时，应表情自然，并显示出对自己的建议充满信心。这要求下属有较宽的知识面、敏锐的观察力和综合判断力。

（3）准确、迅速地回答领导的询问。如果领导询问你提出建议的细节，比如会议在哪里开好、需要多少费用、是否有应急预案等等，你一定要明确、清晰、准确、快速地回答，以显示你思考成熟、胸有成竹。如果对领导提出的问题拿不准，既不要闭口不言，也不能直接回答"我不知道"或者"我不清楚"，可以这样说："您问的这个问题我得再好好思考一下，过两个小时再回答您，好吗？"在接下来的两个小时里，抓紧时间查询相关资料，以给领导一个满意的答复。

（4）综合采用多种建议方式。内容较为复杂的建议，仅用口头建议显得不够郑重和正式，最好采用书面与口头相结合的方式，既可以充分表达自己的观点，也方便领导反复阅读、斟酌或找人分析、讨论。

（四）适时补台和圆场

1. 为领导"补台"

第一种需要补台的情况是领导遇到难处，比如艰巨的项目无人肯承担，棘手的事情没人愿处理等等。此时，你若能急领导之所急，愿意承担困难任务，领导会非常高兴甚至心存感激。在接受任务的过程中，发现问题、需要资源应及时和领导沟通，并争取同事的支持和帮助，尽全力设法圆满完成。如果困难任务完成得成功，你会受到领导器重，在组织中的形象和地位也会得到很大提升。

第二种需要补台的情况是由于领导经验不足，或考虑不周，或缺乏准备，或意气用事等，造成了工作的缺位、疏漏、失误乃至明显的错误。比如：只重利润不重安全，只布置工作而不进行检查，只开会而不做决定或决而不行等，属于疏漏、缺位现象；将不合适的人安排在关键岗位，把目标定位为战胜对手而不是解决问题，因为被触怒而作出有损他人也有损于公司利益的决定等，就属于决策失误乃至错误。作为下属，当发现领导存在以上问题时，不能坐视不管，更不能幸灾乐祸或"拆台",而是要及时想办法采取补救措施,也就是为领导"补台"。同时还要创造时机,帮助领导认识到其工作缺位或决策失误的问题以及可能产生的不良后果,这样领导就会和你一起弥补,化危机为转机。

2. 为领导"圆场"

领导的交际机会多,遇到的尴尬局面也就比常人多,或是领导自己失言失态,或是交往的对方有意无意地触犯,或是周围环境出现了领导意想不到的因素等等。这些猝不及防的情境,可能令领导很狼狈,如果不及时化解,就会颜面扫地。如果在场的下属能为领导解围,从而化解尴尬,那领导一定会心存感激。

那么,下属应如何为领导化解尴尬局面呢?

(1) 幽默法。幽默不仅显示人的智慧和修养,还是化解尴尬的万能术。领导遇到紧张或尴尬局面时,如果自己无法化解,下属就想法用一两句幽默的语言为其解围。

(2) 转移话题法。当领导们之间就严肃、敏感的话题进行交谈而出现对立时,下属可以用转移话题法,制造轻松气氛,转移双方的注意力,使僵持的局面重新活跃起来,从而缓和尴尬局面。

(3) 找个借口让领导下台阶。当领导在公众场合有了小的失误,比如走路不小心被绊倒,或读了错别字、记错了对方的姓名、礼节上稍有失当等等,下属可以找个借口让他下台阶。例如:

有一次,经理招待上级领导吃饭,上级领导点了一道"蚂蚁上树",可端来的菜盘里只有粉丝不见肉末。经理很上火,就质问服务员:"怪了,你们这'蚂蚁上树',怎么只见树,不见蚂蚁?"问得服务员很窘迫。

此时,一个下属赶紧接过来说:"大概蚂蚁太累了,还没爬上来。服务员,麻烦你给我们换一盘爬得快的蚂蚁,要知道时间就是生命啊。"

这句话,让经理和服务员都找到了下台阶的机会。

(4) 善意曲解,化解僵局。在社交场合,如果某话题对领导不利,下属可以用曲解的方法,避开对手的锋芒,从一个意想不到的角度进行回答,以摆脱尴尬局面。比如:

张经理经常和刘秘书打球,刘秘书总是让着张经理。张经理就以为他的球艺比刘秘书高。

有一次,经理们在一起闲聊起球艺的事情时,有人说张经理球艺不如刘秘书。张经理不服,就问刘秘书:"小刘,你自己说,咱俩的球艺谁的高?"

刘秘书回答:"在你们这个年龄段,您是最好的;在我们'80后'的几个人里,我也不错。"

(五) 正确对待领导批评

下属做事难免出错或不符合领导的要求,所以,被领导批评在所难免。面对批评,下属应采取以下措施:

1. 保持冷静,避免产生对抗情绪。受到领导的批评指责时,任何人心里都会不痛快。但若把领导的批评视为否定和敌意而心生抗拒,并意气用事地加以回应,则是大忌。下属应学会换位思考,以平静甚至感恩的心态去对待领导的批评。

2. 不申辩,不顶撞。当领导的批评有失客观公正时,我们惯常的反应就是申辩,寻找各种理由为自己开脱。事实上,领导会把我们的申辩视为顶撞,视为不服调教。我们如果辩胜了,领导脸上过不去;而如果输了,最终会落个"鸭子死了嘴角还硬"的话柄。

3. 根据不同情况,采取不同的应对措旋

对待不点名的笼统式批评——有则改之,无则加勉。

对待直接点名的批评——思想上高度重视,认真对待;向领导表示诚挚的歉意和感谢;主动请求惩戒或处罚;全面深刻地检讨自己的错误,分析犯错的原因;保证坚决改正,以后不犯类似的错误;迅速采取措施,弥补过错造成的不良后果。

对待领导批评中的某些过火、不真实、错批现象——体谅领导的压力,顾全大局,事后私下找领导沟通,冷静、客观、真实地反映情况,使领导了解事情真相,重新评估问题,修正原有结论。

三、与领导沟通应注意的问题···

(一) 避免对领导的主观假设

对应聘者的调研发现,下属普遍对领导的"个人素质"期望值较高。多数下属认为:领导者应该"用人不疑,疑人不用";领导者做事应该"对事不对人";领导者应该懂管理,有很强的团队领导能力,善于沟通协调;不合程序的事,领导应该干预;领导应该多听来自员工的意见,能接纳不同意见甚至批评;领导应该关心员工的发展前途;等等。而如果领导的做法达不到这些期望,下属就会抱怨,认为领导不合格,某些下属还因此情绪消沉,工作慵懒。长此以往,不仅影响上下级关系,还会影响组织的工作效率。

作为下属,一定要有一颗平常心,明白领导其实是和我们一样的普通人,他们的性格也有不完美的方面,他们在知识技能方面也有某些不足,他们在观念态度方面也会存在某些偏颇。他们能有今天的地位,也是不断努力的结果。所以,我们在看待领导的问题上要摆正心态,降低对领导的期望值,不要希冀领导是完美的人,想当然认为他"应该"这样或那样,更不要妄想改变领导,遇到问题主动沟通并加以解决,而不是抱怨或闹情绪。

(二) 避免和领导称兄道弟

一般而言,领导为了保持自己的权威,在工作场合都要和员工保持一定距离。但有些下属为了和领导拉近关系,或在其他同事面前显示和领导的亲近关系,就和领导称兄道弟。究其原因,主要是下属忽略了领导的心理感受而过于自信,自认为这样领导会高兴,领导会把自己也看成兄弟,看成自己人。殊不知,这种做法冲撞了领导的威严和权威,容易造成领导的反感。

第三节　与同事的人际沟通

广义的同事指所有和自己在同一个组织里面工作的人,狭义的同事指和自己平级的本组织员工。本书使用的是狭义的同事概念。同事之间的沟通是一种平行沟通或者说横向沟通,沟通的最终目的是进行分工协作以实现组织目标。与同事的人际沟通是为了建立友好的同事关系、营造良好的合作氛围,它是实现高效率分工协作的重要前提。

一、与同事沟通的原则··

同事之间的人际沟通除了遵循职场沟通的基本原则,还要遵循以下原则:

（一）互助合作

每个组织都是一个不可分割的整体,组织各部门之间、部门内各成员之间只有相互团结、互相配合才能完成组织的整体目标。所以,无论从事的是生产、市场、财务,还是销售、人事、研究开发,都要树立相互配合、彼此协作的意识。善于同他人协作互助、懂得增长群体情感与合作精神的人才能走得更远。

（二）亲切宽容

同事之间不仅人格是平等的,身份也是平等的。与同事相处时,态度应该谦和、亲切,切忌趾高气扬、自以为是。亲切和气地对待同事,要求在讨论时尽量以协商的口气,不强迫、指使;工作上多体谅同事的难处,力所能及地帮助同事;生活上多关心同事的情绪,了解其具体处境;帮助化解同事之间的矛盾、平息同事之间的纷争,以营造一个友好和谐的气氛。

在日常工作中,同事之间难免磕磕碰碰。遇到误会和分歧时,我们应有宽阔的胸襟,学会以大局为重,主动迈出第一步来化解矛盾;并做到就事论事,换位思考,宽容待人,避免误解加深、矛盾激化。如果已经形成矛盾,自己又确实有做得不对的地方,就应放下面子,诚恳道歉,以诚感人。正所谓"退一步海阔天空",在一些非原则性问题上斤斤计较、互不相让,只会使大家都得不偿失。

（三）外圆内方

外圆,指待人接物的灵活性;内方,则指待人接物的原则性。

在与同事相处时,应具体问题具体分析,不必生搬硬套僵化的教条或过时的规则,只要不涉及原则问题,可在不伤及彼此感情和合作关系的前提下,寻求双方都接受的解决方式。

与同事相处,还要有底线和骨气,不能将没有原则的忍让与包容大度混为一谈。如果面对同事欺上瞒下、假公济私等违背职业道德甚至是违法乱纪的行为、面对同事对自己的人格侮辱行为等依然选择忍让的话,只会助长对方的气焰。因此,与同事相处时要站稳立场,坚持原则,学会合理拒绝与辩护,既顾及对方面子,又维护组织利益和自身权益,不要为了不伤感情而成为"滥好人"。

(四) 正确对待竞争

竞聘上岗、竞聘升职是现代企业的常态,每个人对此都要保持一颗平常心,正确看待和参与竞争。我们要通过正当合理的竞争,达到实现职业理想的目的,而不要以不良手段整倒别人而升职、加薪。

竞争本身是智慧、才能的比赛,同时也是品德、人格的比赛。竞争中,我们一方面不怕强者,不怕嫉妒,敢于争强,力求争先;另一方面,在组织利益需要时又能合作、能分享,那种不管组织利益、妨害群体合作的竞争及竞争者都是不受欢迎的。

(五) 切忌揽功诿过

在一个合作团队中,有了功劳就往自己身上揽,出了纰漏就往别人身上推的人,是典型的职场"小人",这些人是每个职场中人都避之不及,甚至恨不得除之而后快的对象。"己所不欲,勿施于人",不论是部门之间的竞争,还是与同事的相处,都切忌揽功诿过,否则就会造成部门之间的矛盾或者成为人人喊打的"小人"。

二、与同事沟通的策略 ....

(一) 赢得好人缘,从尊"老"爱"幼"做起

1. 尊"老"敬"老",虚心请教

新入职的人员或刚到新工作岗位的人员,对工作环境、工作流程及人际关系等均不熟悉,所以,对资深同事一定要像对待上司一样尊重。因为他们身经百战,在工作实践和人际关系处理方面有很多学校学不到的经验。虚心向他们学习请教,研究他们处理问题的方式,观察他们的言行举止,是职场新人迅速适应新环境、提高沟通能力的一条捷径。

对于资深同事的善意提醒乃至严厉批评,要虚心接受并仔细研究揣摩。这样做,既有利于自己能力的提高,更会让老同事感到你对他们的尊重:那些资历深但能力比你弱的同事会因此而感动,对你的好感锐增;那些能力强的同事,则会因你的虚怀若谷、积极进取而乐于提携。你的好人缘便因此而建立起来。

2. 扶"幼"爱"幼",培养新人

新来的同事对手头的工作及组织的行事风格不熟悉,很想得到老同事的指点,但有时因存有这样那样的顾虑而不好意思请教。这时,老同事最好主动沟通,在他们需要帮助时伸出援手。这样,新职员会因得到你的帮助而衷心地感激你并对你的关爱铭记终生,在以后的工作中也会更主

动地配合和帮助你。年轻人是公司的希望，他们一旦熟悉了工作环境，适应了工作岗位，创造力和活力就会一发而不可收。所以，老同志要善于引导、鼓励、培养年轻人，而不是居高临下，甚至吹毛求疵、横加指责。

（二）低调做人，高调做事

1. 低调做人

在职场，得意失意在所难免，胜不骄败不馁才是正确态度。有些人则恰恰相反，有了成绩高高在上、自吹自擂，处处显示其优越感；失意之时则破罐破摔，或埋怨领导，或推责于同事。这种情绪化的做法，本来是想得到尊重、赞美和认可，结果却是遭到反感或排斥。所以在工作中，不吹嘘、不抱怨，越是作出成绩越要谨言慎行，方能赢得广泛的人缘和他人的尊重。

2. 高调做事

首先，思想上要高调。要信心满满、积极向上、开拓创新、兢兢业业地做好本职工作；不论遇到多大挫折，都应当以坚持不懈的信心和毅力，克服困难，实现目标。

其次，在细节上要高调。注重细节，从小事做起。看不到细节，或不把细节当回事的人，对工作缺乏认真的态度，对事情只能是敷衍了事。而注重细节的人，不仅认真地对待工作，将小事做细，而且能在做细的过程中找到机会。细节上高调应做到：目标要具体可行，而不是好高骛远；抱着工作中无小事的态度，认真做好每件事；悄悄为同事做好事而不求回报；把工作当事业，而不是为薪水而工作等等。

（三）乐于赞美，成人之美

1. 乐于赞美

要想在团队中获得好人缘儿，必须懂得尊重同事，不炫耀自己。但仅仅做到这些还远远不够，还要善于发现同事的优点，并及时到位地赞美对方。

2. 成人之美

成人之美，一是指成全他人的好事，二是指帮助他人实现愿望。表现在工作关系中，一是看到同事的优点、成就，真心为之欢喜、乐于称道；二是看到年少、后进者，乐于提携和帮助举荐。

从小事做起、适时助人是每个人都能做到的成人之美之事。比如，同事加班时，替他带回一份午餐；接到找同事的电话代为转达；单位发福利通知大家一声；同事的朋友来找时，给予热情接待等等。事情虽小，但点点闪光，从小事积累善行，也就是在积累人脉。

除了平日的小事，助危救困更是成人之美。同事在困难和危机之时，你挺身而出，伸出援助之手，一是安慰和鼓励，二是帮其出谋划策，这种雪中送炭的行为会让同事终生铭记。同事之间要做到扶危济困，首先，必须做到在日常工作和生活中关注同事，才能及时发现同事遇到困境；其次，必须真正做到关心同事，才能够不计个人得失，在同事需要时，肯牺牲自己的时间和精力帮助其解决问题。

（四）利用性别优势，关心异性同事

两性之间各有所长，形成互补，如男性富有体力和主意，女性富有耐心和条理；女性长于感性和想象，男性善于理性和分析等。两性的同事之间在工作中，能产生"男女搭配，干活不累"的异性效应。

在工作中，男性可以多为女同事分担一些她们在体力上觉得吃力的差事，在事务处理需要拿主意时替她们出出点子；女性多做些诸如美化办公环境、制作各种表格等耐心细致的工作。如此相互配合，就会创造一个和谐的办公软环境，使沟通顺畅，心情舒畅，工作高效。

（五）对同事的兴趣加以关注

俗话说，物以类聚，人以群分。工作之余的共同兴趣和爱好也可以拉近人的关系。比如，男同事下班后可以一起踢球、打球，女同事一起逛街购物等。

在一些男性较多的单位，女士们经常苦于没有共同的话题，这时就要培养自己和男性一样的兴趣，关注政治、经济、体育等新闻，以找到和男同事共同的话题。共同话题多，交流的机会就多，在闲聊过程中，每个人都会将自己在工作中的感受谈一谈，也就很自然地获得对方的指导和帮助，这样，友谊会增加，工作氛围会更融洽。

三、与同事沟通应注意的问题……………………………………………………………

（一）克服本位主义倾向

本位主义就是为自己所在的小集体或自我打算而不顾整体利益的思想或行为。本位主义者缺乏大局观和全局意识，考虑问题时往往以小团体为中心，无论利弊得失都站在局部的立场上，为了维护少数人的利益而忽视整体利益，严重的甚至不惜损害集体利益而换取部分人的私利。

本位主义产生的原因，一是缺乏大局意识，忘记了"大河有水小河满，大河无水小河干"的道理；二是缺乏忧患意识，有了一点成绩就沾沾自喜、故步自封。在追求个人利益极大化的前提下，本位主义的负面循环将不断被强化，终将把组织陷入被动和困难的境地。可见，本位主义倾向必须克服。

（二）避免传播负面消息

同事之间的人际沟通，很容易成为彼此发牢骚、说闲话、传播小道消息的途径，可能造成涣散团体士气的消极影响。所以，在与同事沟通时，也要管住自己的嘴，不该说的不说，即便该说的也要讲究方法和分寸。

一般来说，影响组织和个人形象、利益的话，影响团队士气的话，都不能在同事之间传播。例如：公司秘密不能说；领导的隐私、同事的隐私、自己的隐私不能说；不传播小道消息、散布流言；

不背后议论同事、说长道短；不搬弄是非、挑拨离间；不要有太多的牢骚和抱怨等等。

（三）谨慎处理办公室友谊

1. 工作场合中和同事保持同等距离，对所有同事一视同仁；

2. 不要拉帮结派，搞"小集团"；

3. 不要插手同事家里的感情问题；

4. 不大包大揽，当同事向你求助时，再去替他排忧解难；

5. 保持好和异性同事的距离，特别是与异性上司的距离。

第四节　与下属的人际沟通

一、与下属沟通的原则··

（一）真诚关怀

现代管理倡导"以人为本"。在一个组织中，"以人为本"就是以员工为本。作为领导，要以下属为本。落实到具体工作中，领导者要遵循真诚关怀原则，重视下属的利益，关心下属的身心健康，关注下属的职业发展。当下属在工作中遇到困难时，应真诚地给予方法的指导；当下属生活遇到困难时，热心帮助解决困难；当下属思想出现困惑时，耐心帮他们指明方向。这样的人文关怀，定能创造一个和谐的工作环境。

（二）平等相待

这里所说的"平等相待"包含三层意思：

1. 领导要尊重每一个下属

在实际的工作关系中，有些领导高高在上，对下属颐指气使，或挑剔或指责，这些态度和行为是不尊重下属的表现，会伤害下属的自尊心。要知道，下属是你的工作伙伴，你和下属只是由于分工不同而有职位上的差别，在人格上、法律地位上是完全平等的，没有权利粗暴无礼地对待下属。

2. 领导要勇于放下架子，和下属平等沟通

领导要以人格魅力和专业能力，而不是以板着的面孔赢得下属的尊重。常言说得好："你敬我一尺，我敬你一丈。"越是对下属平等相待，他越会对你尊重有加。

3. 领导对下属要一视同仁

对下属一视同仁，意味着给予每个下属同样的工作权利、同样的竞争平台、同样的制度规范、同样的奖惩标准等。领导和下属之间的私人感情有远近之分，但这种私人感情不能带到工作中来。当下属有成绩时，同等鼓励和表彰；当下属有失误或错误时，同样批评或惩罚；干部提拔和任

用时,要以能力和职业道德为标准,而不以感情远近为标准。总之,对待下属要以公平、公正、公开为准则,用制度法规而不是人情进行管理,对下属一视同仁,让下属心服口服。

(三)差别化管理

这里所说的差别化管理,指对努力程度、贡献程度不同的员工,给予不同的待遇和发展机会,从而激励员工克服问题和惰性,创造更多更好的工作业绩。借助这种差别化管理,让人人都有"争先恐后"的上进意识,从而有效地提高组织效率。

(四)疑人不用,用人不疑

干部选拔、项目授权是领导工作中的两项重要任务。任用干部或授权某项任务时,首先要任用和授权自己信任的人,那些没把握、信不过的人要有待观察后才能任用。一旦提拔某人或授权某人,就放心放手让他去做,只要掌控全局和关键环节就可以了。

二、与下属沟通的策略……………………………………………………………………………

(一)有效布置任务

1. 准确下达指示

很多领导者经常有疑问:我给下属布置了任务,他的执行结果为什么经常与我的初衷大相径庭? 分析其原因,多数情况下是因为领导者没有把任务布置清楚,或者说下达指示时沟通不到位。那么,领导者如何才能让下属正确全面地领会自己的指示呢?

(1)让下属听懂要求

首先,上司在布置任务之前要理清思绪,开口前应考虑清楚这样的问题:我怎么开始我的任务布置? 我想达到怎样的效果? 下属会提出怎样的问题和要求? 我可以在哪些方面给他们指导和帮助? 等等。

其次,准确、清晰地把任务传达给下属。一是言简意赅,多用短句表达,便于下属理解和领会。二是条理清晰,采取先总后分或先分后总的形式,安排多项任务时应分条列项。

(2)耐心解答下属的疑问和困惑

布置完任务后,下属可能有疑问,这些疑问或困惑有些用语言直接提出,有些则通过非语言信息传达出来,比如疑惑或不情愿的表情等。上司要善于倾听问题,注意观察非语言信息,弄清楚下属的疑惑在哪里,下属有什么异议等,然后通过耐心的解答,让下属真正理解你的理念、领会你的意图。

(3)确认下属领会了任务精髓

如何判断下属是否真正领会了你的真实意图? 可通过让下属复述任务或向下属提问的方法来检验。最好不要直接说:"请你复述一遍任务内容",这样会伤害下属的自尊心,而要用委婉的方式,比如"第三个任务完成起来有难度,能说说你的理解吗"、"简单说说你对完成任务的想法"、"我刚才说了几项? 说说,看看我是否遗漏了什么"等等。

(4) 避免用命令式口吻下达指示

某些领导者在下属面前有一种强烈的优越感,说话做事都是一副高高在上的样子,时间一长,下属可能产生强烈的抵触心理。所以,领导者在与下属沟通时,应尽量避免命令式口吻,传递信息时要考虑不伤及下属的自尊。可以采用以下三种表达口吻:

① 建议式口吻。比如:"我有个建议,你可以考虑一下,这样……"

② 商量式口吻。比如:"我打算这样实施我们的计划,不知你还有没有更好的想法。"

③ 询问式口吻。比如:"对于这个计划,我们采用 A 方案还是 B 方案?"

2. 充分授予下属自主权

领导的精力是有限的,其精力主要放在组织全局或重要的工作上,局部的或单项的工作则分配给下属去做,所以授权是必然的。如果一个组织的领导不论大事小事都事必躬亲,这个组织的运转一定会出现问题。那么,如何授权才有效?

(1) 找准可授权的对象

领导者只有给予被授权者充分的信任,才能使其有足够的自主空间,才能发挥授权的最大效应,但前提是被授权者是值得信任的。所以,领导者首先要找到可以信任的对象,这是"疑人不用"原则的必然要求。被授权者必须是自己了解的、在能力和人品方面没有问题的人。

(2) 表现对被授权者的充分信任

上司授权下属后,就应该坚定地传递给下属"你办事,我放心"的信任感,并且说到做到。授权完成后,就不再干预下属(特别是中级领导层的下属)职责范围内独立处理问题的自主权,更不能在下属完全不知情的情况下,随意另行决定或向其他人下达指令。

(3) 选择恰当的授权时机

好的领导在授权时,应该懂得选择最有利的时机。那么,哪些时机是授权的恰当时机呢? 一是领导太忙,分身乏术时;二是下属的自主权太小,以至于限制其工作开展时;三是组织的机制发生重大改变时,如成立了新的部门或分公司,需要年轻有活力的领导者主持部分工作,需要启用勇于创新的人推动组织走出困境;四是发现下属的能力已成长到足以独当一面时。

(4) 授权不要太在意细节

授权给下属表示对下属的信任。但授权时过于注重细节,就失去了授权的意义,也使得下属感觉不到被信任,以致失去工作的积极性。一般来说,领导者在授权时只需交代目标和任务,给下属创造一个独立工作的环境,进行战略上的指导,具体方案和细节下属自己去做就可以了。

(二）倾听下属的心声

1. 打造畅通的沟通渠道

组织中的很多管理问题都是由于沟通障碍引起的,工作效率低、执行力差、矛盾冲突不断,归根结底都与沟通有关。领导者要实现和下属的有效沟通,保持顺畅的沟通渠道显得特别重要。

（1）营造畅所欲言的内部气氛

受"言多必失"、"祸从口出"、"枪打出头鸟"等观念的影响,很多员工不敢提出自己的想法。为了听取下属的意见、建议,领导者要有意识地矫正下属的思维,营造宽松的"话语环境",让下属敢说话。具体应做到以下几个方面:批评说假话或溜须拍马的话以取悦领导的行为;采用多种方式听取下属意见;绝不当众批评下属的观点;非正式沟通时不圈定谈话的内容和界限;鼓励下属主动找领导沟通的行为。

（2）建立顺畅的上下沟通渠道

一是建立良好的沟通机制可以保证沟通的顺利实现。将沟通制度化、规范化,下属就会清楚沟通的时机、沟通对象以及沟通方式;设置有奖有罚、有考核有激励的沟通制度,使之成为下属与上级沟通的有效依据。

二是设法给员工提供各种可选的沟通渠道。比如,定期的下属接待日座谈;中高级领导在固定地点设置邮箱,或公布自己的电子邮箱地址;举行优秀人才座谈会;搭建网络交流平台,利用QQ群、微信、微博等让发表言论更加自由等等。

（3）及时向下属反馈结果

下属的基层经验是管理者创新管理的丰富源泉。要保持下属提出意见、建议的积极性,就要及时听取他们的工作反馈,充分吸纳正确、有价值的意见,将其用来改进工作。同时,对于反馈和建议者应给予表扬和鼓励,可以这样说:"多亏了你的提议,我们才拿下这个大订单"、"你的建议帮了公司大忙"、"你的提案非常好,正在实施中"等等。对于错误或者不可取的意见,领导者也不能置之不理,更不能简单地加以否定,可以这样说:"尽管你的提议没被采纳,但却给我带来了灵感"、"感谢你的意见,希望以后继续坦诚地说出自己的想法"、"我们需要像你这样关心公司的员工"等。

及时向下属反馈结果,不让他们的努力徒劳无果。长此以往,下属会保持一种兴奋度,倾其智慧乐此不疲地为组织的发展献计献策。

2. 注意倾听下属的心声

作为领导者应充分掌握倾听的原则和技巧,将其运用到与下属的沟通之中。在倾听下属的过程中,要特别注意正确对待"流言蜚语"的价值。

这里所说的"流言蜚语"指的是,在一个组织信息沟通不通畅的情况下,员工在背后对组织的管理、领导的工作作风及为人、组织内发生的某些事件等的议论。这些流言蜚语反映了下属的真实想法或者是心理倾向，很多是下属想说但无法向上级当面表达的心声。领导者对这些流言蜚语熟视无睹或明令禁止都是错误的，正确的做法是从中提取有用的信息，为自己的决策和行为服务。

当然，对流言蜚语要选择性地接纳，对于那些空穴来风式的虚假言论，则要及时用事实将其攻破，防止因它的传播而产生负面影响。

3. 妥善处理抱怨和误解

（1）深入了解抱怨的原因，消除下属的不满

领导者经常会听到员工抱怨领导处理问题不公正、不关心员工、领导工资制度不合理等等。下属的抱怨说明有些因素在一定程度上已影响了他们的工作、挫伤了他们的积极性，领导者要体察到这些言论的实质并迅速作出反应，以防止抱怨情绪的蔓延，恶化组织的工作氛围。

消除下属的抱怨，先要找到抱怨的原因。对此，领导者应该首先根据抱怨的内容反思自身：工作是否尽职尽责、用权是否恰当公道、品行态度是否端正、亲和力是否不够、表达是否不够清晰准确等等。

找到原因的方法之二是直接向抱怨者提问。有些抱怨者由于担心和疑虑，不愿意当面向领导者陈述，这时领导者应特别注意观察下属的非语言信息，判断其真实想法以及抱怨的原因，并设法消除下属的不满。

（2）消除下属的误解

领导者说话做事都要十分谨慎，如果考虑不周或下属理解不当，都可能产生误解。如果误解已经产生了，领导者不应首先对下属横加猜测甚至指责，而是应该查找自己的原因。之后应检查是否源于信息渠道的不畅，缺乏有效沟通，导致下属对决策内容和目的不甚了解。最后再看是否是因为下属的理解问题，毕竟不同下属的理解力也不同，可能对领导意图的理解不到位而产生误解。

对误解的处理有两种情况：如果误解给公司和下属带来不利影响，那就找个合适的时间、地点和方式和下属谈谈心，把误解解开；如果误解对公司和下属影响不大，领导者一时又无法澄清，就可以采取"冷处理"的方式，等下属冷静下来，或随着时间的推移，误解自然会消除的。

（3）乐于接受下属的批评

下属提出批评性意见，是他们关心组织、有责任心的表现；而且，基层员工最了解下情，其批评性意见往往指出了问题的实质，能帮助领导者发现问题、及时纠正。所以，领导者一定要掌握接受批评的原则和技巧，虚心接受来自下属的批评性意见，即使他的批评与你的想法截然相反，或他的批评没有太多依据、不过是意气用事，也不要急于反驳或辩解，而是首先感谢下属负责任的精神，承认下属所说有其自身的道理。等下属平静下来，再从下属那里了解更全面的信息，然

后和下属探讨问题的详细情况。如果下属的批评有不符合实际或误会的地方，在这个过程中领导者可以自然地予以说明或解释。

（三）有效地激励下属

激励是领导者为了特定目的而去影响下属的内在需求，是激发下属的动机，从而引导和强化其行为的过程。激励能力是领导者的核心能力之一，激励的目的是调动下属的积极性。激励的方法有：

1. 目标激励

目标具有引发、向导和激励的作用。目标激励就是领导者确定适当的目标，并将目标分解到个人，借以诱发下属的动机和行为，调动他们的积极性和创造性，使其为了具有明确标准的业绩目标而奋斗。

2. 竞争激励

为了使组织充满活力，领导者应当在组织中引入竞争机制，并将竞争意识传输到每一个下属的思想当中，激发他们的工作动力，提升团队士气。

同事之间最容易产生的竞争是有关名誉、金钱、职称和职位的竞争。引入竞争机制的关键是保证内部拥有公平的竞争环境，包括组织文化、规章制度和员工素质等各个方面。如果竞争机制有漏洞，就难以避免某些员工为了竞争不择手段而损害他人和组织的利益。

3. 认可和荣誉激励

认可是组织或上司对下属员工业绩、能力和价值等的承认、肯定。研究发现，在所有的激励措施中，最受欢迎的是对下属良好的工作表现给予认可。领导者表示对下属的认可有很多技巧：

（1）以名相称。越是上层的领导，能直接叫出一般员工的名字，产生的激励效果越好。作为基层领导，对下属不仅应能直呼其名，还应能较为充分地了解下属的工作表现、潜在能力、家庭背景、经济状况、兴趣特长等，让下属充分感受到领导的关心和理解。

（2）改"你们"的称谓为"我们"或"咱们"。

（3）用口头、微信、邮件等形式，感谢下属为完成任务而付出的辛苦。

（4）颁发奖状、证书，设立"光荣榜"。

（5）用有贡献员工的名字命名奖项、地方或者道路等。

（6）给予下属一些头衔，如"客户经理"、"营销代表"等，使下属更有身份。

（7）给予休假、旅游或进修机会。这是一种越来越流行的认可下属的做法，说明下属被视为组织的核心员工。

4. 赞美激励

好员工是夸出来的。对于下属受欢迎的行为，及时充分的赞美能让其再接再厉；当众赞美某个下属,对在场的其他下属也能起到引导和启发作用。

5. 情感激励

情感激励是通过真诚地关心员工,增进双方的情感交流,在员工真正需要时伸出援助之手,以情感的力量来进行激励的方式。情感激励能使整个团队日益和睦、彼此关心,形成良好的工作氛围。具体可采取以下方式:为下属提供良好的工作环境、营造融洽的工作氛围;特殊时期对下属进行慰问,如当下属结婚、生小孩等要送上贺礼,当下属的家人罹患疾病或遇到特殊困难时进行慰问,外地员工的家属来公司时前去探望等;利用娱乐活动和员工增进感情,如取得成绩时请下属唱歌、吃饭;节假日和下属一起组织活动等等。

6. 批评激励

批评激励是一种负激励。负激励指当组织成员的行为不符合组织目标或社会需要时,组织将给予惩罚或批评,使之减弱和消退,从而抑制或敦促改变这种行为。领导者对下属的批评应站在全局立场,对下属工作中出现的错误作出公正、客观的评价和善意、诚恳的批评,并及时提出正确的建议和补救措施。

当下属出现以下问题时必须进行批评:安全问题,员工违反操作规程或进行了不安全操作;生产效率问题,在规定的时间内没有做好该做的工作;质量问题,工作出现瑕疵或漏洞;纪律问题,员工违反组织规章制度。

（四）做下属的好榜样

1. 自律律人,树立榜样形象

孔子说:"其身正,不令而行;其身不正,虽令不从。"领导者的一举一动都可能是下属效仿和比较的对象,与其靠对下属强制性地发号施令来推动下属,不如做个"行动的巨人",以身作则,借助榜样垂范的力量来引导下属。

树立榜样关键在自律,作为领导者应当做到:勤勤恳恳,尽职尽责,树立敬业的榜样;克制自己的情绪化表现,树立亲和得体的榜样;做事情要摒弃个人因素,树立公正的榜样。

2. 以业绩和专业水平树立权威

一位优秀的领导者不一定是"业务精英",但"业务精英"则更容易成为一名成功的领导者。微软公司的一位员工曾经这样评价比尔·盖茨:"他不但是个工作狂,而且要求严格。如果员工认为办不到的事,他会拿回去自己做,并且能迅速且准确地做到几乎完美的地步,让所有人佩服得无话可说。在他手下做事,如果没点本事还真难。"正所谓强将手下无弱兵,如果领导者知识广博、业务技能精湛,会让下属意识到与这样的领导共事必能学有所长、前途光明。

3. 言而有信

领导者的"言而有信"主要包括两方面:一是既然承诺,就一定要做到。领导者守信,才能换来下属的信任。二是不要轻易承诺。如果轻易许下诺言，但却没有兑现，甚至没有能力兑现时，这种"空头支票"会挫伤员工的积极性，领导也会在员工心目中留下"不守信"的坏印象。

（五）留人、辞人讲策略

1. 挽留核心员工的沟通

优秀员工的流失，会给组织造成巨大损失，作为领导者必须设法挽留，多数情况下这种挽留是会起到作用的。据统计，在自愿离职的员工中，去意已决的约占 40％；辞职目标不明确的约占 20％；介于两者之间的约占 40％。只要组织的领导者特别是高层领导能及时作出积极反应，准确把握员工离职的心态和原因，大部分员工还是能挽留下来的。挽留沟通要讲一些技巧：

（1）尽快安排面对面沟通。收到核心员工的辞职报告，应在第一时间迅速作出反应，包括中断会议、放下手中的工作、从外地返回等，以示对此事的重视和诚意，决不能让该员工有受冷落、轻视的感觉而坚定离职的决心。同时，还应争取与之面对面沟通，以掌握真实、全面的信息。

（2）选择适合的沟通环境。面谈最好不在公司内进行，防止其他员工察觉、猜测和传播小道消息。宜安排没有干扰的环境，如在咖啡厅、茶室之类较为安静、放松的场所。

（3）做好面谈挽留。一是强调该员工在组织中的重要性及领导们对他的重视，表达挽留的诚意。二是了解员工辞职的真实原因。避免直接问"你为什么离开公司"或"谈谈你辞职的理由好吗"；可以问："你希望公司作出哪些改变才能让你继续留在公司呢？""你觉得你打算去的那家公司哪些方面更吸引你呢？"三是针对离职原因提出留人的条件，比如轮岗、升职、加薪、期权等等。如果该员工提出了组织无法满足或明显不合理的条件，面谈者应说明组织的难处，不要为取悦对方而满口答应。

（4）做好保密工作。尽可能将员工辞职的消息控制在最小范围内，为其日后回心转意，继续留在组织工作消除障碍。如果员工真的辞职走了，组织应就离职员工的离职原因采取改进措施，并将改进措施在内部网公布，以减少类似的离职情况发生。

2. 辞退员工时的沟通

辞退员工有各种原因，或因组织战略调整，或因员工业绩不佳，或因领导者不喜欢某类员工等。不论什么原因，都需要面谈。

（1）辞退面谈的步骤

辞退面谈主要分几步进行：第一步，直入正题。员工一进会议室落座，马上告诉他公司的决定。第二步，告知原因。委婉说出公司的难处，指出辞退对方的原因。第三步，倾听。第四步，沟通赔偿协议内容。在面谈过程中，面谈者应始终保持耐心，对被辞退者表示感同身受；语调要平和自然、从容淡定；谈话内容上该附和的附和，该引导的引导，该沉默的沉默。

（2）辞退面谈的沟通策略

在辞退员工面谈时，应针对不同反应采取不同的沟通策略：

如果被辞退员工的反应是生气、敌意，感觉很受伤、很失望，面谈者应用试探性语言总结他所说的话；避免发生争吵；保持客观态度，坚持事实，并给员工提供对他日后有帮助的信息。

如果被辞退员工的反应是讨价还价，不信任公司或面谈者，面谈者的对策是：让员工明白面谈者对他的处境很认同；不要陷入跟他讨价还价的处境中；提供将来对他有用的帮助，必要时安排心理辅导。

如果被辞退员工的反应是哭哭啼啼（特别是女员工），非常悲伤和焦虑，面谈者应采取的对策是：提供纸巾给员工，等她哭够了再继续谈；不要说"哭什么，这有什么了不起"之类的话；当员工情绪平复后，解释事实以及下一步的做法。

还有少数以报复相威胁的，面谈者不要被吓住，而要晓以利害，劝其接受事实。

三、与下属沟通应注意的问题

（一）做一个有亲和力的领导

领导的亲和力，指的是领导抱着以下属为中心的理念，以温和的态度对待下属，用感情的纽带融洽上下级关系，获得下属耿耿忠心的力量。

亲和的领导是和强势的领导相对立的概念。实际工作中，两种领导处理问题的方式方法截然不同，下属所产生的心理感受自然也完全不同。比如：在对待下属的态度上，强势的领导一般不信任下属的能力，常常督促下属按自己的指令行事；而亲和的领导则以平等的态度对待每一位下属，并对他们表示信任。在执行一项决策前，强势的领导是"一言堂"，一切自己决定；而亲和的领导则会征求下属的意见。在处理和下属的关系上，强势的领导只谈公事，不谈私事，不与下属有任何私人交往；而亲和的领导在工作中做领导，而生活中主动与下属交朋友，尽量多参加下属组织的集体活动。当下属工作出现失误时，强势的领导会教训下属，让下属认识到事情的严重性并严惩不贷；亲和的领导则会与下属一同分析失误原因，避免再次发生此类失误。强势的领导常对下属不满，很少赞美；而亲和的领导经常用赞美来激励下属努力工作等等。两者对比就知道，两种领导的作风哪一种更受下属的欢迎和喜爱。所以，领导们要努力做一个有亲和力的人，适当关心、肯定和赞美下属，使他们心情愉快地努力工作，欣然接受并以积极的态度，按质按量完成你所布置的各项任务。

（二）宽容下属偶尔的错误

"金无足赤，人无完人。"对下属一些偶尔的小错，领导要报宽容的态度，比如，偶尔违反考勤制度，偶尔忘记了某项工作，无意间得罪了你等等。对于较大的失误，领导也要给下属"戴罪立功"的机会。有过错的人往往比其他人更渴望有机会重新证明自身的价值,领导者如果满足这种需求,他们一定会发挥超常的热情和干劲努力将功补过。

当然,宽容和"戴罪立功"都是有条件的,不是任何下属犯任何错误之后都要再次给他机会。被原谅的下属必须是有能力的,犯错不是故意的。对那些能力不足或态度不端正的下属,则要严格要求,否则会给组织带来不可估量的损失。

(三) 重视员工个人的发展

每个员工都有自己的职业理想,这些理想是其奋斗的根本动力。员工的个人发展与公司的发展密切相关,所以作为领导要了解下属的职业理想,引导下属将其职业规划和公司发展相结合,给下属争取培训的机会,不断提高下属的能力,设法满足他的职业愿景,以实现员工个人发展和组织目标的"双赢"。

第五节 与客户的人际沟通

一、与客户沟通的原则

(一) 客我双赢原则

沟通最理想的目标就是达成双赢。这就要求我们和客户的沟通要在相互尊重、互惠互利的前提下进行。坚持双赢原则,要求做到:一是要制定双赢计划,明确自己的目标并理解客户的目标,先把共同点固定下来,再根据双方的利害关系,协调不一致的部分。二是要建立起双赢的关系,即相互信任的关系。只有赢得客户的信任和好感,客户才会心甘情愿与你合作。三是要签订双赢式协议,即协调双方目标、客我双方都能接受的协议。最后要维持双赢关系:遵守承诺,认真履行协议;对客户表示感谢和激励;保持与客户的接触,以建立长期的信任关系。

(二) 让客户觉得自己很重要

关注客户需求,让客户觉得自己很重要,才能赢得客户的认同。所以,我们在沟通中,一定要让客户感受到你的关注和重视。要做到以下几方面:首先,要认真倾听客户的谈话,并对其谈话内容表示赞同;其次,要友善对待客户,特别是在与客户的第一次沟通中,就应该着手建立一种彼此和睦相处的友善关系,并且在以后的沟通阶段逐渐加深这种关系。第三,真心诚意地关心客户的利益和需求,不能只为了达到自己的目的而机关算尽。

(三) 建立稳固的伙伴关系

开发一个新客户的成本远远高于维护老客户的成本。所以,维护客户关系,和老客户、大客户建立稳定的伙伴关系非常重要。

1. 合理定位价格,保障客户利益

除了产品或服务的质量和外形,客户最关心的就是性价比,因此合理的定价非常重要。合理的定价,要求既能保障我方的利益,也要顾全客户的利益,自己的获利应建立在为客户创造价值而非损害客户合法权益的基础之上。只有关心客户的利益,才会有长期的合作。

2. 与客户的关键人物保持良好关系

与大客户的合作,关键人物非常重要,他可以促使项目成功且运作高效。如果是企业客户,关键人物一是指该企业来我方考察洽谈的项目经理或主管,他们直接和我们接触,产品或服务的好坏首先由他们来评价,之后再传递给其上级领导。二是指对方负责决策的主要领导,他们对产品或服务做最后认定,并决定是否与我方合作。

要赢得关键人物的信赖,首先要让他认可我们的产品和服务,之后不管是否有订单,都要定期拜访或联谊,建立大客户管理制度,时刻关注大客户的动态和需求,不断沟通信息,建立事业加伙伴的关系。其次,与关键人物具体沟通时,应注意察言观色,把握其需求、掌握其心理特点,然后投其所好,给予充分尊重。

3. 对特定的大客户做好专项服务

大客户的专项服务包括:为其研发其所需要的特定产品和服务;定期或不定期的举办大客户优惠活动;大客户专属福利,如专属的办理业务办公室、专属的服务人员、专属的旅游或礼品等奖励项目等。

4. 与一般客户也要保持长期联系

一次合作或销售之后,要及时和客户沟通,了解他们对产品的使用情况或对服务的满意度。通常可以采取电话回访、节假日问候、发放小礼品等方式。

二、与客户沟通的策略

(一) 了解客户需求

客户的需求是我们沟通要获取的关键信息之一。那么,通过哪些途径能了解客户需求呢?

1. 洞悉客户身份,判断其购买力

客户有无购买能力,是影响交易成功与否的首要条件。在第一次接触客户时,要注意判断顾客的身份,并结合其他因素综合性地判断其购买力。

(1) 从客户的衣着谈吐看购买能力

从接触客户的第一步开始,就能从其衣着谈吐上作出初步判断:如果身着名牌、珠光宝气,一定不是公务人员,可能是商务人士、有钱的贵妇或演艺界人士;要是戴着粗金链、名牌表,那“土豪”的可能性较大,这些人一般购买力较强。如果客户衣着一般,可以初步判断为购买能力不是很强;如果还精明善言、喜欢挑毛病,说明其善于讨价还价,可以向其推荐实用、性价比高的产品。

(2)从客户从事的职业看购买能力

不同职业的人收入差距很大。一般而言,管理人员、工程技术人员等工资收入较高,具有较强的购买能力;生产人员、服务人员等工资收入较低,购买能力相对较弱。

知识界人士一般相对气质较好,谈吐规范且好为人师,但购物时易斤斤计较;商界人士多趾高气扬,说话高声大气,但出手阔绰大方。

(3)从客户的兴趣爱好看购买能力

个人爱好与所处阶层及经济收入有很大关系。爱好网球、登山、出国旅游等的人,一般经济收入较高,其购买能力也较强;而爱好街舞、流行音乐的人一般收入相对较低。

(4)从客户的关注点看购买能力

客户在决定购买产品之前,一般都会有一个心理价位,也就是消费金额的最高限度。如果客户对某一款产品反应敏感,则表明他比较关心类似价位的产品,由此透露出自己的购买力。如果客户紧盯着促销海报,那他的购买能力相对较弱;如果客户三番五次在同一价位的产品间徘徊选择,那这个产品的价位也许正符合客户的购买能力;如果客户主要询问产品的功能和品质,对价格问题谈得较少,那这位客户的购买能力相对较强。

2. 探明客户的显在需求

观察。比如,一位即将生产的孕妇来到奶粉专柜前,马上就能推断出她或者买婴儿奶粉,或者买孕妇奶粉。

询问。最好是问自己产品独有的特性或功能。比如,现在很多人工作离不开电脑,你的服装如果具有防辐射功能,就可以这样问:"您是经常在电脑前工作吧? 看看这套服装,它可以防止你受到辐射的伤害。"

倾听。倾听客户的问题,留意客户和同伴的聊天、向同伴征求意见的倾向等等,从中了解顾客的需求。

思考。有的客户由于自尊心等原因,说出的并不见得是真实的意图,比如,表面说不是钱的问题,其实就是嫌贵,我们从客户对款式、颜色等的故意抱怨中要能听出他希望降价的企图。总之,要将看、听、问到的信息综合起来思考,判断客户的真实意图。

3. 发掘客户的潜在需求

潜在需求经常隐藏在客户的抱怨、不满或怀疑中,比如客户说价格太贵,那就是他需要一个价格更低的同类产品;说你所推荐的电脑内存不足,那就是需要一个内存较大的电脑;埋怨你的策划方案没有个性,那就是需要个性化的策划方案等。所以,我们要从客户所抱怨、不满或怀疑的问题着手,努力为客户解决问题,把其隐性需求转变为显在的需求。

（二）迅速建立沟通渠道

1. 用"一见如故"营造和谐气氛

如果与客户初次见面就让其产生一见如故的感觉,给客户留下亲切和深刻的印象,接下来的沟通也会变得顺畅。达到一见如故的沟通技巧有:

（1）攀亲认友。对第一次见面的客户,只要事前做一番认真的调查研究,都可以找到或明或隐、或近或远的亲缘、地缘、人缘等关系。见面时拉近这层关系,就能一下子缩短彼此的心理距离,使对方产生亲切感。

（2）扬长避短。人们都希望别人多谈自己的长处,而对自己的短处避而不谈。和新客户交谈时,如果以直接或间接赞扬对方的长处作为开场白,能使对方交谈的积极性得到极大激发。

（3）表达友情。用三言两语恰到好处地表达对客户的友好情谊,或肯定其成就,或赞扬其品质,或欢迎其光临,或同情其处境,能使对方油然而生欣逢知己之感。

（4）称呼客户的名字或职衔。人们总是把自己的名字看得很重要。在拜访客户时,如果忘记或记错了客户的名字或职衔,会给对方留下不好的印象;如果能给不同的客户想好称呼,并时刻称呼对方,客户就会产生优越感,这对今后的合作大有裨益。

2. 用共同的"兴趣爱好"拉近与客户的距离

找到与客户共同的兴趣点,可以尝试以下话题:时事新闻,如每天早晨的新闻要点;客户感兴趣的焦点问题,如房价问题、节约能源问题等;客户的工作,如客户在工作中曾取得的成绩、将来美好的前途等;客户感兴趣的体育运动、休闲方式;客户的健康;客户的家人;客户的故乡或者最令其回味的往事等。

在与客户沟通之前,最好花费一定时间和精力对客户的特殊爱好和品位等进行研究,这样在沟通时才能有的放矢。

3. 准备一套万能开场白

当我们面对客户,又无法判断其身份性格,无法判断其兴趣爱好,不知道如何吸引客户时,最好用准备好的一套说辞来开场。一般而言,开场白包括这样几部分:对客户的寒暄和赞美;自我介绍和问候;介绍来访的目的;询问客户需求。比如下面的例子:

董经理,您好!您每天工作那么忙还抽出宝贵时间接待我,真是不胜感激!（寒暄）

您办公室的装修风格我真是非常喜欢,简洁大气,想必您也一定是一个做事洒脱干练的人!（赞美）

我叫温乐宇,这是我的名片,请您多多指教!（简短的自我介绍）

不知董经理有没有和我们公司接触过,我们是国内最大的提供自动化办公服务软件的公司。现代企业不仅关注如何提升市场份额、增加利润,同时,也非常关注如何降低管理成本、提高工作效率。我今天来想跟您交流一下,看看我们公司能不能协助您实现这个效果。请问贵公司目前有没有使用其他品牌的 OA 产品呢?（询问客户需求）

开场白要注意几个禁忌:避免不雅之言。不要埋怨,比如"你家(公司)可真难找"、"这房间很压抑"等。不要质疑客户,比如"你懂我的意思吗?""我这样说你能明白吗?"等。避免敏感话题,如政治、宗教、隐私等。

（三）提升客户忠诚度

与吸引新顾客相比,留住老顾客的成本要低得多。更重要的是,忠诚的顾客能向其他消费者推荐企业的产品和服务,并愿意为其所接受的产品和服务支付较高的价格。可以说,忠诚的顾客是企业竞争力的重要决定因素,更是企业长期利润的根本源泉。

1. 以换位思考赢得客户认同

换位思考用在与客户沟通中,就是做到"以客户为中心",站在客户的立场考虑问题,为客户提供其所需的产品或服务。站在客户的角度,根据客户的需求,采用客户喜欢和适应的方式进行沟通,一定能赢得客户的信赖。

换位思考的能力,可以通过练习来提高:把自己当做客户,习惯性地演练和客户互换立场;练习之后,询问客户正确的答案。只要不断去练习,就不会抱怨"不知道客户在想什么"了,因为你已经通过角色转换深入到了客户的心里。

2. 提升客户满意度

客户满意度包括对产品质量的满意度、服务的满意度以及价格的满意度等等。要想使客户满意,首先要为顾客提供高质量、高品质的产品;其次,服务要到位,要方便快捷,做到热情、真诚、微笑服务;产品定价要合理,要让客户感觉到物有所值等。

3. 将客户发展成长期合作伙伴

为顾客提供长期的服务支持,包括质量保证、操作培训、维修保养等;对重复购买的顾客实行价格优惠、打折销售或赠送礼品等;与客户随时保持联系,在节日或对方有重大活动时表示问候和祝贺,随时将我方新推出的产品和服务、促销和优惠措施通知对方;建立并实施购买积分升级制度,对升级为贵宾的重要客户设立专门的服务部、服务窗口,为其提供专享的各项服务;为大客户专门设计产品和服务的整体解决方案,使大客户对我方的技术依赖性增加;通过召开顾客座谈会、成立顾客俱乐部、开通回访专线等沟通方式增加客户的归属感等等,这些都是将新客户发展成忠诚的老客户的有效方法。

（四）有效应对沟通症结

1. 用转移主题法回避机密问题

公司的核心技术、重要客户等商业机密,对公司的发展甚至生存都是至关重要的,如果被其他公司获取,就相当于被扼住了喉咙。如果客户有意无意地问及产品成本、核心技术、客户信息等涉及商业秘密的内容,我们应巧用转移主题法,通过一些小幽默或者其他内容转移客户的注意力,既避免泄露公司机密,又能使沟通和平进行。

2. 用放弃法回避不合理条件

通常情况下,我们强调积极与客户建立良好的关系。但当遇到的客户蛮不讲理、提出诸多不合理的条件,以致我们无法满足时,就要学会放弃。适时、及时地放弃,有利于双方重新思考和选择。要注意的是,对客户的拒绝一定要委婉,以便于长期和客户保持联系。也许,在不久的将来,新的合作契机就会出现。

3. 用暂时回避法处理客户的纠缠

当遇到棘手的人或事时,不妨退一步,暂时回避,以求另辟蹊径,找寻更好的解决办法。这里所说的回避法,不是回避困难,而是通过转换问题的角度、转换思路来面对困难。适合回避法的情况有:

(1) 客户对产品的细节问题纠缠不清。客户在了解产品各方面的信息后,抓住小的细节问题不放,要么是和销售人员打心理战,想压低价格;要么就是对产品没有迫切的需求。面对这样的客户,销售人员不可急于求成,不妨暂时回避,给客户充分考虑的时间。

(2) 客户和销售人员发生争论。面对客户的纠缠,年轻的客服人员很容易表现出急躁情绪,有些客户容易借题发挥,和销售人员发生争执。这时候,客服人员要找借口回避客户,把客户交给同事或主管来接待,让他们安抚客户,以避免矛盾进一步激化。

(3) 销售人员对客户的问题不清楚。在与客户沟通中,如果客服人员对客户的问题不甚了解,要么请知晓问题答案的同事或主管来接待,要么坦白地承认自己不太清楚,请客户容许自己弄清楚后及时告知,这样要比不懂装懂更能体现对客户的坦诚和尊重。

4. 用反问法躲开不方便回答的问题

在沟通过程中,客户往往提出一些难以回答的问题,此时可以适当运用反问法,把话题推给客户,打开客户的话匣子,从而了解客户的真正意图,之后再针对其真正意图与之沟通。

5. 用好名声激发客户的高尚动机

客户大都是普通人,都希望自己有一个好名声,希望自己是一个道德高尚的人。在与客户沟通时,如果能够激发客户的高尚动机,必定提高沟通效果。

(1) 赞扬客户的人品。这么做可以鼓励客户以高尚的品德为标准与我们合作。对于那些吝啬者或者欠账不还者等难缠的客户,如果能找到其人品中的高尚之处进行赞扬,也会起到激将的作用。

(2) 突出客户的社会责任感。现代企业的管理者对自己的社会形象和社会声誉都非常重视,如果与我们达成交易会给客户带来一定的经济效益和很好的社会效益,就可以以社会责任感为出发点,激发客户的高尚动机。

6. 以让步化解矛盾

与客户沟通的过程,实际是相互说服的过程。在这个过程中,我们可以采取进攻式,也可以采取让步式。比如在保证利润的前提下进行价格方面的让步,或者根据双方的诉求提出解决问题的折中方案等。与客户沟通中,让步策略运用得好,将有利于双赢,同时有利于长期合作关系的建立。让步策略的运用,要注意以下问题:

(1) 选择有利的让步时机。让步时机宜巧不宜早,应该在充分掌握客户信息,并对这些信息进行有效分析的情况下考虑让步。让步过早会抬高客户的期望,而使自己陷于被动。

(2) 掌握必要的让步技巧。一是在最后关头才让步;二是先在细枝末节的小问题上让步,让客户感受到你的诚意;三是让客户感到你的为难,可通过请示领导、拖延时间、示弱等方式让客户感受到你让步的艰难,以降低客户的期望值。

(五)有效处理客户投诉

客户投诉,指客户认为由于我们工作上的失职、失误、失度、失控伤害了他们的情感或利益,或没有满足他们的合理需求,而向管理人员或有关部门提出的口头或书面批评意见,是顾客强烈地表达不满和需求的一种方式。客户的投诉使我们知道了自己的问题所在、客户的需求所在,给了我们澄清问题、挽留客户的机会,所以必须积极地、建设性地加以处理。

客户投诉一般由客户中心或相关部门处理,但有时客户会直接投诉到公司最上层。面对客户的投诉,接待人员应在尽可能多地了解本组织内的职能分工、熟悉客户投诉最常见的原因及处理程序和办法的基础上,迅速、恰当地处理客户投诉,避免投诉升级而影响组织形象。

1. 了解客户投诉的原因

顾客购买产品或服务时,对产品本身和提供的服务都抱有良好的愿望和期盼,如果这些愿望和期盼得不到满足,就会产生抱怨和想讨个说法的投诉行为。企业的客户投诉原因主要集中在产品质量、客服人员的态度、售后服务质量、客户对企业的期望值超高等几个方面。

2. 处理客户投诉的基本步骤

(1) 先安抚客户的情绪

先处理情绪,后处理事件,是正确处理客户投诉的首要原则。当遇到客户投诉时,先不要急于问对方为什么,而是要热情接待、端茶送水、关怀备至,给予客户充分的尊重和理解;等客户坐下后喝上一杯水,情绪也稳定了,对话的平台就建立起来了。

(2) 耐心倾听并平息投诉者的抱怨

听到顾客的抱怨,特别是其抱怨不甚合理时,我们的第一反应就是争辩,这是处理客户投诉之大忌。顾客投诉多是情绪化的，争论只会火上浇油，绝不利于问题的解决。接待人员应站在客户的立场，耐心倾听他的诉说，弄清来龙去脉，从中找出投诉的真正原因，才有可能对症下药，有效地平息顾客的抱怨。

处理顾客投诉，切忌"事不关己，高高挂起"，不能用"这件事情不归我负责，您最好打我们的热线电话"或"今天负责这个问题的同事不在，您过几天再来吧"、"我们的产品应该不会存在质量问题，您回去仔细看看使用说明书吧！"等说辞搪塞和推诿客户。否则，顾客的抱怨会越来越强烈，投诉很可能升级。

（3）迅速采取行动

安抚好顾客，找到顾客投诉的原因之后，要立即行动，为顾客解决问题。

顾客投诉的是产品质量问题的话，在经过认真的调研之后，如果发现主要原因在于顾客的使用不当，应及时通知客户维修产品，并告诉顾客正确的使用方法；如果发现产品确实存在问题，则应尽快决定给予退换或赔偿，并将处理结果通知客户。

顾客投诉的是服务态度问题的话，接诉人员要及时和服务人员沟通，首先让服务人员给顾客道歉，之后查找原因，弄清是误解还是服务员真的有错。如果是误解，让服务员向顾客解释清楚；如果真的有错，则要再次道歉并适当安抚或补偿，如赠送小礼品等，以求得顾客的谅解。

3. 处理棘手客户投诉的"三变"法则

这里所说的棘手客户即指不冷静、不讲理、认死理的客户。面对这样的客户，常规办法效果不理想，可以运用"三变"法则：

首先，变更应对的人。请出主管、经理或其他领导亲自处理投诉，让客户看出我方解决问题的诚意。

其次，变更场所。变个场所常常能让客户换个心情、换个思路，能让客户恢复冷静和理性，如换到会议室、休息室、公园、咖啡厅等。

最后，以时间换取冷却冲突的机会。如告诉客户："我已将您的问题记下了。等我们调查清楚后，一定以高度负责的态度来处理并及时给您答复。"对于客户所抱怨的难以解决的问题，这种方法换取了解决问题的时间。

【思考与练习】

一、案例分析

【案例一】

林琳是公司前台秘书，漂亮能干，工作时犹如公司的一道亮丽风景，第一次见她的人都会被她的亲切与热情所吸引。但令人事部刘经理不解的是,年底考评时,她却是前台遭投诉最多的秘书,在同事中的口碑也不好。这是怎么回事呢? 经过调查,刘经理发现,林琳在前台值班时,只给予她首先接待的客人热情周到的服务,对于同事首先接待的客人却不闻不问;当同事要接电话忙不过来时,林琳也不主动帮忙;林琳不值班的时候,在走廊或其他地方见到客人从来不打招呼,客人有事询问,她也总是让客人到前台找值班的秘书。

有一天,林琳刚下班,正着急去休息室换衣服回家,在走廊上碰到一位年纪较大的老太太。老太太一时分不清东南西北,看到林琳正走过来,很高兴地说:"姑娘,我正要下楼,麻烦你给我带带路,年纪大记性差了,一出房门就晕头转向的。"林琳却冷冰冰地说:"对不起,我下班了,麻烦你去前台找其他人吧,她们会帮你的。"说着就自顾自地走了。后来这位老太太在公司里转了半天才出去,回到家就把这件事告诉了儿子。原来她儿子就是公司销售部张经理。有一天,经理们聚在一起开会,张经理忍不住就把这件事告诉了刘经理。

刘经理终于忍不住了,他把林琳叫到办公室,要求她待岗几天,回家好好反省自己到底有什么问题!

分析:

1. 林秘书在同事关系处理上存在哪些问题? 今后她应如何改善与同事的关系?

2. 林秘书在客户接待问题上犯了哪些错误? 正确的做法是什么?

【案例二】

某公司研发一款女性专用手机,计划近期将这款手机批量生产后推向市场。与市面上其他手机相比,这款手机突出了使用群体的特点,这是其他手机大生产商没有做到的。总经理杨逍想用做广告的方式来宣传这一卖点,进而打开市场。于是,杨逍叫来下属曾远,打算把这件事交给他做。

"我们的女性手机很快就要上市了,我们的广告预算费用也批下来了,做广告这件事就交给你了。"杨总经理这样说道。

得到这样的授权,曾远非常高兴,信心满满地作出保证:"您放心吧,杨总经理,我一定能把这件事办好。"

杨总经理:"具体怎么做,我已经拟好了一个方案。我们要分两个渠道来做广告推广,分别是杂志和网站。杂志方面,你去联系比较畅销的两本女性杂志吧。广告的主题要突出女性的特点,色彩要绚丽,这两点你和广告设计师好好沟通一下。跟杂志社的广告部也一定要多联系,争取给咱们同等价位最醒目的版面。价格方面也要多沟通,力争最大的优惠。具体怎么样操作,你按照我给你的方案进行就可以了。接下来,我跟你交代一下在网站打广告的细节……"

曾远一开始还在心头兴致勃勃地盘算着广告营销方案,但听到总经理这样事无巨细的交代,再看看手里厚厚的一沓方案,顿时就没了兴致。

分析:

1. 为什么杨总经理交代得越多,本来充满干劲的曾远反而失去了兴致?

2. 杨总经理该如何做,才能激励曾远始终满怀热情地做好这次广告宣传?

二、沟通实训

新苑饭店位于市中心,是个有着几十年历史的老饭店。由于经营不善,近期亏损严重。

这一天,饭店所属的新天地集团公司赵董事长来检查工作,对饭店的林总经理进行了严厉的批评。林总的秘书关平不知所措,僵硬地站在一旁眼睁睁地看着林总经理挨批。面对赵董事长的批评不敢做声的林总看了关平两眼,可关平并没有领会他的意思。

赵董事长走后,林总因为一点小事突然对关秘书大发其火。关秘书感到很惊讶也很委屈:自己又没有得罪林总,平时他对自己也挺客气,今天怎么这样呢?!

实训要求:

1. 分组讨论:自己的直属领导受到责备时,自己应该怎么做? 对于上司的无名火,做下属的应采取什么方式平息?

2. 各组根据讨论的结果,设计一个情景剧本,生动细致地描绘关平如何设法为挨批的林总"排忧解难"。

3. 各组将所编写的剧本排练出来,并面向全班师生表演,由老师和观看的同学对剧本设计和表演水平进行评比打分。

第八章　现代通信媒介的人际沟通

随着现代通信科技的飞速发展,人际沟通的渠道得到了前所未有的拓展,电话(移动电话)、电子邮件、各种即时通信工具、论坛、贴吧、微博、微信⋯⋯这些渠道和工具在给人们之间的沟通带来便利的同时,也带来了挑战:人们要根据不同的沟通问题、不同的场合、不同的时间、各沟通工具的优势和特点进行适当选择。这就需要我们充分了解各种通信媒介的优势和特点,熟知相关礼仪规范和技巧,以便在沟通时选择最恰当的沟通媒介,实现良好的沟通效果。

第一节　电话沟通

电话(手机)是个人及组织沟通中最常用的工具。在当下信息沟通工具多样化的时代,我们要认识电话沟通的优势和不足,遵循电话沟通的礼仪和技巧,充分利用电话进行有效沟通。

一、电话沟通的优势与不足

(一)电话沟通的优势

1. 直接、高效、经济、可靠

电话沟通是直接沟通并可直接获得反馈信息,具有即时性;比当面沟通更高效,同时节约时间和成本;通过电话发通知,能够确保信息传达到位,比短信、电子邮件、即时通信的留言更可靠。

2. 情感表现力强

和短信、微信、微博等相比,电话沟通是除当面沟通以外表现力最强的人际沟通方式,不但能听出对方的语意,还能通过丰富的副语言感知对方的情感、情绪,从而判断对方的弦外之音。

3. 避免尴尬,便于"伪装"

电话沟通的双方并不谋面,很多当面不好说的话,在电话里可以自然表达。同时,电话沟通还便于"伪装",可以通过动听的声音,弥补外在形象的不足,或掩盖部分情绪,给对方留下较好印象。

(二)电话沟通的不足

1. 对有声语言的表达能力要求较高

相对于面对面沟通,电话沟通完全凭借口头语言和副语言来传情达意,身体语言方面的信息也要求双方用声音表现出来,所以,对沟通双方有声语言的表达能力要求较高。

2. 表达缺乏理性和系统性

电话沟通受个人情绪影响较大,表达往往比较感性、随意,缺乏理性和系统性,经常会遗漏一些本想表达的内容,或表达得不够充分、有条理。

3. 不适合复杂问题的深入探讨

电话沟通的语音信息转瞬即逝,比较适合简单问题的快速交流,不适合复杂问题的深入探讨。

二、电话沟通的礼仪

(一)电话沟通的一般礼仪及注意事项

1. 温雅有礼的声音

电话沟通完全凭借声音,沟通礼仪也要通过声音表现出来。因此,有必要对声音进行适度的包装。如何适度包装?主要是口齿清晰、语气柔和、语调欢快、音量适中,做到不含糊、不懈怠、不高声。总之,声音要温雅有礼,表达恳切。

2. 积极乐观的心态

"言为心声",态度和情绪的好坏,都会表现在语言之中。所以,无论通话前正处于怎样的情绪中,电话一接通就应该遗忘与通话无关的事,保持积极乐观的心态,将电话另一端的沟通对象看作自己职场发展的机遇,用欢快的语调表现你的热情友好,以此感染对方,迅速消除因互不谋面产生的顾虑,从而促进沟通。

3. 端正挺拔的姿态

打电话时,坐姿端正,身体挺直,以保障发出的声音亲切悦耳,充满活力。接打电话时,切忌懒散怠惰,不能吸烟、喝茶、吃零食、看报纸、玩手机等。

4. 不滥用简称、术语

在本专业人士间沟通,用专业术语、专业简称是可行的。但在日常电话沟通中,要少用术语和简称,以免对方听不懂或产生误解,影响沟通效果。

5. 重点复述

为了防止说错或听错电话内容,一定要养成当场复述、予以确认的良好习惯,特别是同音不同义的词语、计量单位及日期、时间、电话号码等数字内容。

(二)接听电话的礼仪

1. 铃响三声之内接听电话

生活或工作中,要养成接电话的良好习惯:电话铃响三声之内接听;如果没来得及,电话铃响五声后才拿起听筒,应该先向对方道歉。如果两部电话同时响起,以长途电话为先,外部电话为先;若都是外部电话,要先拿起一个,问候语之后,让对方先等候,再接另一个电话,针对两部电话的重要程度,做先后的处理。这样的礼貌行为,会给人留下诚恳守信的印象,从而为你所在的组织树立起管理严谨、运作有序的良好印象。

2. 用声音握手——重要的第一声

接电话前先调整好气息,面带微笑。拿起电话问候:"喂,您好,这里是……"这一瞬间就给对方留下美好而深刻的印象。接下来要做到:专心致志、情绪饱满、吐字清晰、语气柔和、语速适中。要像接待重要访客一样认真对待每一个来电。

3. 礼貌周全地结束通话

结束通话前,接电话的一方要按照惯例询问对方是否有其他问题或事宜,得到否定答复后,再以礼貌用语结束通话,要等对方先挂断电话,再轻轻放下听筒。

(三) 拨出电话的礼仪

1. 充分准备,不要冒失

拨出电话,特别是工作中的重要电话拨出前,需做好如下准备:

首先,把想表达的内容列出提纲、按照重要程度排好顺序写在工作日志上;其次,每一句话该如何说,说后对方会出现什么反应,如何应对,要有所准备,必要的话,提前演练一遍。

2. 掌握时机,避免打扰

应避免在用餐、休息时间用电话打扰对方。即使在工作时间,也要礼貌地征询对方是否有时间或是否方便接听。如果对方正在开会、会客、有紧急任务或者恰巧要外出,应该有礼貌地与其约好再次通话的时间,然后挂掉电话。

3. 礼貌问候,简单介绍

拨通电话,礼节性的问候和自我介绍之后,应迅速切入正题,切忌过度寒暄,以免浪费时间、制造尴尬,降低沟通效率。

4. 主动结束,客气道别

结束交谈时,要用明确的结束语,比如"谢谢,再见"等,客气地道别;等待 2—3 秒钟后轻轻挂断电话,以示尊重。切忌毛毛躁躁"咔嚓"一声挂断电话,以免造成对方不愉快而使沟通效果功亏一篑。

(四) 使用手机的礼仪及注意事项

如今,人际交往中手机的使用率比固定电话要高得多,手机沟通的礼仪除了同上所述之外,还应注意以下几个问题:

1. 在双向收费的情况下说话更要简洁明了,以节约话费。

2. 先拨对方的固定电话，找不到人时再拨手机。

3. 在嘈杂环境中听不清楚对方声音时，要说明情况并让对方过一会儿再打过来或你找个清静的环境再打过去。

4. 在公共场合打手机，说话声音不要太大，以免影响他人，或泄露机密。

5. 在特定场合，如会场，要调成静音；在飞机上、加油站等地要关闭手机。

三、电话沟通的技巧

（一）调整状态、清楚表述的技巧

1. 以镜为鉴

在办公桌上放一面镜子，接打电话前先留意观察一下镜中的自己：是否坐姿端正，是否面带微笑，是否对要沟通的事宜了然于胸而显得自信满满，是否做好了心理准备来应对电话另一端可能出现的问题。接通电话后，也要实时观察镜中的自己，坐姿有没有懈怠，有没有表现出足够的耐心倾听……有了镜子的"监督"，不仅可以正衣冠，还可以端正沟通态度，从而保证沟通效果。

2. 情境想象

"情境想象"，即在接打电话时想象对方就在自己面前，对方的一颦一笑尽在脑海中浮现。情境想象技巧的实施要点如下：

（1）通话前的情境酝酿。如果是熟人，拨电话前脑海中浮现这人的影像，铃声一响，想象接电话者目光柔和地注视着你，微笑着向你走来；若电话沟通的对象是未曾谋面的人，你没有以往的"印象"来做辅助，更应重视通话前的想象过程。思考一下对方的年龄、职业、职位及可能的声音、样貌，想象一下让您感觉温馨的笑脸，在想象时，深吸一口气，嘴角扬起，保持微笑，停留2秒钟，让影像在脑海中浮起，有时影像较为清晰，有时稍嫌模糊，不必太过在意，最重要的是保留那份愉悦的感觉，然后开始打电话。

（2）通话中的情境想象。通话过程中不仅要认真聆听，还要借助对方的语气、语调等信息想象对方当时的表情、姿态、手势甚至着装等，你也要相应地作出身体语言的回应，唯一不同的是你一手持听筒，一手执笔随时记录重点。

3. "5W1H"技巧

"5W1H"在第四章第三节"问题类型"里已做过介绍，这一技巧在电话沟通中依然适用。具体操作起来，可以将 When（何时）、Who（何人）、Where（何地）、What（何事）、Why（为什么）、How（如何进行）六项信息制成表格打印出来做成电话记录本，打电话前事先填好，方便通话时一一表述，或接电话时对号入座，逐一填写信息项，以提高电话沟通效率。

（二）应对特殊情况的技巧

1. 听不清对方的话语

通电话时,经常遇到因信号不佳、环境嘈杂或对方吐字不清、发音不准而听不清对方说话的状况。此时,要客客气气地说:"对不起,刚才没有听清楚,请再说一遍好吗?"对方定会耐心地重复一遍,丝毫不会责怪。

2. 接到打错了的电话

接到打错的电话时,要客气地说:"这是××公司,您找哪儿?"如果自己知道对方所找公司的电话号码,不妨告诉他,也许对方正是本公司潜在的顾客。切忌冷冰冰地说:"打错了!"便粗暴地挂断电话。

3. 遇到自己不知道的事

如果对方喋喋不休,我们却不明白他在说什么、想找谁,应立即打断对方,理清头绪,了解对方的真实意图,之后给予针对性的处理,以免长期占用电话,耽误正事。

4. 接到上司亲朋好友的电话

职场中,前台接待或秘书经常会接到上司的亲朋好友找上司的电话。首先,我们的态度要热情、亲和;其次,我们要问清楚对方找上司的原因再考虑如何处理。因为,没有特殊情况,他们是不会把电话打到单位来的。这里的特殊情况包括:上司电话关机或上司不方便接电话,对方又有急事需要上司帮忙处理;上司拒绝听对方电话等。秘书要根据具体情况进行相应答复。既要给对方留下美好的印象,处理方法和处理结果又要符合上司的意图和要求。

5. 接到顾客的投诉电话

服务行业的窗口岗位经常会接到客户的投诉电话。投诉者一般都情绪激动,言辞犀利。此时,我们切忌感情用事,以唇枪舌剑回击客户。正确的做法是:按照"先处理情绪,再处理事情"的原则,先倾听客户的诉说,并耐心等待客户心静气消;一边肯定顾客话中的合理成分,一边认真琢磨对方发火的根由,找到正确的解决方法,用肺腑之言感动顾客;一时不能解决的问题,要记录下来,告诉客户待问清缘由并有了解决办法再回复客户;感谢客户提出宝贵意见,并表示一定追究问题,加以解决。

第二节　电子邮件沟通

如今,电子邮件(简称 E-mail)运用普遍且广泛。据不完全统计,约 80％的外企员工每天上班要做的第一件事,就是打开电子邮箱收发邮件;约 70％的员工下班前的最后一件事是查看邮箱,确认没有尚未处理的紧急邮件;约 30％的员工即使下班或周末在家休息,也要强迫症式地登录公司邮箱,查看有没有漏掉紧要的任务。

一、电子邮件与书信、手机短信的比较·······························

(一) 电子邮件与书信比较

1. 传播速度快

与书信的人力传播时间相比,电子邮件的传播时间基本可以忽略不计,只需几秒钟,即可送达世界上任何指定目的地。

2. 操作便捷

只需大约花两分钟时间即可免费申请一个电子邮箱,之后就可以一劳永逸地随时收发邮件,操作简单。以前收发邮件还需借助电脑和有线网络,现在随着智能手机和移动互联网的普及,随时随地都可以用手机收发邮件,十分方便。

3. 成本低廉

发送电子邮件无需购买信纸、信封和邮票,无论发送到多么遥远的地方,只需支付网费。如果使用的是包月/年的宽带网络,平时收发邮件所用网费几乎可以忽略不计;如果使用的是免费的无线 WiFi,成本即为零;如果使用的是以流量计费的移动互联网,发送纯文字邮件的成本也低于邮寄书信的成本。

4. 信息多样化

电子邮件囊括了文字、图片、声音、影像等多种形式。与书信相比,电子邮件可以自由变换字体、字号与颜色,还可以添加表情、图标、图片、动画、信笺背景、背景音乐等,表现力更丰富,传情达意更准确,避免了纯文字表达容易被误读的问题。电子邮件的附件功能也非常强大,可以上传电脑或手机里保存的各种文件。通过电子邮件还可以收发多媒体贺卡等。

5. 可以定时发送

电子邮件可以自由选择发送时间,比如发送生日祝福或拜年邮件时,可以提前写好邮件,再选择收信人生日当天或大年初一的零点第一时间送出祝福。

6. 安全性更高

与书信相比,电子邮件的安全性更高。一是避免了邮寄途中被遗失、损坏、拆阅的危险;二是有邮箱密码作保护,不易被盗读。

7. 便于保存和分类整理

电子邮件既不占电脑内存,也不占实际的空间,还不必担心弄丢、损坏,十分便于保存;同时,还可以根据自己的喜好和需要,将邮件进行分类,比如按照发信人分类,或按事由分类,还可以对重要邮件做特殊标注。操作简单,日后查阅也很方便。

同时,电子邮件用户可以得到大量免费的新闻、专题邮件或电子杂志,并实现轻松的信息搜索。这些都是书信望尘莫及的。

(二) 电子邮件与手机短信比较

1. 承载的信息更丰富

电子邮件不限篇幅,可长可短,传播的信息形式囊括了文字、图片、声音、影像等,手机短信只能传递文字和图片,语音短信因操作繁琐而并未普及,而且每条短信只限120个字符,所能承载的信息有限,用手机打字,速度慢效率低。

2. 成本更低

手机短信一般按条收费,其费用比电子邮件要高,而且,传达的信息越多、对象越多,短信的成本越高,电子邮件的成本优势越明显。

3. 电子邮件更便于保存和整理

电子邮件比短信更容易保存和分类整理。手机丢了,所有短信将无法挽回,邮件则因为保存在邮箱官方服务器上,不受个人使用终端的影响而更安全;手机短信只能按收信人分类,电子邮件的分类方法更丰富,更便于查找利用。

二、发送电子邮件的礼仪及注意事项··

电子邮件是书信在网络时代的变体。在演变过程中,由于现代人过于注重便捷性,往往将书信中的传统礼仪视为繁文缛节予以摒弃,使得电子邮件的人情味越来越淡。电子邮件绝不仅仅是信息沟通的工具,也应是传情达意的"鸿雁",理应讲究礼仪、礼节。

(一) 主题礼仪及注意事项

1. 填写好"主题"

"主题"是收件人判断邮件内容重要性的关键因素,决定了收件人对这封邮件的第一印象。但是,有些人为了省事,发邮件时不输入主题,致使对方收到"无主题"邮件。这种做法既不便于收件人识别邮件内容,也暴露出发件人的草率态度及对收件人的不尊重。所以,发邮件时,主题栏必须填写,而且要言简意赅地点明发信意图或概括邮件主要内容,为对方甄别邮件、提高阅读效率提供便利。

2. 一封邮件只针对一个主题

一封邮件尽可能只针对一个主题,这既有利于收件人准确把握邮件主旨并有针对性地进行回复,也便于收发双方日后按照主题分类整理。如果有多件重要事项需要沟通,建议分别发送邮件。

3. 认真提炼主题

主题要提纲挈领,要精练、准确、引人注目;尤其是发给客户带有营销性质的邮件,更需瞬间捕捉收件人的注意力,使其产生兴趣。主题明确,也便于收件人权衡邮件的轻重缓急,分别处理。

4. 标明单位名称

公务邮件中,标题栏最好注明来自××公司的邮件,以便于收件人对邮件来源一目了然,又便于留存和分类整理。

(二) 称呼礼仪

邮件的开头(第一行顶格)要尊重地称呼收件人,比如,"××先生"、"××女士"、"××经理"等。这既显得礼貌,也是明确提醒收件人给出必要的回应;在多个收件人的情况下可以用群体性称呼,比如,各位同仁、各位经理、相关部门等。

(三) 问候礼仪

电子邮件的开头结尾要用问候语,一声"你好(您好)"、"祝工作顺利"等会让对方感到你的素养。特别强调,公务邮件要使用书信的标准格式,"祝"和"此致"为紧接正文上一行的结尾或换行开头空两格,而"工作顺利"和"敬礼"再换行顶格写。

(四) 正文礼仪及注意事项

邮件不论是否有附件,正文表达都要完整。具体讲,正文拟写应注意:

1. 说明自己的身份

发邮件时,首先要简明扼要地写明和本邮件有关的身份信息,包括单位名称、姓名、职位等,以便让收件人及时理解邮件的来意。

2. 行文简明易懂

邮件正文应简明扼要地说清事由,多用简单词汇和短句,少引经据典,少用生僻字词、复杂长句。如果内容很多,可以用附件形式发送,正文中做简要介绍。

3. 分条列项表述

如果内容较多,最好分条列项逐一说明,并保持每个段落短小精悍。这样条理清晰,便于阅读理解。

4. 尽量一次性将信息交待完整

写邮件前要打好腹稿,一封邮件把一个主题的相关信息全部交代清楚;尽量避免发"补充"或者"更正"邮件。

5. 合理提示重要信息

重要信息要用加粗、变体等方式进行提示,但不能滥用提示。提示过多,会让人抓不住重点,影响阅读。

6. 合理利用图片、表格等辅助形式

对于用单纯文字形式很难描述清楚的技术性文件,可以加图表进行表述。收件人一定会感谢你的体贴。

7. 慎用字符或图片表情

在商务信函里，禁用字符表情或图片表情等不规范的表达方式，因为它一是显得太随意，二是容易让对方误解。

（五）上传附件注意事项

商务沟通中，往往需要用电子表格、数据库、网页等文件来说明问题，而表格、网页、数据库等在邮件服务商提供的信纸界面上是显示不出来的，所以必须以附件形式发送。即便是纯文本文件，如果文字较多，也需要采用附件形式，一来可以保持文件格式的原貌（尤其是一些公文）；二来便于对方阅读、存档和做标注。上传附件应注意以下事宜：

1. 如果邮件带有附件，应在正文里提示收件人查看附件，并对附件内容做简要说明，特别是带有多个附件时。

2. 附件的文件名最好能够概括附件的内容，方便收件人下载后管理。

3. 附件数目不宜超过 4 个，数目较多时应打包压缩成一个文件。

4. 如果附件是特殊格式文件，应在正文中说明打开方式，以免影响使用。

5. 如果附件过大（如 QQ 邮箱的普通附件最多支持 50M），应分割成几个小文件分别发送，或者使用邮件服务商提供的"超大附件"进行发送，如 QQ 邮箱的"超大附件"功能可以满足用户向任何邮箱发送最大不超过 3G 的附件。但要知道，超大附件上传、下载时间都很长，而且超大附件的接收者需要在文件保存期内（一周）进行下载。所以，如果不是十分必要，不要发送超大邮件。

（六）语言的选择和汉字编码

1. 只在必要的时候才使用英文邮件

使用英文邮件的情况包括：一是收件人中有外籍人士；二是收件人是其他国家和地区的华人（因为存在中文编码差异问题，中文邮件在其他国家或地区可能显示乱码）；三是对方发英文邮件给你，为尊重对方的习惯，用英文回复。

2. 选择便于阅读的字号和字体

中文最好用宋体或新宋体，英文最好用 Verdana 或 Arial 字形，字号用 5 号或 10 号即可。不要用稀奇古怪的字体或斜体，公务邮件不要用背景信纸。

（七）结尾签名

每封邮件在结尾都应签名，让对方清楚地知道发件人信息。签名应注意：

1. 签名信息不宜过多

签名档可包括姓名、职务、公司、电话、传真、地址等信息，但信息一般不超过 4 行。引用一个短语作为签名的一部分是可行的，比如你的座右铭，或公司的宣传口号。但要分清收件对象与场合,切记一定要得体。

2. 不要只用一个签名档

对内、对私、对熟悉的客户等群体的邮件往来,签名档应该进行简化。过于正式的签名档会让对方觉得疏远。可以在 Outlook 中设置多个签名档,灵活调用。

3. 签名档文字应与正文文字匹配

签名档的文字是用简体、繁体还是英文,应与正文文字一致,以免出现乱码,字号一般比正文文字小一号。

签名档范例

> 高鹏程
> ××市鼎力文化传媒有限公司业务经理
> 地址:××市××区××路××大厦 B 座 1001 室
> 手机号码:15012345678
> *您的信任,我的动力;您的成功,鼎力相助!*

(八) 正确使用发送、抄送、密送和转发

发送电子邮件有时需要抄送、密送或转发给多人,此时就需要区分发送(To)、抄送(CC)和密送(BCC),转发邮件也应有针对性。

1. 发送(To)

发送对象,是这封邮件的主要处理人,理应对邮件予以回复响应。发送对象可以是一个人也可以是多人。公务邮件中的上行文应坚持发送一个人的做法,不能多头发送。以免造成收件人之间相互推诿或产生矛盾、抵触。

2. 抄送(CC)

私人邮件发送给多人时,按照发件人的对话意愿和事由相关度区分主送和抄送。公务邮件的抄送按公务文书中上行文的抄送原则执行。

3. 密送(BCC)

密送,即秘密发送。在发送电子邮件给多个人时,可以使用密送(BCC)的设置,以免让所有收件人都分享其他收件人的电子邮件地址。

4. 转发

转发邮件需注意:确认对方是否需要这一信息;不要把内部消息转给外部人员或未经授权的接收人;转发前对邮件内容进行必要的修改和整理;发送、抄送中的各收件人要按部门或职位等级等规则排列。

三、回复电子邮件的礼仪及注意事项

（一）及时回复

理想的回复时间是两小时以内，紧急、重要的邮件即时回复最好。可以使用智能手机的邮件提示功能进行提示。

多份邮件一起处理时，要区分优先级，低级别的邮件也不要超过24小时。

不能及时答复的棘手问题，应该及时回复说"邮件已收到，相关事宜我们正在处理，一有结果会马上回复"等等，不要让对方苦苦等待。如果你正在出差或休假，应该设定自动回复功能，提示发件人，以免影响工作。

（二）针对性回复

当用邮件答复问题时，最好把相关问题抄到回件中，然后附上答案。答复问题应该进行必要的阐述，让对方一次性理解，避免再反复交流，浪费资源。

（三）回复不得少于10个字

对对方发来的大段邮件，你只回复"是的"、"谢谢"、"收到"等几个字，是非常不礼貌的。回复性邮件最少要10个字以上，显示出对对方的尊重。

（四）不要就同一问题多次回复讨论

如果收发双方就同一问题的交流回复超过3次，就说明交流不畅。此时应采用电话等其他方式进行交流后再做判断。电子邮件有时并不是最好的交流方式。

（五）要区分单独回复（Reply）和回复全体（Reply All）

只需双方知道的事情，只回复对方一个人；需要两个人讨论后回复大家的事情，两个人先商议后再群发。点击"回复全部"前，要三思而行！确需所有人知悉时再群发给大家（Reply All），否则既不礼貌，也不私密。

（六）主动控制邮件的往来

为避免无谓的回复，浪费资源，可在文中说明只需某个收件人给出回复，或在文末添上以下语句："全部办妥"、"仅供参考，无需回复"等。

第三节　即时通信沟通

即时通信（Instant Messaging，简称IM）是利用即时通信工具进行的终端服务。即时通信工具是基于互联网网络通信协议产生的一种点对点或点对面的软件，可以提供即时文件、文字、图象、语言、视频等多种格式的媒体数据传输，使人们的沟通更方便快捷。目前，即时通信已发展成集交流、资讯、娱乐、搜索、电子商务、办公协作和企业客户服务等为一体的综合化信息平台。

2014年1月中国互联网络信息中心(CNNIC)发布的《2014年第33次中国互联网络发展状况统计报告》显示：截至2013年底，整体即时通信用户规模在移动端的推动下提升至5.32亿，较2012年底增长6440万，使用率高达86.2%，继续保持全国第一的地位。

一、以QQ为代表的即时通信沟通··

现在，国际上最有影响力的即时通信工具有：ICQ、MSN、AOL等，国内的如网易PP、新浪UC、雅虎通、阿里旺旺等都属此类工具，但最早诞生，也是运用最广的当属腾讯QQ。腾讯发布的最新财务报表显示，截至2014年二季度末，QQ活跃账户数已达到8.29亿。这里就以QQ为例对即时通信沟通进行分析。

（一）即时通信的人际沟通特点

即时通信以互联网为媒介，借助即时交流软件，实现双方的即时交流。即时通信的人际沟通既有面对面沟通的特征，又有自己鲜明的特点。

1. 兼具文字符号沟通的优势与不足

即时通信的人际沟通，如果不开启语音或视频功能，沟通双方的交流主要依靠文字进行。在这一沟通过程中，少了副语言和身体语言，彼此看不到对方的动作、表情，也听不到对方说话的语气和情绪，显得枯燥单一。为了解决这些问题，人们发明了很多表情、图片和动画，利用这些极其形象的视觉语言，如😮（惊讶）、😣（委屈）、🙏（拜托了）、👌（没问题）……来代替副语言和身体语言，弥补文字符号聊天的不足，但依然显得捉襟见肘，感官体验相对匮乏。此外，文字沟通相对于语音沟通更加耗费时间和体力，因为打字速度能跟上口语速度的人毕竟很少。

2. 即时性与延时性相结合

即时性：即时通信打破了时空界限，使不在同一空间维度的人之间实现同步交流。同时，信息可以长期保留，对方有足够时间分析信息，选择恰当的语言进行反馈。

3. 私密性与安全隐患并存

相较于传统形式的人际传播，即时通信具有很强的私密性。首先，每个使用者拥有一个唯一的号码和密码。其次，在沟通过程中，双方以连接互联网的个人电脑或手机为媒介，聊天的内容其他人看不见也听不到。再次，聊天记录同样需要账号加密码来读取，此外聊天记录可以删除，最大化保障交流双方的隐私。

值得注意的是，近几年，QQ盗号、QQ诈骗等案例频发，最典型的就是通过非法手段盗取QQ用户的号码后，以该用户身份向其众多QQ好友发送借钱之类的信息，总有好友情急之下上当受骗。安全隐患问题引发了用户的担忧，也对即时通信服务商的安全服务提出了挑战。

4. 便捷性与成本优势

即时通信工具的操作比较简单,只要有一台连接了互联网的电脑,并安装了如QQ这样的软件程序,登录账号就可以进行交流了。文化程度较低的使用者也可以通过语音和视频进行交流,其交流方式最大限度地接近于现实的人际传播方式。随着移动互联网和智能手机的推广,手机QQ开始流行,这增强了QQ使用的便捷性,无论走到哪里,随时都可以使用QQ进行交流。而且除了流量费不收取任何其他费用,文字沟通耗费流量很小,成本优势明显。不过要通过QQ进行音频或视频沟通的话,如果没有免费的WiFi(无线网络),还是选择台式机的宽带网络比较合适。

此外,利用QQ可以在线或离线传送文件,十分便捷。同时也存在弊端:在线传送需要收发双方同时在线,离线传送的文件只能保存一周。

5. 群聚性与共享性

QQ群的出现真正实现了"物以类聚,人以群分"。不同主题的功能群,将相关个人网罗到一起,探讨共同话题,分享信息资源。行政、企事业单位利用QQ群功能建立企业内部沟通平台,群内成员可以实现点对点、一点对多点、多点对多点的图像和语音传输,发布公告、群发消息、文件传输、文件共享、白板交流、协同浏览、视频广播、发送截屏图片等功能,有助于实现无纸化办公,在节约资源的同时,还提高了沟通效率。

(二) 即时通信的沟通礼仪

1. 意识到网络另一端"人"的存在

互联网给予来自五湖四海的人们一个共同的聚集地,这是高科技的优点,但往往也使得我们对着电脑屏幕而忘了是在跟其他"人"打交道。由于对方看不到我们,也听不到我们的声音,甚至不知道我们是谁,我们的行为也容易变得粗劣和无礼。因此,即时通信沟通的礼仪,第一条就是"意识到网络另一端'人'的存在"。如果当面不能说的"话",在网上也不要说。

2. 尊重为本

运用即时通信工具进行沟通时对他人的尊重表现在:

(1) 如果你很忙,就不要在线,设置一个"忙碌"状态或"隐身",以免无暇及时回复"好友"发来的信息,让对方空等,引起不快。

(2) 当别人显示"忙碌"状态时,不要轻易打扰。

(3) 当别人显示"请勿打扰"状态时,非十万火急,最好尊重对方意愿不要发信息给他,以免引起反感。

(4) 没有正当理由,不要随便要求别人加你为好友,应当了解到,别人加不加你为好友是别人的权利。

(5) 不要随意给别人发送链接。否则会有强制推送内容的嫌疑,也容易让别人的电脑或手机终端感染病毒。

（6）临下线要道别。例如："我要下线了，再见！""改天聊！""88"或者发一个图片表情 😊 都可以。

3. 遵时守信

与别人约定时间在 QQ 上聊天或商谈某项事情时，一定要严格遵守事先约定的上线时间。如果不能如约上线，要通过电话或短信的方式告知对方并说明原因，待上线后再次真诚地向对方道歉。如果事先和对方约定了沟通时长，要把握好时间，不宜超时；如果彼此都很忙，事情又未沟通完毕，最好约定下次沟通的时间。

4. 聊天速度要适当

在 QQ 上交流，打字应该本着"就慢不就快"的原则。比如对方一分钟打 20 字，而我们一分钟能打 120 字，这时就要迁就一下对方，按着对方的节奏交流。否则，对方跟不上我们的思路，沟通就会出现障碍。

同时，回复对方的速度也要适中，不能过快，也不能过慢。比如对方很严肃地问一个他认为很重要的问题，即使我们知道答案，也要经过审慎考虑后再回复。

5. 字号字体莫乱改

QQ 聊天时，默认的文字是 10 号黑色宋体字。但为了突显个性，尤其是群聊时为了将自己的文字与他人区分开来，很多人都不喜欢用默认字体，QQ 也迎合用户需求提供了丰富的字号、颜色和字体选择，包括很多原创的个性化艺术字体。需要注意的是，突显个性无可厚非，这也正是互联网带给人们的福利。但若将聊天文字改得大大小小、五颜六色、奇形怪状（如个性字体"火星文"），一来屏幕显示非常刺眼，二来对方阅读比较吃力，三来显得你很幼稚，得不偿失。更改默认字体应选择清晰、易辨识的字体，如楷体、仿宋、幼圆等，不要选过浅或艳丽的颜色，字体最好不要小于 10 号，也不要过大，否则读你的一段文字还要拉动滚动条，这就造成阅读障碍了。

6. 慎用表情图片

恰到好处地使用 QQ 表情、图片、Flash 等可以使聊天图文并茂、情景交融、妙趣横生。尤其是使用自制的图片更能体现个性、彰显品位。但是，在使用表情图片时一定要注意加以选择，要做到适合话题、适合情景、适合气氛、适合对象，多使用祝福的表情图片；忌用表意不明、容易造成误解，甚至带有侮辱性、低级下流的表情图片。商务沟通中尽量少用表情图片，以示庄重。

7. 语音沟通礼仪

使用即时通信工具的"语音聊天"功能，方便快捷，表达清楚，有亲切感。在对方请求语音聊天时，如无特殊原因，应尽快接受；如因特殊情况不宜语音聊天，需要拒绝，应马上用文字告知对方、说明理由，并表示歉意。主动请求与对方语音聊天，最好先进行文字沟通，待对方同意后再发出请求，否则就像不打招呼直接登门造访一样唐突无礼；而且无论对方以什么理由拒绝，都不要强求。

语音聊天要尽量说普通话，吐字要清晰，当对方听不清时，应该用文字加以辅助。语音聊天的语气、语速、音调、用词都能反映出一个人的修养，一定要注意语言文明。

8. 视频沟通礼仪

使用即时通信工具的"视频聊天"功能，要注意仪表。仪表端庄既是自重，也是尊重对方。请求视频聊天之前要做好文字沟通。异性聊天，一般由女性先发出视频聊天请求；如果由男性先发出请求，在沟通时语气要委婉，一定尊重对方的选择。

聊天过程中不能有低级、下流的肢体语言。拒绝视频聊天，可以回答"对不起，我这里没有视频设备"、"不好意思，我的视频镜头坏了"、"工作场所，不方便，请谅解"、"今天太晚了，我要睡觉了，改日吧"等，表达要委婉。

9. QQ 群沟通礼仪

(1) 群有群规，身在群中就要遵循群里大家约定好的规则，要有公德心，照顾到群里其他人的感受。如果每天灌广告、刷屏而导致别人的不满甚至退群，你就会成为"群公敌"，迟早会被"踢"出去，禁止入内。

(2) 群交流如果是两个人对话较多，就不要当着大家的面持续交流，可以加进通信录私聊，避免扰众。

(3) 在群里尽量不要发太长、需要几屏才能看完的文字，这样别人要想看其他人说什么，就需要费力越过你发的文字才行。

二、以微信为代表的移动即时通信沟通 ··

微信是腾讯公司 2011 年推出的一款为智能手机提供即时通信服务的免费应用程序。微信支持跨通信运营商、跨操作系统平台，通过网络快速发送免费语音短信、视频、图片和文字，同时，也可以使用通过共享媒体内容的资料和基于位置的社交插件"摇一摇"、"漂流瓶"、"朋友圈"、"公众平台"、"语音记事本"等。截至 2013 年 1 月，微信注册用户量已经突破 3 亿，是目前亚洲地区用户最多的移动即时通信软件。

（一）微信的人际沟通特点

微信作为一款移动即时通信工具，同时又是 QQ 的"亲兄弟"（同为腾讯公司产品），除了兼具上述 QQ 人际沟通的特点之外，又有所突破。主要表现在：

1. 语音聊天优势多

首先，微信主打语音聊天，突破了 QQ 以文字聊天为主的缺陷，使人们可以更加迅速和准确地捕捉到对方的语气、语调等副语言信息,感官刺激更直接,更具亲和力;免去了用手指发文字短信的辛苦,节省了时间和精力。其次,由于微信的语音聊天是以"录制语音短信——发送"和"听取对方的语音短信"的形式进行的,不同于电话,更像对讲机。这种间断性的、你来我往的语音沟通方式,给沟通双方都留下了思考的余地,可以"三思而后说",使得通话更具理性,同时还不会出现电话沟通中"抢话说"的尴尬。第三,微信的语音聊天还兼具了电话留言功能。如果接到语音信息时正忙,可以有空时再听、再回复。第四,可以实现语音群聊,同时又不会像QQ的语音聊天一样嘈杂,出现多人同时说的混乱状况。此外,双方或多方的语音对话,和QQ的文字聊天记录一样会自动保存下来,可以反复听。

当然,就像打电话(包括手机)会受到沟通环境限制一样,并不是何时何地都方便语音聊天的,如果你当时不方便发送语音信息,还可以用文字输入的方式回复对方,语音和文字输入模式的切换只需轻轻一点,十分方便。

应当引起注意的是,微信的语音聊天没有电话沟通的即时性强、省时间,如果没有及时查看会贻误,或者收到多条语音短信时有可能会漏听。

2. 实现人际交往圈的全面覆盖

(1) 熟人交际圈。微信最初的受众是熟人,即QQ好友和手机通信录中的人。只要你的QQ好友或手机通信录里的人注册了微信,系统会马上提醒你。基于QQ好友和通信录联系人已经相对成熟的社交关系,沟通双方在微信沟通中感情黏性进一步增强,很多不常联系甚至是久无音信的熟人,通过微信(尤其是"朋友圈")又开始联络起来,由此形成稳定、成熟、联系频繁的熟人交际圈。

(2) "附近的人"交际圈。微信设计了"查看附近的人"功能,在用户所在位置1000米范围内的微信用户都能看到。它为用户提供了附近人的头像、昵称、签名及距离,让微信走近用户生活,以便用户之间产生进一步联系,也方便结识身边的朋友,向身边的人寻求帮助,或者推广工作业务。例如,你的车在半路抛锚了,可以"查看附近的人"寻求帮助;或者你开的小饭店希望拓展外卖业务,只需要在自己的微信中将相关资料作备注说明,有需要的人就会通过"查看附近的人"主动送上门来。

(3) 陌生人交际圈。二维码、LBS定位、"摇一摇"和"漂流瓶"功能,将微信的社交圈扩展到了陌生人。同时,微信整合了腾讯微博的功能,与微博用户实现了对接,用户可以通过微信进入微博平台,享受微博用户的待遇。

依托于微信平台,我们形成了全方位、立体化的社交圈子,人们可以根据需要更加精确化地分配社交精力。

3. 沟通成本优势明显

微信的各项功能不收取任何直接费用,只通过运营商代收流量费即可。比如,使用微信的语音聊天功能,可以随时随地通话,没有短信费,没有通话费,也没有长途和漫游一说,唯一的费用就是流量费。随着无线 WiFi 的迅速普及,随处可以找到免费的 WiFi 入口已经指日可待,所以流量费也将不成问题。这大大减轻了人们用电话或手机沟通时按条或按秒计费所产生的资费负担,让信息的传递更加方便、快捷。正如有人所说的,中国移动万万没有想到自己最大的竞争对手居然是腾讯!

此外,微信的系统插件已经打通了手机通信录、QQ 通信录、QQ 邮箱、QQ 微博、QQ 助手等产品,表现出了移动互联网时代成为平台型产品的潜质。优势平台的集聚共享,基本上将人们日常使用的所有通信工具都囊括在内。可以说,微信是这些通信工具的"集大成者",其优势不言而喻。

(二) 微信沟通礼仪及技巧

1. 微信"私聊"礼仪

(1) 选择恰当的沟通形式

当对方选择文字聊天的形式时,很可能是他所处的环境不适合录制和接听语音短信,如在嘈杂的公共场所或会场、图书馆等需要安静的地方,所以此时我们最好也发文字。如果你觉得说话更节约时间,也可以采用微信语音输入(iPhone)或讯飞语音输入、搜狗输入法等(安卓手机),把语音转化为文字,如此可以两全其美。

当对方发送的大多是语音短信时,我们也应回以语音短信。如果我们不方便收发语音短信时,应以文字形式予以说明。

(2) 语音短信不要太长

一条语音短信尽量只说一件事,语音短信太长会造成沟通障碍。一要考虑微信语音毕竟不是当面交流,说得太复杂,不便于对方理解和把握重点;二要考虑太长的语音短信需要较长缓冲时间,会造成接收困难,让对方等得不耐烦。

(3) 慎选信息发送时间

和打电话一样,发微信也要注意时间,不要在清晨、午休、半夜发消息。如果在休息时间、三餐时间、上下班高峰期,包括工作时间发了信息,不要期待对方立刻回复,如果对方不回,不要连续发送骚扰对方。

此外,与人单独交流尽量不要发广告,以免引起对方反感。不熟悉的朋友可能会直接将你删掉,熟悉的朋友虽不好意思直言,心里也会不快(除非他对广告的产品感兴趣),或者误以为你的微信被广告商盗了。

2. "朋友圈"礼仪

(1) 自觉维护"朋友圈"的"纯度"

"朋友圈",顾名思义,圈子里的成员多是工作、生活中的朋友。"朋友圈"的主要功能是进行情感交流,而非营销平台,也非工作交流平台。因此,建议不要发太多和工作相关的内容,要考虑朋友圈内其他多非工作关系的朋友的兴趣爱好。即便是同事,也不愿在下班时间紧抓工作话题不放。同时,更不要随意在圈子里发广告,即使是软广告,频率也不能太高。总之,要自觉维护"朋友圈"的"纯度",让它少一点功利,多一点友情。

(2) 内容要精选

微博已经承载了新闻播报的功能,所以不要在"朋友圈"里再担当新闻主播,除非某些新闻对圈里的朋友十分重要,很有必要分享给他们。心灵鸡汤式的文章也要适量,因为这类文章已然泛滥,鸡汤喝多了是会倒胃口的。至于"段子",就交给那些"段子"精选类的订阅号吧,你订阅了,你的朋友们可能也订阅了。所以,发在"朋友圈"里的内容要精选,它代表了你的综合素质和品位,直接影响你的公众形象。

(3) 多与朋友互动

不要做"朋友圈"里的看客,只围观、分享别人提供的信息,不作任何贡献。即便自己无暇原创文章,看到朋友发的精彩内容,如觉得对圈里好友有益的,也可以转发分享一下。对于有感触的文章可以点"赞"或发表评论。当然点"赞"要注意内容,不要不看内容一律点赞,遇到朋友发的悲伤消息也点"赞"就尴尬了;评论要多鼓励和肯定,少说教和批评;发表不同意见要注意用词,不宜争论。自己的文章被评论,应及时回应对方。总之,只有多与圈内朋友互动,"朋友圈"的价值才能凸显出来,你才能赢得更多的关注。

(4) 不要随意拉别人进微信群

有些人并不愿意和陌生人建立联系,如果随便被别人拉进某群,他会感到不自在。所以,不要随意拉别人进微信群,除非是为了帮对方解决问题或对方主动提出请求。

(5) 屏蔽不喜欢的朋友要巧妙

不喜欢一个人在朋友圈中发的信息,不需要删除,进入其个人页面,按右上角,即出现"资料设置",选择"不看他(她)的朋友圈"就可以了。尽量不要选择"加入黑名单"。删除该好友或将其加入黑名单后,在他那边看来,你的所有相册都会显示已被删除,对方发消息给你时,会提示需要验证。此时对方会恍然大悟,有可能恼羞成怒,于是连现实中的交情也破碎了。

还需注意的是,对于比较重要的事情,最好还是用电子邮件进行沟通,发微信很容易被遗忘,也不便于整理和作为证据留存。

除了微信的"线上"礼仪,"线下"礼仪也很重要。在商务活动或亲友聚会等场合不要自顾自地频发微信,忙着"晒"照片或者和手机里的"小伙伴们"互动,而冷落、忽视了眼前人的感受。多和身边的人说说话吧,信任和真情还需在现实的相处中建立,不要模糊了现实和虚拟的界限,让真实被虚拟所代替。

《在微信中生活,不要生活在微信中》(《解放日报》2013 年 9 月 27 日,18:18)网址链接:http://newspaper.jfdaily.com/jfrb/html/2013 - 09/27/content_1096561.htm

第四节　博客沟通

广义的博客,应该是博客内容类个人(或组织)网络平台的泛称,包括我们通常所说的博客(Blog)、微博客(Micro Blog)和轻博客(Light Blog)。博客沟通,即泛指以博客平台为媒介的沟通,包括人际沟通、营销沟通等,本节主要探讨人际沟通。

一、博客(Blog)沟通

基本博客,即我们通常所说的博客,源于英文的 Blog(Weblog 的简化),又译为网络日志、部落格或部落阁等,通常是博主(博客作者,Blogger)从个人视角出发,原创或精选、整合二手信息以日志形式发表并频繁更新,以期与读者(或称访问者)共享信息、互动交流的一种个人网站。

博客最初的用途主要有三个:个人自由表达和网络出版、知识过滤与积累、深度交流沟通。随着博客的迅速发展,其商业价值受到重视,于是出现了博客营销。博客的类型也衍生为个人博客和企业博客。个人博客包括:私人博客、团队协作式博客、亲友圈博客、公共社区博客;企业博客包括:商业/广告型博客、企业领导人博客、企业产品博客、知识库博客等。本节主要探讨个人博客。

(一) 博客的特点

博客作为一种新兴的电子媒体和人际交流渠道,既具有网络平台共有的自由开放、表现形式丰富、大众性和广泛性等特质,又有自身的独特性,主要表现在以下几个方面:

1. 零壁垒拥有个人网站

零进入壁垒是博客受众多网民青睐的最大特点,也是博客发展的推动力。零进入壁垒主要是指零技术、零成本、零编辑和零形式。

零技术:过去,只有少数精通技术或者有条件实现技术的人才能拥有个人网站。但博客却不需要专业知识和技术(如域名知识、FTP 知识、网页制作和编程知识等),只要一个网民会发邮件,就可以没有任何技术障碍地马上拥有自己的博客网站。博客的力量就在于技术的极度简化,包括架构和申请博客网站,编辑、上传和修改内容等,都因为简单而具有革命性。

零成本:免费、简单、易用的博客软件工具的纷纷出现,促成了大量可以免费申请空间的博客服务网站。这也使得任何一个人都可以像申请免费电子邮箱一样,免费申请自己的博客网站,不需要注册域名、租用服务器空间以及购买软件工具等成本。

零编辑:著名的网络思想家戴夫·温纳(David Winer)对博客的定义非常简单——博客就是没有经过编辑的个人声音。编辑作为中介,是传统媒体(包括传统网络媒体)集中控制模式的重要方面,是内容发表的一个重要"屏障"和"壁垒"。而在博客领域,作者就是编辑,实时写作、实时发布、自我检查,形成了与传统写作截然不同的"体验",真正实现了作者"零磨损"的开放式写作。

零形式:互联网的技术特性,使得其形式的表现方式灵活而丰富。博客实现了返朴归真,它提供了自动、简明的形式,使得作者只需选择形式的模板,而无须为创作形式耗费时间和精力。博客的零形式使内容获得了更大的解放。

需要指出的是,"四零"是最理想的状况,也是一个相对状况。如果某人需要高级服务,比如,构建自己独立的博客网站,就需要一定的成本和技术。因此,不能把它绝对化、固定化。

2. 深度互动与思想共享

博客带有"留言"和"回复"(或"评论")功能,使博客作者与读者之间的相互交流可以突破时空。读者可以对作者"留言",也可以针对某篇日志的内容通过"回复"(或称"评论")与作者及其他读者进行探讨和交流。同时,作者自己还可以利用"回复"(或"回复评论")与读者互动,也可以根据读者意见和建议修改、完善已发布的日志。这样一来,读者不再是被动的接受者,而是直接参与到作者的创作中;而作者创作也不再是孤军奋战,视野变得更加开阔。更重要的是,博客的交流互动,模糊了作者和读者的界限,有时作者的文档仅仅是抛砖引玉,读者的再创作甚至超越了作者的原文档。这种深度交流互动,是其他网络形式(如即时通信、微博等)所无法取代的。

所谓"思想共享",即不再是简单的信息共享,而是对博客作者的思考过程及心理体验的共享。博客以日志形式出现,可以全面记录日志作者知识积累、问题思考和心理体验的过程,作者本人也可以透过博客清晰地看到自己的心路历程,同时,这个过程也毫无保留地呈现给读者,读者对作者的看法也会反馈给作者以及其他读者。在这种"共享"中,作者和读者的思想都得到提升。

3. 归属的独立性

博客通常是以个人名义申请和管理的,用户一旦在提供博客服务的网站上申请成功,就拥有了自己博客的所有权——账号和密码,就可以给博客命名,选择、更改博客界面(模板),设置博客的栏目,发表自己想要发表的任何内容(当然必须受到起码的道德、法律、宗教信仰、政治和文化等因素的限制）。在这一过程中,博客服务网站并不干涉每个博主对其"封地"的管理,这就使得博客的归属具有了独立性,博主可以在他的"领地"上畅所欲言、尽情展示个性。

4. 链接的无限拓展性

与传统门户网站的链接只能指向自己内部不同,博客的链接可以指向互联网世界的任何地方,只要这个链接没有失效,或者没有被禁止。博客真正以链接为武器,所有的文章都可以在这里看到,而无须把文章"拷贝"到网站中。所以,个人的博客网站,其表现力和丰富性不见得会输于一个商业性门户网站。

同时,有了链接这一有力武器,博主写作再也不需要任何观点、任何信息都靠自己绞尽脑汁,完全可以把整个互联网的优秀文档作为自己文档的组成部分。于是,原创的概念发生了改变。而且,有了链接,指向别人的文档,不但合理合法,同时也给别人的文档以新的生命。因为,给别人链接不再是简单的索取和给予的单一关系,而成为一种互为提升的"双赢"过程。可以说,向外的链接为文档插上了翅膀,使文档的表现力实现了质的飞跃。

（二）博客沟通技巧与礼仪

博客的零进入壁垒使其迅速成长为大众化的个人表达和人际交流平台。如何借助这一平台树立和传播个人形象、与志同道合者深度交流、拓展自己的人际交往圈,恐怕并不是每位博主都了解的。

1. 内容质量,博客之本

若要确保博客的内容精彩、吸引访问率,除了通过阅读拓展自己的知识面,通过写作训练自己的笔力外,还是有技巧可寻的。

（1）标题写作技巧

标题是网络文档能否被搜索到或点开阅读的决定性因素。要想增加标题的吸引力,除了要遵循准确、精练等一般要求外,还可以利用以下技巧:

借势法。即拟写文章标题时,尽量与最热话题、最红明星、最新时事、最火网络用语等相关联,借助其高关注度,增加自己文章被搜索或阅读的概率。例如:2014 年的正月十五元宵节正赶上西方的情人节（2 月 14 日）,于是很多门户网站 2 月 14 日的头条新闻都是"双节各地新人排队领证,场面堪比春运"。这一网络新闻的标题,就是借了"春运"的东风,利用春运期间大家对这一热词的广泛关注而顺利实现脱颖而出的效果。试想如果没有后面的半句,而仅仅说"双节各地新人排队领证",还会有相同的效果吗?

契合法。契合受众迫切的信息需求、求知欲望、好奇心,或能引起受众情感共鸣、具有语言美感的标题,往往能吸引受众注意力。例如:2006 年 12 月一组题为"学生'走光',我哭了!"的照片（照片内容为大雪过后乡村小学生脚上穿的各种打满补丁或四处打结的鞋子）一发布到网上,立即引发了一场席卷全国的爱心热潮。拍摄和上传网贴的云南乡村教师毛利辉曾尝试过多个标题，均无人问津，经过多次修改反复上传，将孩子们的"鞋不遮脚"用"走光"一词来形容，最终利用人们窥探女艺人"走光"的"猎艳"心理，收获了 30 多万人次的点击量和国内外 7000 多个爱心包裹。

需提醒的是，"标题党"故意用较为夸张耸动的标题吸引网友点击阅读文章、实际上标题与文章内容完全无关或联系不大的做法是不可取的。虽然短期内能吸引点击量，但对于博客的长期生存以及博主网络形象的树立都是不利的。

（2）日志写作技巧

好的博客不应只是转载，还应有适量的原创，即具有创新性。当然，"微创新"（即对他人文章的标题、内容进行加工）也是可以的。总之要确保一定的新鲜度，以便吸引搜索引擎和网民的关注；从题材上说，案例分析类文章、热点时事讨论类文章、教程技巧类文章（帮人解决某一领域的知识或技术问题的文章）最容易受到关注；至于语言风格，越通俗易懂、简单明了、有韵律感、幽默诙谐的语言越受欢迎；从篇幅看，不宜过长，一屏最好，最长不要超过 3000 字。如果一定要写长篇，不妨转换成短篇连载的形式，如果每个短篇末尾都能留个悬念，效果会更好；从表现形式看，图文并茂的文章更容易获得青睐。

2. 展示个性，脱颖而出

展示个性是博客精彩的原动力，也是互联网的魅力所在。要想将博客打造成展示个性的平台，需从内容和形式两方面着手。

（1）内容的个性化。展示个性首先从内容入手。致力于自己擅长的领域内容的挖掘，更容易因独树一帜而受人关注；如果博主是个"多面手"，最好不要超过三类文章，而且要在日志分类中将不同题材和风格的文章分类，取一个吸人眼球的个性化分类标题，不要用"新闻评论"、"随笔"之类缺乏新意的标题。

（2）形式的个性化。目前，博客的模板越来越自主化，DIY（Do It Yourself，即自己动手做）的设计模式也越来越成熟。博主可以随意更换背景图片、选择使用自己喜欢的字体及颜色，还可以增添动感的特效代码，而且操作也越来越简单。无需专业知识和技术，按照博客服务网站提供的操作指南逐步进行即可。

3. 持续更新，贵在坚持

和生物一样，博客也需要新陈代谢，否则就会失去生命力。试想，我们几次拜访某人的博客都发现他没有更新内容，以后还会去关注吗？所以，持续更新是博客生命力的催化剂，也是对博主的考验。如果条件允许，一定要坚持做到每天更新。

4. 开放互动，礼尚往来

网络赋予了博客开放性，博客就不再是"私人空间"了。有人拜访了我们的博客，给我们留了言,或者就某篇日志进行了评论,抑或只是"路过"、"踩踩",都是对我们的一种关注。所以,只要有时间、有精力,我们就应予以回应。如有可能,浏览对方的日志并留言,达到互动效果。这是博客沟通的基本礼节,也是推广自己的博客、扩大自己的交流圈最直接有效的方法。这种礼尚往来是针对同一级别的博客而言的。比如,"草根"博客(著名的"草根"博客除外)和名人博客之间就很难形成互动,因为名人博客的关注度很高,每天的访问量很大,留言和评论也多,一一回复、回访是不现实的。但是名人博客和名人博客之间就可以实现有效互动。

此外,使用个性化的头像到其他人气高的博客中去进行有效留言,同样也会给自己的博客带来访问量。这是因为:一来,当你留言的时候,最近访客列表中会出现你博客的头像和链接,如果你的头像和网名很有特色,被点链接的机会就很大。有人曾用这种方法每天访问 100 个人气高的博客,能吸引至少 200 个以上的访客来访问。二来,如果你的留言或点评非常精妙,受到启发或产生共鸣的其他读者就会有兴趣到你的博客去看看。

5. 尊重原创,转载注明

尊重原创、保护知识产权,是最起码的网络道德。博客沟通中,转载他人文章注明原文出处就是对原创最大的尊重。如果原文是已正式出版的文字,就要注明作者、原文标题、书名(或期刊名)、出版社、出版年(期数)等信息;如果原文是网络原创文章,就要注明原文的链接地址。否则就是剽窃、无耻占有。在开放的互联网上,这样的行径很快就会被揭穿,这无异于自毁形象。

二、微博沟通

微博,即微型博客的简称,来源于英文的 Micro Blog,又被称之为"围脖",它是一种通过关注机制分享简短信息的广播式社交网络平台。单篇的文本内容通常被限制在 140 个汉字以内,用户能够通过微博融合多种渠道(包括网页、即时通信、博客、SNS 社区、论坛等)发布文字、图片、视频、音频等形式的信息。最早和最具代表性的微博是美国的 Twitter,由埃文·威廉姆斯创建,国内最具代表性的是新浪微博、腾讯微博等。

(一) 微博与博客的不同

微型博客不仅仅是基本博客的瘦身版,它也因在使用终端、内容碎片化、关注机制、交流模式、转发功能等方面的突破,而具有独立的特质。具体表现如下:

1. 以移动终端为依托,即时性更突出

中国互联网络信息中心(CNNIC)发布的《2014 年第 33 次中国互联网络发展状况统计报告》显示:"截至 2013 年 12 月,中国手机网民规模达 5 亿,较 2012 年底增加 8009 万人,网民中使用手机上网的人群占比提升至 81.0%。"微博正是因为与手机通信的契合度较大,借助智能手机和移动互联网的普及而得到迅速推广的。这就使得"发微博"(即撰写和上传微博文档)随时随地都能进行，这大大提高了微博传播的即时性。在一些突发事件的现场，目睹者或亲历者就可以利用手机拍照、录音录像等功能，将事件的相关情况通过微博第一时间发布出来，其实时性、现场感以及快捷性，甚至超过所有媒体。埃文·威廉姆斯正是因为在Twitter上以最快的速度报道了美航坠河事件（比《纽约时报》网络版提前15分钟）而使得Twitter迅速流行的。这是微博的一个显著优势。

2. 内容碎片化，更便于阅读和原创

当今社会的运转速度和人们的生活节奏越来越快，信息流动的速度也越来越快，碎片化的内容不仅比长篇大论更适合阅读，而且更能充分满足现代快节奏高压力社会下人们急剧上升的个人表达与倾诉沟通的需求。

从内容撰写难度而言，博客文档的创作需要考虑完整的逻辑、架构大块文章，这对博客作者的时间、精力、写作能力等要求都比较高；而微博单篇的文本内容通常被限制在140个汉字以内，作者只需寥寥几句话，就像编辑一条短信，写作难度大大降低，也更节省时间和精力。有人甚至说，140字的限制将平民和莎士比亚拉到了同一水平线上。正因如此，大量原创内容爆发性地被生产出来。"沉默的大多数"在微博上找到了展示自己的舞台。微博的出现具有划时代的意义，真正标志着个人互联网时代的到来。

3. 关注机制增强了用户间的黏度，社交功能更突出

在微博世界里，只要点击了某微博头像旁边的 ＋关注 按钮，该微博发布的每条新消息都会出现在你的微博首页里，你也就成为该微博的"粉丝"（Fans的音译，意为追随者），而且关注他人不需要得到对方的认可，这点与微信不同。而对方也会在第一时间收到你已关注他的消息，并在"粉丝"列表里看到你的基本信息和链接，如果对方愿意，也可以关注你。这样一来就形成了互相关注 ⇄互相关注 ，也就是俗称的"互粉"（互为粉丝），双方的关联度就会更加紧密，互动也会更频繁。而且可以通过"@（提及）"和"私信"（一对一的类似于短信的微博沟通，只有沟通双方能看到）等功能进一步强化彼此间的黏度。

4. "单向跟随"与"点面结合"的创新交流模式

微博摒弃了社交网站双向互动的紧密人际关系，而以单向的跟随（follow）模式简化了社交关系。微博中的关注与被关注形成了其独特的信息分享、流动模式，从社会网络的角度来看是一种不对称的人际关系，这种不对称形成了微博广播式的信息流动模式。

虽然微博采取的是单向跟随的人际模式，但通过服务商提供的"@（提及）"功能、转发功能等同样给用户创造了一种开放的社交关系，扩展了用户之间交流的机会，而各自又保持了完整的信息流。

"@某人"，即对某人说，使信息发布更有针对性。@的功能主要有：（1）发布"@×××（某人

的微博昵称)"的信息,对方能看到你说的话,并能够回复,实现一对一的沟通;(2)发布的信息中"@×××"这个字眼带有链接,点击可以直接到达此人的微博,方便认识更多朋友;(3)所有@你的信息有一个汇总,你可以在"我的首页"一侧"提到我的微博"中查看。所以说,@是一种既公开又个人化的交流,这条信息既是给@的对象的"点对点"信息,又是可以让其他用户参与其中的"点对面"的传播,做到了点面结合。值得强调的是,微博中的@创造了消息提醒的机制,让你不会因为微博中过多的信息噪声,而错过他人@给你的信息,保证了对话的连续性。

5. 转发带来信息增值

微博的一键转发功能,为博文转发提供了便利。即便如此,也只有在用户认可某条信息或想要求证该信息的真伪时才会进行转发,转发的过程已经实现了信息的过滤。如果用户以转载的信息为背景,加上自己的评论后再进行转发,那么该用户的跟随者们所接收到的已经是实现了信息增值的新信息。若是再经过层层评论与转发,后续的跟随者获取的信息就会更加丰富,其中不乏截然相反的"事实认证"或评论,这无疑极大地丰富了人们对某话题的认知角度,实现了"兼听则明"。

(二) 微博使用原则

微博传播速度快,传播范围广,不可更改,不可撤销。所以,个人开微博、使用微博传播信息应慎之又慎。一旦言有不慎,有可能对自己或他人的声誉及工作、生活带来损害。正如荀子所说:"言有招祸也,行有招辱也,君子慎其所立乎。"因此,个人使用微博应遵循以下原则:

1. 实事求是

由于微博上的信息纷繁庞杂,很难一一辨别和求证,这也使得微博成为谣言滋生、传播的温床。正因如此,我们发微博要注重实事求是。首先,原创内容一定要保证实事求是、信息完整,不能以偏概全或以想当然代替事实;其次,转发内容一定要经过审慎思考或求证,不要不加辨别地以讹传讹,也不要急于对某个网络事件妄下结论。比如《新快报》的陈永洲事件、外国小伙北京街头扶摔倒大妈被讹事件,都在微博上引发了热议。一开始是一边倒式地声援"正义"记者陈永洲要求警方放人、痛斥讹诈外国小伙的大妈有失国格,但随着事实真相一步步水落石出,人们才意识到,自己的义愤填膺完全用错了地方。因为陈永洲收人钱财替人栽赃触犯了法律,外国小伙乃是闯红灯撞倒大妈还想逃逸的罪魁祸首。

2. 尊重他人

尊重是最起码的社交礼仪,也是个人道德修养的体现。如果利用微博的实时广播功能晒其他人的生活细节或裸体照片,不仅无礼,更暴露出博主的低级趣味。所以,我们绝不能为了吸引关注,而侵害他人的隐私权,调侃他人的民族习惯和宗教信仰。

3. 宽容冷静

对待微博的质疑或攻击,我们要以宽阔的胸怀和娱乐精神,以冷静、乐观、谦和的态度,理智化解。

（三）微博沟通技巧

前面提到的博客沟通技巧与礼仪，对于微博也是适用的。此外，结合微博自身的特点还可运用以下技巧：

1. 微博写作技巧

（1）用简练的文字、通俗的语言进行表达

140字的微博容量，语言表达自然是越精练越好。微博的语言风格也要求和"草根文化"血脉相通，多用微博热词，少说官话、套话，多说接地气的"人话"，才能赢得粉丝的爱戴和关注。

（2）表达真挚情感

微博要表达真情实感。在这个几乎透明的平台上写作，真实、真诚、真挚，才能打动人、感染人，才能赢得关注和青睐。

（3）善用微博讲故事

写微博，跟说相声一样，要善于抖包袱，要在140字中写出跌宕起伏，悬念和笑料留在最后，给读者留下想象和讨论的空间。看看著名草根博主"@作业本"的一条微博，体会微博讲故事的奥妙。

> 一同学倒腾电缆发了，非要今晚请我吃日本料理，寒暄完了没啥话题，我就埋头吃北极贝，其余同学也自顾自吃，他突然撸起袖子，热情地给我夹菜，男的给男的夹菜让我觉得很不舒服。我说别夹了，他还是夹。我说别夹了！他还是夹。我说你怎么回事啊？他来了一句：你就不想知道我手上这16万的表是啥牌子的？
>
> 2月13日 19:08　来自新浪微博手机版 | 举报　　　　　　转发(7979) | 收藏 | 评论(4545)

（4）用疑问句引发讨论

微博的目的是为了抛出话题引起讨论，疑问句恰巧就是起这样的作用。使用疑问句发起一个敏感话题，可以给粉丝们留有极大的空间，激发粉丝的讨论和转发。

（5）善用长微博

微博140字的容量，的确难以表达有深度的内容。通过使用长微博、图片微博等工具，用户不用离开微博页面，就能够看完全文，微博的传播效率会更高。

（6）吸引网友参与创作

个人的创造力和精力毕竟是有限的，如果博主善于挖掘众人感兴趣的话题，充分调动网友参与自己微博的创作，激发大家的创作潜能，使自己的微博成为话题讨论、接龙甚至论辩的平台，你的微博将会永葆活力，魅力无穷。

2. 使用实名，完善资料

微博昵称最好使用实名，如果身份比较特殊（如某一领域的专业人士或公职人员）可以向微博服务网站申请实名认证(新浪微博在这方面的管理相对成熟),头像采用真人秀照片,尽量多地提供你想突出的真实信息(如职业、专长等)。人们对信息资料完整的实名微博信任度更高,更愿意关注。同时,信息真实,也表明博主与人交往的真诚态度。虚拟世界的沟通,真诚与信任一样重要。

3. 有选择地关注他人

关注什么人的微博,决定你所获得的信息的类型。在我们时间、精力有限的情况下,我们对他人的关注要有明确的目的。比如,我们为拓展业务,就多关注与我们业务有关的微博,为陶冶情操,就多关注艺术类微博等等。这样,既节省时间和精力,也更易于形成交流圈,圈内的人际关系也相对紧密和稳固。

4. 关注热点,多设话题

微博有插入话题的功能,即在两个"♯"之间,插入话题名称,如"♯爸爸去哪儿第二季♯",插入后可以发起讨论,例如:"爸爸去哪儿第二季你想让谁来?"借着《爸爸去哪儿》第一季的超高人气,这一讨论一时间引来了228万人次的讨论,而且数字还在不断刷新中。

如何准确捕捉大家感兴趣的话题? 一个可行的办法是通过百度或 Google 的话题排行榜搜索最热话题,或直接参考微博服务网站提供的"热门话题"列表,然后通过添加相应话题的博文、插入相关话题引发讨论,或转发、评论热门微博。

将自己的微博地址,通过群发邮件、QQ 通知等渠道告知好友,请求加关注;将自己的微博同步到已有的博客上……这些手段都可以帮助自己的微博获得更多的人气。

三、轻博客

轻博客(Light Blog)是介于博客与微博之间的一种网络服务。轻博客是简化版的博客,去掉第一代博客复杂的界面、组件和页面样式,用极简的风格重点展示用户产生的文字、照片等内容;同时,轻博客也是扩展版的微博,主要表现是突破了 140 字的限制,保留了微博的转发、喜欢等社区特性。

可以说,博客是母体,是基础,更侧重于表达;微博是博客的缩略版和手机版,更突出社交性、传播力、时效性和便捷性;轻博客是简化版的博客,也是扩展版的微博,兼具二者的优势。轻博客的出现模糊了博客和微博的界限。如果说博客是"书籍",微博是"报纸",那么轻博客就是"杂志"。

表 8-1　轻博客、博客、微博特点对比

	轻博客	博客	微博
内容	文字、图片、音频、链接、视频	全部支持	文字、图片、音频、链接、视频
关系	单向关注 非公开非对等交流	无	单向关注 公开对等交流

续　表

	轻博客	博客	微博
展示	突出富媒体*	自定义	缩略富媒体
界面	自定义	自定义	更换背景
用户群	精英、小众	偏中高端，大众	偏低端，大众
时效性	较强	最弱	最强
复杂度	低	高	最低
字数限制	无	无	140 个字

　　* 注：富媒体一词由英文 rich media 翻译而来，它并不是指一种具体的互联网媒体形式，而是指具有动画、声音、视频或交互性的信息传播方法，包含下列常见的形式之一或者几种形式的组合：流媒体、声音、Flash 以及 Java、Javascript、DHTML 等程序设计语言。

　　（来源：http://baike.baidu.com/view/5326681.htm? fr=aladdin.）

【思考与练习】

一、课堂讨论

1. 你如何看待"微博控"、"微信控"现象？

2. 博客与 BBS 相比，优势与劣势何在？

二、案例分析

史上最牛 E-mail

　　2006 年 4 月 7 日晚，EMC（美国易安信公司）大中华区总裁陆纯初回办公室取东西，到门口才发现自己忘了带钥匙。在数次电话联系已经下班的秘书胡睿（英文名 Rebecca）未果后，次日凌晨 1 点 13 分，陆纯初恼怒之余，写了一封措辞严厉且语气生硬的英文"谴责信"给胡睿，并同时抄送（CC）给公司的其他几位高管。邮件原文如下：

　　Rebecca，

　　I just told you not to assume or take things for granted on Tuesday and you locked me out of my office this evening when all my things are all still in the office because you assume I have my office key on my person.

　　With immediate effect，you do not leave the office until you have checked with all the managers you support — this is for the lunch hour as well as at end of day，OK？

　　4 月 10 日 13 点 48 分，胡睿用中文回复了邮件并抄送（CC）给 EMC 分布在北京总部和上海、广州、成都三地分公司的所有员工。其中也包括老板陆纯初和其他几位高管。原邮件如下：

　　From：Hu，Rui［Hu Rui@emc.com］

Sent:2006 年 4 月 10 日 13:48

To:Loke,Soon Choo

CC:China All(Beijing);China All(Chengdu); China All(Shanghai); Lai,Shaon

Subject:FW:Do not assume or take things for granted

Soon Choo,

首先,我做这件事是完全正确的,我锁门是从安全角度上考虑的,如果一旦丢了东西,我无法承担这个责任。

其次,你有钥匙,你自己忘了带,还要说别人不对。造成这件事的主要原因都是你自己,不要把自己的错误转移到别人的身上。

第三,你无权干涉和控制我的私人时间,我一天就 8 小时工作时间,请你记住中午和晚上下班的时间都是我的私人时间。

第四,从到 EMC 的第一天到现在为止,我工作尽职尽责,也加过很多次的班,我也没有任何怨言,但是如果你们要求我加班是为了工作以外的事情,我无法做到。

第五,虽然咱们是上下级的关系,也请你注意一下你说话的语气,这是做人最基本的礼貌问题。

第六,我要在这强调一下,我并没有猜想或者假定什么,因为我没有这个时间也没有这个必要。

这封 E-mail 后来经过层层转发在网上兴起了轩然大波,胡睿也因此被称为"史上最牛女秘书"。

思考:

1. 根据本章学到的相关知识,分析陆纯初的电子邮件存在哪些问题。如果你是陆纯初,你将怎样给秘书发这封邮件?

2. 根据本章学到的相关知识,分析胡睿的电子邮件存在哪些问题。如果你是胡睿,你将怎样回复总裁的邮件?

三、沟通任务分析

某外资 IT 企业的新产品开发项目已经到了关键阶段。总经理命其秘书 Jenny 和财务部、客服部、销售部沟通一下,要求大家在一周内,务必将收集到的准确信息提供给研发部,作为新产品设计的参考。具体要求如下:

请以下各部门在 7 月 25 日前提供以下有关信息给研发部。

财务部:过去 5 年内,现有 4 种系列产品的年度销售收入表(精确到千元)。

客服部:根据 2008 年以来的客户访问与调查,提供一份客户改进产品意见的总结,篇幅不要超过一页,每种系列的产品分别说明。

销售部:一份 Excel 电子表格文件,列出最近两个月的销售实况,写明每一种产品的销售额,按系列、型号、规格分别列出具体数字。

思考：

1. 秘书 Jenny 需要围绕一个主题分别向三个部门传达不同的信息，什么样的传达方式效率最高（既能说清任务，又能节省时间）？

2. 如何确保信息传达到位？

四、沟通经历反思

请对照以下常见的电话沟通习惯，回想一下自己通常是如何进行电话沟通的？应如何改进？

问题情境	不良表现	你的实际表现
接听电话时	1. 电话铃响得令人不耐烦了才拿起听筒。	
	2. 对着话筒大声地说："喂，找谁啊?"	
	3. 一边接电话一边嚼口香糖。	
	4. 一边和同事说笑一边接电话。	
	5. 遇到需要记录某些重要数据时，总是在手忙脚乱地找纸和笔。	
拨打电话时	1. 抓起话筒却不知从何说起，语无伦次。	
	2. 使用"超级简略语"，如"我是三院的×××"。	
	3. 挂完电话才发现还有问题没说到。	
	4. 抓起电话粗声粗气对对方说："喂，找一下刘经理。"	
转达电话时	1. 抓起话筒向着整个办公室吆喝："小王，你的电话!"	
	2. 态度冷淡地说："陈科长不在!"就顺手挂断电话。	
	3. 让对方稍等，就自此不再过问他（她）。	
	4. 答应替对方转达某事却未告诉对方你的姓名。	
遇到突发事件时	1. 对对方说："这事儿不归我管。"就挂断电话。	
	2. 接到客户索赔电话，态度冷淡或千方百计为公司产品辩解。	
	3. 接到打错了的电话很不高兴地说："打错了!"然后就粗暴地挂断电话。	
	4. 电话受噪音干扰时，大声地说："喂，喂，喂……"然后挂断电话。	

第九章　人际沟通中的冲突管理

人际交往中的冲突是不可避免的。要保持和谐的人际关系，必须对人际冲突进行有效管理。管理人际冲突，首先要深刻理解人际冲突的内涵，了解人际冲突的类型和成因，客观看待人际冲突作用的双重性，并巧妙地加以利用；其次，要做好人际冲突的防范，预防工作要重点做到：有效化解嫉妒，及时消除误解，化解分歧和矛盾，慎重选择交往对象；最后是处理冲突，人际冲突的处理应坚持一定的原则，选择合适的冲突处理模式，采取灵活的应用策略，尽量使冲突向建设性方向发展。

第一节　人际冲突概述

由于人们在价值观、态度、个性、为人处事的方式等方面的差异，在日常生活和工作关系中，人际冲突在所难免。因此，人际冲突的管理就成为必要。而现实中，很多人遇到冲突或消极躲避，或凭感情用事，或直接请求外援。总之，由于冲突处理不当，而使人际关系状况恶化。究其原因，都是因为不懂得正确处理人际冲突的策略和方法。实际上，人际冲突并不可怕，如果处理得当，它可以成为冲突双方增进了解、改善关系的有利契机。

一、人际冲突的过程与结果

（一）人际冲突的涵义

冲突（conflict），是人在满足自己需要的过程中遇到外来的挫折或阻力，由于心理紧张和压力而产生的应激反应，是矛盾的外显形式。

人际冲突（interpersonal conflict）是指人与人在相互交往和互动过程中，因为种种原因产生意见分歧、争论与对抗，使得彼此关系出现不同程度的紧张状态，并为双方所感觉到的一种现象。它包含下列要素：

1. 冲突必须是双方都感知的。冲突是否存在，是一个知觉问题，如果人们没有意识到冲突，则认为冲突不存在。

2. 人际冲突直接源于意见的对立或不一致，带有一定程度的对抗性。

3. 人际冲突有内容、关系和过程三个维度。人际冲突通常会重点围绕一些特定的内容展开，但更进一步来看，冲突对于人际关系本身的意义更深。过程则指人际之间由相互作用变成相互冲突时所出现的各种活动，即从最初意见的不一致到公开对抗的全部表现和活动。例如：父亲发现儿子偷自己的信用卡去玩赌博游戏：双方争论的焦点为偷东西和赌博行为两个问题，这是内容维度；父亲因儿子的行为和狡辩而备感失望，从此不信任儿子，这是关系维度；父亲从信用卡被窃的紧张、发现儿子赌博行为的愤怒、与儿子争执、双方关系闹僵这一系列心理和行为，就是过程维度。

人际冲突的存在具有客观性和普遍性。正确认识和解决人际冲突，是保障良好人际关系的必要条件。

（二）人际冲突的过程

人际冲突包含以下四个阶段。我们无法控制冲突的发生，却可以妥善管理并引导其向着建设性方向发展。

1. 潜伏期

当内心感知到冲突发生时，人际冲突就已开始。这一阶段，我们主要是对可能爆发的冲突进行预测，预知或控制冲突的方向及程度，做好化解冲突的心理准备和预备方案，以减缓冲突的程度，使冲突朝着建设性方向发展。

2. 爆发期

冲突是防不胜防的，当冲突爆发时，无论是口头或肢体的冲突，都会对双方造成伤害。这一阶段最重要的就是彼此情绪的处理问题。在没有恢复冷静和理性之前的所有解决冲突的尝试，都是有偏颇的，给彼此一点时间，哪怕只是缓一口气，就能帮助彼此避免最激动的时候被负面情绪控制而走极端。

3. 扩散期

人际冲突爆发到人际冲突真正解决之前，有一个双方平复情绪、表达诉求、听取意见、寻找解决办法的阶段。在这个阶段中，对于已经发生的冲突不要责备它、阻断它或否认它，学习接受无法接受的事实，留给彼此一点时间、空间，让彼此有个缓冲、反思的余地，也许当初情绪激动时的攻击性言行伤害了对方，现在或许可以慢慢释放出歉意与和解的诚意，尝试着主动和对方沟通，并根据对方的反应做进一步打算。

4. 解决期

这一时期包括找到并实施双方都能接受的妥协方案，或实现彼此均满意的"双赢"结果，也包括"不解决的解决"，或以一方的屈服告终，甚至结束一段令人伤痛的关系。总之，这是一个作出抉择、付诸行动的阶段，让事情暂时告一个段落或有一个结束。

（三）人际冲突的结果

人际冲突导致的结果有四种可能：

1. 胜—胜：双赢。这是最理想的冲突结果，也是冲突管理的目标。

2. 胜—负：你死我活，非胜即负。一般而言，在组织中，下属与上司的冲突多为这种结果。据统计，下属的胜出率小于 25%。

3. 负—负：两败俱伤。影响较坏，负面评价增多，得不偿失。同事之间、朋友之间、家人之间的冲突这种结果居多。这也显示了冲突管理的必要性和重要性。

4. 不分胜负：因外力因素或自身原因，双方暂时相安无事，被搁置。表面上不分胜负，其实矛盾已经形成，暗藏着再一次的冲突。

二、人际冲突的类型及成因···

（一）人际冲突的类型

1. 根据冲突的原因划分

根据冲突发生的直接原因，可将冲突划分为两个大类：

（1）实质性冲突。即因为自己的期望、需求由于他人的原因得不到实现而产生的冲突。因为自己的利益受到损害，自己从事某项活动时受到阻挠，自己实现某个目标时遇到来自他人的干扰时，很容易与带来麻烦和阻碍的人发生的冲突。

（2）情绪性冲突。即因为自尊自信，或对他人的爱和信任受到伤害而引起的冲突。比如对方的嘲笑、人格攻击，对方不礼貌的行为，对方背叛了承诺等。

2. 根据冲突的显现状态划分

（1）潜在的冲突。即双方存在潜在的对立甚至对抗因素，但却没有表现出来的冲突。潜在的冲突是"有根基而尚未露头"的冲突，或心照不宣却没有承认的冲突，往往只需要一个导火索，就会转化成外显的对立态度和对抗的语言行为。

（2）显在的冲突。即双方都表现出来且能为他人感知的冲突。冲突一旦爆发，矛盾和对立就被"摆上了桌面"，不用遮遮掩掩，也不得不明确地采取一定措施予以处理。

3. 根据冲突的发展方向划分

（1）建设性冲突。指冲突的发生和处理的过程，有利双方开诚布公地讨论问题以找到问题症结，有利于激发彼此解决问题的积极性，有利于双方建设性地处理冲突后的彼此关系。

（2）破坏性冲突。指其发展过程，使彼此的伤害越来越深，局面越来越无法控制，结果越来越具有破坏性的冲突。如恶性竞争，彼此攻讦诬陷，打击报复等，双方在冲突发展过程中都伤痕累累，今后的关系很难得到修复。

4. 根据双方是否有真正的对立划分

（1）真实的冲突。指双方的确存在矛盾和对立，这些对立有具体的内容、有多方面的原因，不经过沟通和相应处理就无法化解。

（2）虚假的冲突。指双方有分歧，但是这种分歧并没有客观对立的基础，仅仅是由于不知情或误会而产生的冲突，弄清情况后冲突自然消失。例如，A 的同学 B 召集生日聚会，A 没有受到邀请，为此 A 很不高兴，而 B 也因为 A 没有去参加聚会而不满。事实上，B 本来打电话邀请，因为 A 不在，拜托 A 同寝室的同学转告 A，但 A 的同学却忘记了这回事。

（二）冲突的成因

1. 价值观、态度和认知能力的差异

价值观冲突是人际冲突中最难解决的，因为人的价值观决定态度和行为，且价值观一旦形成后不易改变。价值观不同的人很难有共同语言，沟通时很容易因意见不合而争吵甚至动手。尤其是宗教信仰不同造成的冲突，更是无数民族冲突甚至世界大战爆发的根源，希特勒二战期间的灭犹行动，就是基督教信仰和犹太教信仰几千年冲突的极端例子。

人们常说态度决定行动、态度决定高度。对待朋友是忠诚还是虚伪，是宽容大度还是小肚鸡肠，对待工作是积极进取还是消极怠工，这都是态度问题。如果一个积极进取、有责任心的人，遇到一个不负责任、消极慵懒的合作伙伴，就意味着冲突随时会产生。

人们的认知能力也存在很大差异，所谓聪明和愚笨就是对认知能力的一个简单评价。聪明人，学习力强，理解、领悟能力强，工作能力也就强，但也因此容易看不起能力比自己低下的人。聪明的领导者遇到悟性较差的下属，常常不耐烦甚至大发雷霆；头脑灵活的下属碰到思维保守的领导者则常不自觉地流露出轻视和怠慢之意，而这些都很容易引起人际冲突。

2. 个性和习惯差异

关于个人习惯，一个明显的例子是生物钟上的差异：黎明就起床的早起者与可能会一直睡到中午的"夜猫子"很容易发生冲突。在家庭中，年轻人与老年人经常因此爆发冲突而难以解决，最后只能以分开居住来避开冲突。个人风格包括很多方面，比如，做事毛糙和细致，雷厉风行或慢慢腾腾。一个追求完美细节的领导遇到一个毛糙的下属，冲突也必然会产生。

个性差异是造成人际冲突最主要的原因之一。例如：一个力量型的人和一个完美型的人在一起共事，前者雷厉风行、讲求效率；后者谨小慎微、讲求质量，冲突几乎是难免的。力量型的人与和平型的人也容易发生冲突：力量型的人最看不惯和平型的人没有主见、不思进取，和平型的人则觉得力量型的人过于功利，带给自己太多压力。

3. 资源的竞争

导致人际冲突最常见的是经济原因。比如，兄弟间可以为了争夺父母遗产走上法庭、为赡养父母而走上法庭；小贩和顾客为了商品质量或价格问题争执不休；职员因为没有及时加薪而到老板面前威胁要辞职等等，都是为了物质利益。

时间也是资源，很多冲突也源于对时间的争夺。比如，正在炒菜的母亲发现没有酱油了让女儿去买，而女儿这时候在看电视剧不想去，彼此对这段时间的争夺，就成了冲突的导火索。

在工作单位，好的工作岗位有限，领导岗位更是少之又少，劳动模范的名额就两个，三八红旗手就一个……这些涉及权力和荣誉的稀缺资源，也都是争夺的对象。争夺的过程中，冲突常频繁发生且难以解决。

4. 目标不一致

一个人有重要程度不相上下的两个目标，若这两个目标只能实现一个，就会产生内在的心理冲突，如既想上大学深造又想上班挣钱，既要男朋友高富帅还要对自己忠贞不二，既想尽早升职又想参加出国培训等。

而在有相互依赖或合作关系的人之间，如果目标不一致，且这种不一致难以调和，就可能爆发人际冲突。例如，在离婚的夫妇中，多数都是因为生活目标不一致：一个想把家建设好，一个却拿钱在外面养情人；一个在外面勤奋打拼，一个却在家自己享受等等。工作中这样的冲突更加普遍，比如在一个项目组，张三为完成项目加班加点，李四却总是想"搭顺风车"窃取别人的劳动成果，而队长王五为了这个项目必须建立一个高质量的团队，于是就会爆发两个方面的冲突：张三由于心理不平衡会和李四起冲突，王五也一定会和李四发生冲突。

5. 嫉妒、误解或意见分歧

嫉妒是由人性本能中争强好胜的欲望引起的，是发现他人在才能、名誉、地位、长相或境遇等方面强于自己时而产生的羞愧、愤怒、怨恨等组成的复杂的情绪状态。俗语所说的"红眼病"、"吃醋"、"吃不到葡萄说葡萄酸"等都是嫉妒的表现。女性对容貌、衣着及别人的爱情生活、家庭财力、夫妻关系等相当敏感，很容易产生嫉妒；而男性之间的嫉妒通常因为名誉、地位、业绩、社会关系等所致。当嫉妒情绪发展到极端时，很容易对被嫉妒者产生抵制、攻击、造谣、陷害等过激反应，从而引发人际冲突。

人际沟通中，误解和分歧是在所难免的，家人之间、同事之间、下属与上司之间都可能出现误解和分歧。究其缘由，或因为价值观的不同，或因为信息传播有误，或因为双方理解的差异等等。不论误解和分歧如何产生，我们都要及时化解，否则就会造成矛盾的升级乃至冲突的爆发。

6. 缺乏沟通

不论是价值观、态度和认知能力的差异，还是个性和习惯的差异；也不论是资源的稀缺，还是目标的不同，还是有了误解和分歧等，都只是说存在冲突的可能性，如果双方能及时有效地沟通，增进彼此的理解，也许就会多一分宽容，少一次冲突。可以说，所有的差异、分歧与矛盾最后演变成了对立冲突,都是彼此缺乏良好的沟通所致,也即其他问题造成冲突是必要条件而不是充分条件,而缺乏良好的沟通才是造成冲突的充分必要条件,因为沟通可以化解嫉妒,沟通可以消除误解,沟通可以解决分歧……

7. 归因错误

个体利益受到他人的侵害,实现目标的行为受到他人阻碍,就会推测对方为什么如此行动。如果确认对方是故意的,就会产生敌意和冲突;如果对方不是故意的,冲突发生的概率就会减少。错误地把对方的无意归因为恶意,这是出现各种误会和冲突的常见原因。

发生冲突后,对冲突产生的原因主要采取内归因还是外归因,也会影响到对冲突的反应和处理。如果将责任和过错都推给对方或环境,就会表现出强烈的指责、埋怨等行为,且拒绝自己作出改变,这往往会激怒对方而使冲突升级。如果能主动进行内归因,先反思并承认自己的错误、责任等,就容易赢得对方的谅解,从而使对方愿意更积极地配合你解决问题。

三、人际冲突的作用与利用 ··

（一）人际冲突作用的双重性

1. 人际冲突的积极作用

如果冲突能够激发个人的活力、潜能和创新精神,能够为解决长期存在的问题提供创造性的方法;如果冲突的结果有利于个人或组织取得预期目标,它就是具有建设性的,是积极的。具体讲,积极冲突会带来以下结果:

（1）加深彼此了解。冲突发生的过程中,双方都会激烈地提出自己的观点、立场和利益诉求,并为了证明自己的合理性而反复说明,借助这个过程,尽管是以不情愿的方式,双方不知不觉间增加了对对方的了解。

（2）明确关键问题。在解决冲突的过程中,双方不得不设法共同寻找引起冲突的原因,发现引起根本分歧的关键点,从而会为提出和采取可行的解决办法提供依据。

（3）激发潜在的创造性。通过冲突的解决,双方能够构建新的和谐。"如果我们能够解决这个冲突,我们的关系一定会再进一步。"如果冲突双方能有这样的想法,就显示了冲突有利的一面。如果没有冲突,就没有机会接受质疑和挑战,也就难以激发出反思、改进、创造性解决问题的积极性。

（4）促进彼此的成长和变化。每个人都有优缺点。冲突会使个人通过表达自己的想法、听取他人的批评和共享理念来学习和提高。

2. 人际冲突的消极作用

（1）冲突产生之后,双方都会感到心理紧张和压力,产生愤怒、焦虑、恼火等负面情绪;身体也处于较高的应激水平,给心脏、肾脏、血管等带来很大负担,从而令身心健康受损。如果冲突长期得不到解决,对双方的身心折磨会越来越甚。所以,现代文明认为,强迫长期不合的夫妇在一起而不准离婚是不人道的。

(2)冲突如果没有得到合理的解决,自我感觉在冲突中吃亏的一方会陷于愤怒敌对、怨天尤人或悲观失望等消极情绪中。愤怒、敌对的情绪日积月累,会导致产生易激怒、消极怠工、与人对抗、嫁祸于人、殃及无辜等等不利于社会和谐的行为。悲观失望等情绪容易使人陷于自我封闭而深感孤独,或因为责怪自己无能而陷于自卑等负面情绪中。

可见,冲突本身不可怕,可怕的是冲突不能得到及时、合理的解决。如果能得到及时、合理的解决,冲突的积极作用会更明显;如果得不到及时、合理的解决,则消极作用更大。

(二) 对冲突作用的认识和利用过程

在人类发展历史上,对冲突作用的认识和态度经历了由排斥、逃避到正视、接受,再到巧妙利用的发展过程。

第一阶段:一切冲突本质上来说都是负面的,应该尽可能避免。最好将其阻止于源头,不恰当的行为停止了,冲突将不复存在。

第二阶段:冲突是人际关系中一种不可避免的现象,而且是人际关系中一个正常的组成部分。有时冲突是有利的,有时冲突是有害的,但它总是存在的,因此应接受它、包容它,并积极地处理它。

第三阶段:面对人际冲突难以避免这一事实,我们不仅要积极应对,使已经发生的冲突向建设性的方向发展,并且在人际关系走向惰性和僵化时,还可以借助发起和保持一定水平的冲突,来激发双方关系中存在的问题,推动双方提升彼此关系的亲密度与互利程度。也就是说,这一阶段已发展到尝试主动利用冲突的积极作用而改善彼此关系、提高团队效率。例如:很多结婚数十年的夫妇,彼此间已经没了感觉,其中一方不满这种死水一潭的关系现状,故意找理由与对方吵架以发泄不满、表达愿望,往往能激发彼此努力寻求更有建设性的夫妻关系的愿望;一个工作团队,常常借助引入内部竞争来增强成员的积极性和创新精神。

四、人际冲突管理及其意义 ···

(一) 人际冲突管理

所谓人际冲突管理,就是在与人交往的过程中,在认识到人际冲突难以避免的基础上,以主动积极的态度,未雨绸缪的意识,运用适当的方式方法,对可能发生的冲突进行预测和预防,对已发生的冲突予以合理解决的整个能动过程。

人际冲突管理包括四方面的内容:一是把冲突看成一种正常的不可避免的人际现象;二是明

确冲突的发生原因、过程及可能出现的结果；三是及时预见冲突并准备好冲突出现时可以使用的策略；四是训练自己在冲突出现时不作出过激的反应。

（二）人际冲突管理的意义

1. 正确认识冲突有利于冲突的解决

认识冲突的必然存在，可以增强人们心理上的抵抗力。当冲突来临时，人们能够正确对待并采取正确的方法加以解决。而对冲突积极作用的认识，使我们不再害怕冲突的发生，而是对冲突加以有效管理，使其向积极的方向发展，尽量减少冲突的消极作用。

2. 明确冲突发生的原因、过程和结果，有利于预防冲突

冲突的结果取决于如何管理或处理冲突。而明确了冲突发生的原因、过程，有利于积极采取措施争取出现双赢的结果。比如，当上司意识到自己与下属在一些问题上存在差异时，应该及时分析这些差异反映了什么问题，下属是否也意识到了这些差异的存在，下属对这种情况的感知是否与自己相似？有了这样的意识，上司就有可能及时与下属沟通，那问题就可以在这个阶段解决，这就避免了冲突的爆发。

3. 准备好解决冲突的方案，是处理好冲突的有效保障

俗话说，心里有数遇事不慌。心中有了预定的方案，冲突发生时再根据具体情况进行适当选择，就可以消解冲突双方的负面情绪，平息双方的怒气，将冲突的负面影响降到最低，从而使冲突顺利解决并起到积极的作用。

4. 通过训练，人们可以具备冷静应对冲突的能力

急躁、担心、焦虑、愤怒等情绪是一般人面对冲突时的表现；而遇事不慌、泰然自若、冷静处置则是面对冲突的正确态度。只有通过训练，我们才能具备这种态度和能力，消防员面对大火、警察面对歹徒、武警官兵面对洪水和地震、医生面对急救病人等所表现出来的态度，都是训练有素的结果。有了冷静应对的姿态，加上适当的策略和技巧，冲突的合理解决就是自然的了。

第二节 人际冲突的预防

一、嫉妒的预防和化解

嫉妒是一种非理性情绪，嫉妒心理产生之后，如果得不到正确的疏导，很容易激发对被嫉妒者的伤害性行为。

> **案 例**
>
> 　　办公室的秘书小王业绩优秀,活泼开朗,善于交际,颇受老板的青睐和同事们的喜爱。刚刚步入中年的梅子,每每看到小王和上司及同事们谈笑风生,心里就特别不是滋味,嫉妒之心油然而生。
>
> 　　前几天,单位的一个数据整理出现了点差错,大家都在加班,干得非常辛苦。可是,总结大会上,主任单单表扬了小王,说小王心细,责任心强,为单位挽回了重大损失。同事们心里都不服气,梅子气愤之余,连夜编造了一封关于主任和小王的"桃色事件"的匿名信,第二天邮寄了出去。
>
> 　　过了几天,上级来人把主任叫到了办公室进行了长达两个小时的谈话,主任走出办公室之后是满头大汗,眉头紧锁,一副痛不欲生的模样。梅子明白了谈话的原因,一个人躲在厕所里哈哈大笑。接着,她又看见小王被叫去谈话,内心更是一阵窃喜。

　　嫉妒让梅子心灵扭曲,作出了造谣中伤的不道德行为。如果主任和小王知道梅子的所为,一场大战将不可避免。

　　实际上,这场冲突是可以避免的。假如小王不那么张扬,假如主任在工作中不是出于偏爱只表扬小王,假如小王和梅子是好姐妹,假如梅子是一个自信宽容的人……嫉妒就不会产生,没有嫉妒,这场冲突也就不会发生。所以,类似的冲突要从消除嫉妒及其产生的根源开始。

(一) 消除自己的嫉妒之心

　　强烈的嫉妒是痛苦的制造者,是各种心理问题中对人伤害最严重的,所以有人称其为"啃噬心灵的毒蛇"或者"心灵的恶性肿瘤"。职场中,如果一个人缺乏正确的竞争意识,只关注别人的成绩,却又不能获得那样的成绩,时间一久,心中的压抑聚集,就会形成病态心理,对健康造成极大的危害。

　　普通人一般或多或少都会有嫉妒心理,只不过有些人外显,有些人善于掩饰而已。有嫉妒心理是正常的,只要处理好,可以成为催人奋进的原动力;如果处理不好,则会引起不正当竞争,甚至惹出许多是非。所以,我们一定要学习如何有效地消除自己的嫉妒之心。

　　1. 心胸宽广

　　英国哲学家卡尔·波普尔曾说:"心胸卑鄙的人,是嫉妒的奴隶;而对有学问、有度量的人来说,嫉妒可化为竞争心。"心理健康的人总是胸怀宽广、做人做事光明磊落,心胸狭窄的人才容易产生嫉妒心。

如何做到心胸宽广呢？俗话说"心底无私天地宽"，首先做到心底无私，不计较一时一事的利益得失。其次，要谨防自己的虚荣心作祟。虚荣心是嫉妒产生的重要根源，它是一种扭曲了的自尊心，是一种空虚心理的需要。克服一分虚荣心就能减少一分嫉妒。嫉妒一经产生，就要立即把它打消掉，以免其吞噬我们的理智。克服的方法，就是积极进取的心态加乐观充实的生活。

2. 自我宣泄

面对生活和事业上与别人相比的巨大落差，或自认为的种种不公正，人们难免会一时心理失衡而产生嫉妒心。这种负面心理产生之后，要学会自我排解，自我宣泄：找一个知心朋友或亲友诉说一下；有意识地躲开让你嫉妒的环境而去参加一些体育活动，比如打球、游泳等，暂求心理平衡之后再想办法进行调节。当然，这种方式并不能最终消除你的嫉妒心理，还需要其他方面的调整，例如：找到自己的优势与价值，通过积极的努力获得属于自己的成功等。

3. 正确对待竞争

当今社会，竞争无处不在。当看到别人在某些方面超过自己时，不要盯着别人的成绩怨恨，更不要企图把别人拉下马，而应采取正当的策略和手段，在"干"字上狠下功夫。一是在别人取得优秀成绩时肯定别人的成绩，并且虚心向对方学习，以靠自己努力得来的成功为荣。二是要采取正确的比较方法，在比较中发现并发挥自己的优势，发现并弥补自身的不足，如果因精力有限而无法兼顾，那就集中精力于发挥优势，这些优势本身将构成对不足的遮蔽或弥补。三是坚信别人的优秀并不会妨碍自己的前进，相反却给自己提供了一个努力赶超的榜样，这样，在今后的奋斗历程中你将会迸发出前所未有的力量。

4. 正确评价他人

嫉妒往往是由于对他人的偏见认知：别人张扬一点，就认为人家是"显摆"；别人讲究生活品质，就认为人家是"炫耀"；别人谈一谈伴侣的好处，就认为人家是"矫情"；别人干出成绩，就认为是在否定自己等等。实际上，别人在交谈、做事时根本没想到那么多，是自己因为心态扭曲而"戴着有色眼镜"看人的结果。因此，我们要克服这种带有嫉妒心的偏见，对他人所作所为的认识应尽量客观、不带个人评价和判断。

5. 客观评价自己

有时我们容易高估自己，将自己的长处去比他人的短处，如果对方获得利益或荣誉，就心理失衡，认为他人不配享有。比如："他的能力比我差多了，为什么领导提拔他，而没有提拔我？他不就是会溜须拍马吗？"

有时我们又容易妄自菲薄，产生自卑心理，怨天尤人之余，将这种不满转化成对他人的嫉妒。比如："他能升职，那是人家有背景、有学历，而我啥也不占，还能怎么办？老天爷也太不公平了！"

其实，每个人都有优势和短板。狂妄自大和妄自菲薄都是没有正确估价自己的结果。要想避免嫉妒,我们要在正确看待他人的基础上,客观估价自己。要学会站在第三者的角度看待自己,重点分析自己的长处和独特之处,培养自己的自信和勇气。还要对自己的心理倾向和行为进行评估,看看自己平日是否有嫉妒现象的产生,一旦发现,要将嫉妒心扼杀在萌芽之中,以免其害人害己。

6. 寻找真正的快乐

快乐是种情绪心理,嫉妒也是一种情绪心理。何种情绪心理占据主导地位,主要靠自己来调整。快乐可以给我们带来和谐和健康,嫉妒给我们带来疾病,破坏人际关系。所以,如果我们能够从努力工作、帮助别人、娱乐休闲中找到快乐,从享受自然美景、享受甜蜜爱情、享受家庭温暖中找到满足,就没空去嫉妒他人了,这是最智慧也最自然的一种转化所有烦恼的方法。

(二) 淡化他人的嫉妒心理

常言道"树大招风",也常听人说,"不遭人忌是庸才"。被别人嫉妒,往往说明你在某些方面的确高人一等或更加出类拔萃,但也可能是因为你的为人或做事风格太招摇。遭人嫉妒会给自己的人际关系和职业发展平添许多障碍。所以,我们要尽量避免,最起码是淡化他人的嫉妒心理,以免造成冲突,无端树敌。

1. 踏实做事不张扬

谦虚做人、低调做事是很多人的做人做事准则。在这个强调个性、强调张扬的时代,年轻人追求特立独行、个人风格本无可厚非,但在人多的场合,如果过于高调、张扬,则会引来嫉妒和不满。因此,我们要做到:

不自以为是。有些人在工作中的表现是"只有我行!""他算什么,不就懂点技术吗?""你不行,我来!"经常如此,会遭到别人的反感。

不表功。"领导,今天这事全靠我了。否则,真的办不成。""小张,不是我帮你,你哪儿有今天!"不论是工作中的成绩还是帮助同事或上司,他们自然会感激你,如果急于表功,反倒把你的功劳抹杀了。

不炫耀自己的背景。包括家庭背景及与单位领导的关系。

不炫耀自己的美貌及经济实力。美貌和较强经济实力是遭人嫉妒的重要方面。

2. 分享荣誉不抢功

(1) 学会分享

职场上经常把独享荣誉的行为比作"吃独食",是一种容易引起他人反感甚至会激起众怒的行为。俗话说:有福同享,有难同当。在工作中取得成绩时,尤其是当你作为一个团队合作项目的代表受到上司特别赞许时,千万不要把功劳据为己有,哪怕这个项目的确是以你为主来完成的,也一定要与同事共同分享荣誉。分享荣誉的方式可以是口头的,也可以是物质的,如请大家喝咖啡或请大家吃饭等。

（2）感谢他人

取得成绩和荣誉后与他人分享的最常见的方式就是表达感谢。感谢同事的支持与协助，更要感谢上司的点拨与指导，还要感谢家人和朋友各种各样的支持。如果事实本身如此，那你本该如此感谢；如果他人的支持和帮助有限，你的感谢也是必要的，因为这可以使你避开他人的攻击。

（3）强调外力

当被上司派去承担一项重要任务，你很好地完成了，受到了表扬或特别的嘉奖，这时要记得强调外力在此过程中所起的作用。例如："我这次能办成这件事，主要是因为前期其他同事调查工作做得扎实，并且当地的客户又非常配合，不然的话，我也不可能这么顺利完成。"将完成任务的功劳归结于自己以外的其他因素，使得众人在心理上能得到一些平衡，因为你的能力在此时就显得不那么突出，自然别人也就不容易产生嫉妒心理了。

3. 故意示弱不高调

（1）放低姿态

资源有限，能力不同，竞争中自会分出高下。为了使"下"的一方心理平衡，"高"的一方就要放低姿态，以避免给对方制造更大刺激。例如，小张毕业一年就被提拔为部门经理。有朋友钦佩地赞美他："小张，你才毕业一年多就提拔了部门经理，真是了不起，大有前途啊！"小张有三种可能的回答：

回答一："老兄你过奖了。主要是我们这儿水土好，上司和同事们抬举我。"

回答二："那是！你没看咱跟总经理那关系！"

回答三："那是！咱这能力，公司没人能比，总经理要不提拔我，那就是没眼了。"

假如你是小张的朋友，哪一种回答让你听了最舒服、最没有压力，它就是最能避免引起嫉妒的回答。

（2）故意示弱

当嫉妒在预料之中，或已经产生时，为了化解对方的嫉妒心理，我们可以躲开被他人嫉妒的方面，而故意在其他方面显示自己的劣势，以求嫉妒者找到心理平衡，从而淡化对你的嫉妒。

（3）让利对方

对于那些嫉妒心强的同事、近期较为不如意的同事，可在一定条件下适度地让利于对方，切忌事事争先，以慰藉其焦虑的心理，减弱其嫉妒的心态。

二、及时消除误解···

沟通者的理念、看法、知识水平、理解能力等方面的差异，信息发出者表达的清晰度、情绪的稳定性，信息传播时的语境，信息传播过程中干扰因素的影响等等，都可能引起误解的产生。对于误解,我们首先要承认其必然性,其次要积极进行沟通以消除误解,以避免因其而引起冲突爆发。

(一) 正确对待上司的误解

在与上司的工作交往中,被上司误解和冤枉的情况屡屡发生。很多员工此时的表现是:先为自己辩解,之后四处抱怨,最后消极怠工甚至辞职走人。这么做的结果是对领导毫发无损,而自己轻则丧失领导信任,重则丧失工作机会。所以,当遇到被上司误解时,一定要积极面对,谨慎处理。

1. 坦然面对,不急于辩解

被上司误解,多数情况下面对的是批评。前面几章反复强调,对待任何批评都要坚持正确的原则、运用恰当的策略,切忌自我防卫、不接受批评。对于来自上司的批评,我们更要郑重对待、坦然面对,不管其批评是否符合事实,都要态度谦恭、情绪冷静地倾听和接受,在上司气头上的辩解只能起反作用。尤其是当我们发现自己被"冤枉"时,如果当时急于辩解,往往语气急促、情绪激动,很容易说出过头话而导致误解加深,以后处理起来就更棘手了。

2. 不向他人倾吐苦衷

"得罪"了上司,自然心中不快。有些人,特别是女士们往往选择向要好的同事诉说。这种做法的不当有三:如果失误在上司,同事对此不好表态,你得不到安慰;如果误解由你自己造成,朋友不忍心往你伤口上撒盐;最可怕的是被居心不良的人利用,添油加醋反馈到上司那里,会加深你与上司的隔阂。所以,最好的办法是自己理清问题的症结,找出化解误会的合适办法。

3. 积极干好工作,用行动消除上司的误解

上司对我们有误解后,有时候是不露声色的,尤其是涉及道德品质、领导利益的问题时,往往不会直接表达质疑,但在微妙之处会不自觉地流露出不信任或戒备、敌意等,有的上司还可能会有"刁难"行为。在这种情况下,消极怠工、敷衍了事或顶撞对抗,只会使情况变得无法收拾。如果我们不好直接找到上司澄清,那就先忍一忍,通过一如既往的勤奋工作,让上司多注意你正面的优点,慢慢就会淡化和消除对你的负面看法。

4. 利用一些轻松的场合对上司表示尊重

在合适的场合向上司示好不失为淡化误解的好方法。这些场合包括:部门沟通会、公司联谊活动、同事小型聚餐、半路偶然相遇等等。主动向上司问好、敬酒,自然诚恳表示对他的尊重,言者有意,听者有心,上司感动于你的尊重和诚意,会逐渐淡化因误解而产生的不满和隔阂。

5. 寻找合适的机会与上司沟通

对于上司的误解,一般来说,非原则性的小问题,且一两句话解释不清楚的,就可以不解释,让时间去谈化误会。对于涉及自己人品或可能影响职业前途的大误会,如果不尽早消除误会将

对自己极为不利，就有必要等事情过后，找一个合适的时机，主动和上司沟通，以一种自然而然的方式向领导提起并做必要的解释。注意解释时不要随意攻击他人，或影射是某人制造了这起误会，也不要流露对上司不"明察秋毫"的埋怨之意。

6. 借风扬帆，寻求调和

如果尽了很大努力，仍不能消除上司对你的误解，那就要考虑寻求外援了。可以请一个在上司面前说得上话的人帮忙，将真实情况向其做全面、详细的介绍，并请他从中协调。

总之，被上司误解是经常的事情，和上司争辩的结果只会使情况恶化，我们要调整好心态，寻找合适的机会、采用适当的方法和上司沟通，让上司在明白事情真相的同时，感佩于你的工作态度和良苦用心，因而增加对你的敬重和赏识。

（二）有效化解同事的误解

同事之间可能出现误解的情况有：同事关系造成的误解，如 A 的好朋友突然与 A 的对立面关系很近，A 就认为她们有什么阴谋；工作任务造成的误解，如 A 领导的团队成员没按时完成任务，A 就以为他是消极怠工；资源竞争造成的误解，如 A 本有希望升迁的，可结果是 A 的同事升任了经理，A 就误认为是他破坏自己的升迁机会等等。在处理同事之间误会的问题上，应重点做到以下方面：

1. 自我反省，寻找原因

发现同事对你的态度有变化。比如，埋怨你为什么知道领导来检查工作不告诉他，致使他挨领导批评；或者你和他打招呼，他对你不爱搭理；或者用讽刺的语调和你说话等等。遇到这些情况，首先要自我反省：我哪儿做得不对了？我处理问题的方式哪里不妥？我伤害到对方了吗？如果的确如对方感知的那样，我们由于没有意识到问题的严重性，做事有些随意了，那就赶紧道歉，之后还要深入思考以后如何做才能避免误解的发生；而如果是对方的误解，则进行解释，并表示以后一定注意避免让人产生误解。

如果对方对你进行怀有敌意的贬低或攻击，或对你的能力、才华和业绩表示怀疑，你则不必辩驳，而是用出色的工作业绩来回答他。不要把时间和精力浪费在无谓的人际纠纷上。从这个角度上来说，"敌意"对你又是一种鞭策，是激励你向前的动力。

2. 寻找时机，及时沟通

由于性格的不同，有些人对你不满直接说出来，而有些人对你不满则表现为工作上的不配合或在背后散布谣言。这种情况下，及时沟通非常必要。因为无论是工作不配合还是散布谣言，其负面影响都很大。沟通时，要注意选择适合沟通的时间和场合，注意稳定对方和自己的情绪，以平和的语气和真诚的态度和对方交流，避免攻击性语言和"算总账"，达到澄清事实、消除误解的目的即可。

3. 换位思考，宽容待人

自己的做事风格和对他人的态度，是否容易让他人误解？在考虑这个问题时，我们要站在对方的立场，思考假如是别人像你这样的做法，你是否也会产生误解？这样反思有利于我们改善做事风格，克服不良习惯，减少被误解的概率。如果对方对我们的解释不信任，我们也不要生气埋怨，而要宽容待人，理解他的想法，暂时搁置问题，以免矛盾加深。

4. 借助他人，曲线沟通

自己的人际关系出现问题，尽量不要麻烦领导和同事，以免扩大负面影响。但如果问题较严重，误解较深，不及时解决必然造成更大的矛盾和冲突；同时双方无法沟通，单靠自己的能力又无法解决，那就有必要请领导或同事出面，加以证明或调停。中间人或从正面调停，或以中间传话的方式，以达到两个目的：一是把自己的想法和事实真相告知对方，以便澄清事实、消除误会；二是警示对方收敛不利于双方关系的言行。

三、及时化解分歧和矛盾

分歧多数是由于观点的不一致造成，与误解相比，它更明朗化，两个人的观点不一致，这是再正常不过的事了。矛盾则由多方面的原因造成，可能是利益之争，也可能是由于嫉妒，还有可能是伤了对方的面子等等。

误解一旦解释清楚后会消除，两个人就可以和好如初；而分歧的消除则有几种情况：一是通过领导的意志达成统一；二是用充分的论据证明自己观点的正确性，从而说服对方；三是按目标一致原则，一方保留意见，而服从另一方。分歧的化解要求做到以下方面：

（一）正视分歧的存在

每个人的教育背景、知识层次、地位等的差异，对一件事或一个人有不同的看法和观点是非常正常的，但在现实中经常有人埋怨对方与自己意见不统一，如："我不明白，你怎么能这么看呢?!""你怎么那么多顾虑？这不就是个很简单的问题嘛!"这些抱怨的存在，都是因为没能正视分歧的结果。所以，我们要正视分歧的存在，并调整好心态勇敢面对。

（二）客观看待对方的意见

每个人站位不同，看待问题的角度也不同。如：总经理站在全公司的大局，部门经理站在自己的部门，一般职员则站在个人岗位或个人利益角度上。当上司、下属或同事提出与自己不同的意见时，我们只站在自己的角度将很难理解和接受，因此有必要站在对方的角度客观的分析和看待。

（三）洞悉问题的本质

有了分歧，究竟谁对谁错，按谁的意见执行，这是我们要解决的问题。此时，双方要通过沟通找到分歧的关键和问题的本质，然后才能有针对性地采取措施化解分歧、达成意见的一致。

（四）采取必要的妥协

妥协经常出现于上下层级或地位不同的人之间有分歧的情况下。为了体现对上级和长辈的尊重、保持人际关系的和谐，对于非原则性问题，下属或晚辈适当的妥协是非常必要的，这也符合我国集体主义文化的思维和行为原则。有时候，上级或长辈出于关爱之心，也会对下属或晚辈的"过分"要求给予一定妥协。除了上下级关系，为长远的关系考虑，平辈或同事之间偶尔的妥协也是必要的。

矛盾由于其成因复杂，解决起来难度较大，矛盾得不到化解，往往会直接演化为冲突，可以这么说，矛盾是潜在的冲突，冲突是暴露的矛盾。矛盾的处理方法与冲突相同。

四、交友一定要慎重……………………………………………………………………………

有很多人由于交友不慎而吃了大亏。为了减少人际冲突的发生，交友一定要慎重。

（一）交浅言深者不可深交

与人初相识，在保持一定人际距离的同时，一般通过闲谈来彼此了解和熟悉。有一种人，刚认识你不久，便把自己的苦衷和委屈一古脑儿地向你倾诉。这类人乍看热情而实在，其表述也是令人感动的，但他可能也同样地向任何人倾诉，你在他心里并没有多大分量。另外，刚认识不久就自我透露得太多，也是肤浅、不谨慎的表现，与这样的人成为朋友，很可能因此而受累。

（二）搬弄是非者不可深交

一般来说，爱道人是非者，必为是非人。这种长舌之人喜欢整天挖空心思探寻他人的隐私，抱怨这个人不好、那个人有外遇等等。他们还可能挑拨你和他人之间的关系，当你和他人真的发生不愉快时，他却隔岸观火，甚至两边传递小道消息，使矛盾冲突更加复杂化。

（三）唯恐天下不乱者不宜深交

有些人过分活跃，爱传播小道消息，制造紧张气氛，如"公司要裁员"、"某某人得到上司的赏识"、"这个月奖金要发多少"、"公司的债务庞大"等等，弄得人心惶惶。如果人们之间发生矛盾冲突，这种人不仅不帮忙调解，还可能怂恿双方冲突升级，将冲突双方置于更加困难的境地。

（四）爱占小便宜者不宜深交

有的人喜欢贪小便宜，以为"顺手牵羊不算偷"，随手就拿走他人或单位的财物，比如纸巾、饰品、订书机、各类文具等小东西，或利用双方共有的物品谋取个人利益，利用上班时间捞取外快等，虽然值不了几个钱，但却让人不敢相信其人品。如果与这种人成为朋友，会被他人怀疑"近墨者黑"。

（五）被上司列入"黑名单"者不宜深交

在职场中，只要仔细观察，就能发现上司将哪些人视为眼中钉。如果与"不得志"者走得太近，可能会受到牵连。不过，纵然不与之深交，也不可落井下石，谨慎客气地和平相处就是了。

第三节　人际冲突的处理

一、人际冲突的处理原则

（一）着眼于整体的沟通体系

人际冲突的发生绝非毫无牵连、无中生有。冲突一定发生在日积月累所建立的人际关系与整体气氛当中。若要建设性地处理冲突，应全面考虑自身、对方以及双方的关系这三方面的因素，反思与对方在过去的人际关系与沟通中存在的问题，归纳出导致今日陷入人际冲突的多种原因，站在更高、更关注全局的角度来处理冲突，否则容易陷入"头痛医头、脚痛医脚"、"知其然不知其所以然"的僵化肤浅的思维模式，导致对冲突的处理不能周全妥帖，不利于双方关系的改善和提升。

（二）与其事后补救，不如事前防范

冲突对双方都会带来身心的损害，处理不好还会损及彼此的关系和利益，甚至造成无法弥补的悲剧。与其在冲突爆发后为问题的处理费劲心力，还不如做好事前防范。在平时的沟通中严格遵循人际沟通原则，培养正确心态，学会换位思考，注意平时的互动交流，发现冲突的潜在可能时，设法及时加以化解，等等。借助这些事前的积极预防措施，能使大冲突化小、小冲突化了，尽量减少冲突发生和升级的可能性。

（三）恢复理性后再寻求解决办法

人际冲突会激发彼此的对抗心理，甚至爆发对抗性的行为，如争执、吵架甚至恶意报复等。可以想象，在双方很情绪化的情况下，是很难找到达成和解的办法的。处理冲突的第一步，就是设法令双方都冷静下来，而不是意气用事。

能在发生冲突时尽快恢复理性，这既需要个人修养，也需要情绪管理的技巧，更需要对冲突的作用和处理宗旨有深刻的认知。认清冲突可能的作用，就会设法"趋利避害"，尽量增加冲突的积极作用，减少冲突的消极作用。明确处理冲突的宗旨和目标，就会给今后冲突的处理指明方向，如果以"关系重于利益"为宗旨，就愿意做更多妥协；如果以"竞争取胜"为宗旨，就会更多地选择针锋相对；如果以"双赢互利"为宗旨，就会竭力谋求双方都满意的结果。

（四）妥善安排处理冲突的时机

处理冲突的时机安排得当与否，与冲突能否获得妥善处理息息相关。在安排冲突的处理时机时，应特别注意以下几点：

1. 尽量及时地解决冲突。一般来说，不到万不得已，不要逃避、拖延问题的解决，因为这会造成矛盾的积累，且会给对方带来持续的紧张和压力，从而增加对我们的怨恨。

2. 当事人双方中有人在心理上尚未完全做好准备时，不要从事重大冲突问题的讨论。

3. 按冲突问题的轻重缓急安排处理的时间。

4. 对何时处理、如何处理应保持弹性。只要抱着愿意解决问题的态度,总能抽出时间来解决;不自我中心、墨守成规、固守教条,绝大多数情况是能找到可行办法的。

(五) 表达化解冲突的诚意和善意

对于非敌我矛盾的冲突处理,不管采取何种方式,表现处理冲突的诚意和善意,对及时、合理地处理冲突有很大的推进作用。尤其是在导致冲突的主因是对方的过错时,主动表达解决问题的诚意和善意,会起到宽恕的强大感召作用,令对方放下防御心理,愿意真正着手问题的解决。这里所说的善意,应达到一定质量要求,方能产生良好的效果:

1. 善意是出自主动,而非被动的。即善意是出自个人的雅量,是来自内心的选择,而不是受到规范或期望所逼迫而作出的某种姿态。

2. 善意是真正为了双方的长远关系和利益着想。无条件地容忍,让他人为所欲为,这不是善意,是怯懦和纵容。

3. 善意是没有功利心的,是对他人和自己一样关爱的仁慈。

4. 善意意味着不再对他人及其所作所为表示批判、蔑视、防御和搪塞。

5. 善意是自然的人情人性的流露,不是为了让他人有亏欠的感觉。

二、处理人际冲突的五种模式··

20 世纪 70 年代,美国行为学家托马斯(Kenneth Thomas)与科尔曼(Ralph Kilmann)提出了基于"武断性"和"合作性"这两个维度的解决冲突的五种模式:强迫、回避、迁就、折中、合作,如图 9-1 所示。

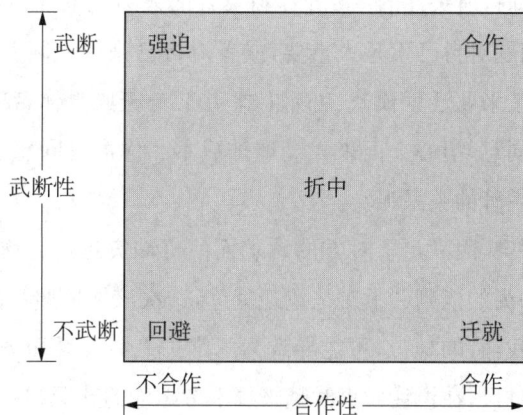

图 9-1 托马斯的冲突二维模型

(引自〔美〕苏珊娜·杰纳兹等著,时启亮、杨静译:《组织中的人际沟通技巧》(第 3 版),中国人民大学出版社 2011 年版。)

图中的横坐标维度是"合作性：关注维持与改善人际关系"，表示冲突一方在追求自身利益过程中对对方的合作程度，及对人际关系的重视程度；纵坐标维度是"武断性：关注自我意志和目标的达成"，表示冲突主体在追求自己利益过程中的强硬程度，也即是其关注自己利益的程度或坚持己见的程度。

这五种模式没有好坏之分，只有解决某种冲突时合适不合适的区别。在面对冲突时究竟采取哪一种合适，要根据具体的冲突情境、双方的性格和心理预期等灵活决定。

（一）强迫

强迫模式指发生冲突时，不惜一切代价实现自己的目标，甚至不惜损坏人际关系，这是一种"我成你败"、"我赢你输"的冲突处理模式。

很多处于支配地位的人在与被支配地位的人发生冲突时，常常滥用强迫模式，如领导们为了维护自己的权威，捍卫自认为正确的立场，经常强硬地反击下属的挑战；老师强迫回嘴的学生自打耳光；家长强迫想读文科的孩子读理科等。这么做可能省时省力，但可能埋下无穷隐患。

（二）回避

回避模式也称退却模式，指当面对问题或冲突时选择回避、绕开，即选择不处理这个问题，回避与相关人员的沟通，相信引起冲突的原因会自动消失或自动解决。

如果所面临的问题需要全力以赴去解决，采取回避模式是非常危险的，因为如果不能有效地解决这个问题，它很可能会再次出现；由于缺乏沟通、不予理睬，可能更会激怒对方，使冲突进一步恶化，今后处理起来变得十分困难。所以，如果冲突是必须解决的，在意识到冲突之后应立即明确而坦率地提出处理冲突的可行方案，从而节约时间和精力。

（三）迁就

迁就模式在处理冲突时，所关注的主要是维持良好的人际关系，而不是非得实现某个既定的目标。如果导致冲突的问题对自己不是太重要，或者对自己来说人际关系远比在这个问题上取得胜利重要，人们就会乐于采取迁就模式。例如：举办某个庆典时你希望请市里的领导参加，以扩大影响，但部门主管不同意，担心上面来人会增加成本。你最终同意了主管的意见，你的想法是：何必因为工作伤了和主管的关系呢？

采用迁就模式处理冲突，因满足了对方的诉求而使得冲突迅速化解，可以节省时间和精力，并且可以应用于下一次冲突的谈判（"上次是我迁就你，这次该你按照我的要求做了"）。不过，如果总是迁就而处于"你赢我输"的地位，可能导致为了维护人际关系而失去实现一些重要目标的机会，而且他人可能得寸进尺，在说话做事时越来越不考虑你的感受和利益。

可见，迁就他人是为了表示"宽厚"、尽早化解冲突，但是过分迁就可能对自己很不利，也无益于长期的人际关系，且很可能因没有得到满足而积累大量的怨恨。

（四）折中

折中模式选择"得到一些，放弃一些"。换一种说法是，自觉地在某些时候坚持你的观点，而在某些时候放弃你的想法。当你在冲突中选择折中或者"各让一步"时，就意味着你为了达成和解而放弃了部分目标以及部分的人际关系。

（五）合作

又称整合模式，是旨在达成冲突各方的需求，而采取合作、协商，寻求新的资源和机会，扩大选择范围，"把蛋糕做大"的解决冲突问题方式。合作模式是最理想的处理冲突的双赢模式。但做到双赢，一般要在沟通、解决问题和谈判时花大量的时间和精力。

在冲突双方都负责实施某个方案时，采取合作模式显得尤为重要：如果你觉得一个方案仅仅部分有效，或者是强加给你的，就可能不会全力投入实施。在合作中并不需要双方在所有的方面都达成一致，只需要双方都能够感觉到可以自如地表达各自的意见和建议，共同使解决方案达到最优即可。

五种冲突处理模式各有利弊。面对冲突，强迫模式可能获得全胜，冲突处理者也可以体验到个人权力的作用，但换取的是他人与你的疏远，乃至他人不愿意再和你合作，从而潜在着更大的冲突；回避模式的优点是，无须花费任何精力和时间去处理冲突，可以为更重要的冲突保存实力，但你无从了解他人的需求，缺乏对环境的真正理解，可能会失去更有创造性的解决方案；迁就模式的优点是，不会导致混乱状况的出现，其他人会认为你容易相处，但你无法掌控局势、缺乏主张的表现也使他人无法依赖你作出应有的贡献，所以，你不会有很高的威信，工作中会失去权力；折中模式的优点是，双方都有所得，和睦相处，但由于双方都没有得到全部决定权，仍埋藏着冲突爆发的可能；合作模式，是一种双赢的模式，双方在面对冲突时，能更深刻地理解面临的问题，共同寻找理想的解决问题的方法，能够维持良好的人际关系，但从短期看，会耗费一定的时间，某一方也可能失去部分自主权。

三、人际冲突处理模式的应用

每个冲突处理模式都有优缺点，没有一种模式适用于所有的情况。但我们每个人面对冲突时，在处理模式的选择上或多或少具有倾向性，也就是习惯于用一种模式来应付所有的冲突。这种僵化和懒惰会使很多冲突的处理不能做到积极作用最大化、消极作用最小化。因而，应在准确了解五种冲突处理模式的利弊和适用情况的基础上，注意培养处理冲突的灵活性，根据具体情况灵活地选择冲突处理模式。

（一）强迫模式的应用

1. 适用强迫模式的情况

强迫模式主要适用于：有苛刻的时间限制，形势危急，需要作出一个不同寻常的决定，而这时又没有时间或办法向对方解释或说明;或者对所采取的行动与群体或组织的整体或长远利益攸关,即便冲突的另一方坚决不接受,也非采取行动不可,比如上级在做决策时,在意见难以统一的情况下,命令下级执行自己的决定。具体而言,在处理冲突时,以下情况可以考虑采取强迫模式:

(1)冲突各方中有一方具有压倒性力量;

(2)对这次冲突采取强迫模式对未来的关系没有很大的损害;

(3)冲突中获胜的回报很高;

(4)冲突一方独断专行,另一方则相对消极被动;

(5)冲突各方的利益彼此独立,难以找到共赢或相容部分;

(6)冲突一方或多方坚持不合作立场。

2. 选择强迫模式应权衡的因素

任何主体在决定是否采用强迫模式时,应当认真权衡实行此模式的成本与利益,慎重回答这样几个问题:

(1)自身有无足够实力保证一定能赢? 输的概率有多大? 输的结果是什么?

(2)此模式是否导致最希望的结局?

(3)此模式导致的结局是否能以更缓和的策略、更节省的时间或更低的成本取得?

(4)该领域的竞争是否会导致其他领域的竞争? 对自身损害可能有多大?

如果这些问题都在合理的范围内,而且形势决定非常有必要采取强迫模式,那就果断的使用。

案 例

广告专业毕业的 27 岁的张乐就职于一家大型国企的市场部,工作能力比较强,行事比较果断。市场部在开展工作时会有一定的灰色收入,市场部的员工彼此都心照不宣,各自负责自己的一摊事,平时也经常一起吃饭娱乐,但彼此间不怎么过多交流工作上的问题。

张乐是老总直接招到公司并在市场部担任副经理。他比部门其他同事年轻,对人重义气、讲交情,但洁身自好,一般不谋取灰色收入。该拿的钱不拿,这一做法在别的员工看来有点"业余",因而对他一直不以为然,不过也没爆发什么冲突矛盾,面子上仍保持一团客气。

半年之后,虽然几次推辞,但老总仍任命他当市场部经理。这时部门里不服气的人就多了,都觉得他是因为跟老总的关系好才当的经理,对他的命令经常阳奉阴违,时不时就有人给他下绊。加上与其他部门经常要因为利益问题在经理会上交锋,使他感到很累。于是他采取了"杀鸡给猴看"的做法:在一个平时跟他顶得最凶的下属完成一个"肥差"后把他叫来,把那个员工在这笔业务中捞到的各项"灰色收入"都直接指出来,包括比较隐蔽的部分。然后给那人两条路:拿着那笔钱主动辞职,或者通知有关部门。那人只好乖乖交上辞职报告。

在敲山震虎、让本部门的人有所畏惧后,张乐管理部门工作的方法开始改变。每周一他都直接布置所有下属本周的工作,每人一份具体工作安排,周五进行汇报。他的业务能力从分给每个人的工作量以及具体安排方面都显示出来,部门每个人有怨言也挑不出毛病。他认为:自己工作量大了不少,不过在部门里省心多了,能腾出更多时间和精力考虑部门外的事。

张乐的做法无疑是有些问题的,不过,面对形形色色普遍比较圆滑的下属,他采取强迫模式确实很快达到了他需要的效果。

(二) 回避模式的应用

1. 适用回避模式的情况

一般来说,以下情况可以考虑采取回避模式:

(1) 感觉不可能满足自己的需求,或者说没有足够力量去解决问题;

(2) 冲突涉及的问题很小,对自己来说这个问题不是太重要;

(3) 冲突的对方或多方不关心、不合作;

(4) 其他人或许能够更有效地解决此冲突;

(5) 冲突的对方对自己缺少信任、过度情绪化等,不适合马上处理冲突。

2. 采取适宜的回避方法

在决定采取回避模式后,还要预测实行回避模式对冲突问题解决的建设性影响和破坏性后果,并根据预测情况采取适宜的回避策略。常见的回避策略有:

(1) "不予注意"式回避——有意回避或忽视冲突存在,"冷却"冲突或寄希望于到一定时候冲突自行消失。例如:夫妻间吵架时,丈夫经常采取此回避方法。

(2) "中立"式回避——对冲突保持"中立"立场,限制相互作用,减少摩擦,或不表示看法、不采取行动的做法。例如:现代家庭中,父母和子女为减少矛盾,多数都分开居住。

(3)"隔离"型回避——冲突双方虽存在利益冲突,但工作任务已明确划分,双方相互关系有限;为了防止公开冲突或冲突的发展,一方采取与冲突对方"隔离"或冻结互动关系,独自向其他方面追寻利益的做法。例如:员工经常因为与上司的不和而要求调离本岗位或本单位。

(4)"撤退"式回避——当己方实力远逊于对方,冲突失败的概率很高时,为了避免招致新的失败,确保继续生存而采取的主动"撤退"、避让的做法。例如:员工和上司发生冲突时,即使自己没错,也为了保持上司的尊严而道歉;秘书受了上司的错误批评也不敢辩解。

回避方法运用得好,会起到很好的化解冲突、融合关系的作用。

案 例

　　李开复在苹果公司工作的时候,曾经开过一次会。当时,有一位员工因为自己的妻子和朋友被裁员,对公司的政策非常不满,就把怒气都发在李开复身上。他当面说出了一连串很难听的话,其语言的粗俗程度即使在最鲁莽的美国人中也是极为罕见的。

　　当时,李开复的第一个感觉是气愤,因为这种侮辱谩骂的做法非常恶劣。但他随即想到:人难免会在亲人受到伤害时失去理智,难免会在被灾难惊吓时失去风度。接着李开复又想,虽然他的表现异常粗鲁,但是一定有不少员工持有同样的想法,只是不敢表达出来罢了。最后李开复想到,作为这个部门的总监,自己代表的是公司的利益,不能因为一时的愤怒而影响了正常工作的进展。

　　于是,李开复冷静地告诉他说:"现在这个时候,对你、对我、对公司来说都是非常困难的时期。我理解你的心情。等你冷静下来,如果有什么建议,请你告诉我你认为最合适的做法是什么样的,我们可以仔细聊一聊。"

　　后来,那个员工私下向李开复道歉,并感谢李开复没有在整个团队面前让他难堪。一段时间后,这位员工举家搬到了欧洲,他和他的妻子都找到了合适的工作。他每年都会寄贺卡给李开复,也常常表示希望能到李开复领导的部门工作。

(三) 迁就模式的应用

迁就模式的核心是迎合——对别人或其他群体的利益让步,或将己方需求的利益让予他人。适用于迁就模式的情况主要有:

1. 各自利益极端相互依赖,必须牺牲某些利益去维持正面关系;

2. 力量过于悬殊，希望以让步换取维持自身利益或在未来其他项目上的合作，或通过暂时的退让以换取长久的信任；

3. 己方缺乏使用其他模式处理冲突的能力；

4. 己方对冲突结果的期望值较低；

5. 引起争执的问题对自己并不重要，而对对方很重要；

6. 自己让步可促使对方作出更大的让步；

7. 针锋相对会影响目标实现，或使自己处于不利地位。

案 例

柳林是 M 公司市场部的职员，她性格外向，喜欢用口头的方式与人交流，不喜欢写格式呆板的材料。市场部总监汪得峰则性格内向、拙于言辞，喜欢书面交流方式。

柳林入职后不久，M 公司要开发一款软件，汪总监让柳林做市场调查。调查完毕后，柳林打算找汪总监详细汇报调查结果，但几次去汪总监的办公室，汪总监都说自己太忙，让她晚一点再来，或者直接给他一份书面调查报告。柳林觉得还是口头沟通效率高、提供的信息多，还可以和对方联络感情，就一直等着汪总监给她面谈的机会。

几天后，汪总监突然把柳林叫进办公室，问她怎么一直不把调查报告送来，说领导都过问过好几次，让他很没面子。柳林说想当面汇报，汪总监再次以没时间听她慢慢汇报而打断了她。柳林只好把拿在手里准备用于口头汇报的提纲递给汪总监，汪总监一看不是正式的调查报告，又是一顿训斥。

柳林感到很委屈，不知如何是好。她向本部门同事朱大姐谈到自己的苦恼，朱大姐告诉她，汪总监一贯这样，认为空口无凭，只相信白纸黑字的材料。柳林又谈到担心汪总监对她不满意，以后合作困难。朱大姐鼓励她不要灰心，告诉他汪总监喜欢任劳任怨、踏实肯干的人。

柳林发现汪总监每天下班后仍在工作，关于如何赢得汪总监的好感，她计上心来。从此后，只要汪总监加班，她就留下来，并主动端茶、送水、买饭，帮助查找、整理、打印资料，时不时汇报点业内信息、社会新闻让汪总监解闷乏等。久而久之，汪总监那张本来对柳林冷冰冰的脸，渐渐有了越来越多的笑容。

半年后，汪总监向上级打报告，申请将柳林升为项目主管。两年后，市场部的副总监出国，柳林接任副总监一职。

（四）折中模式的应用

1. 适用折中模式的情况

一般来说，以下情况可以考虑采取折中模式：

（1）双方实力相当，没有一方有能力包赢；

（2）双方未来的利益有一定的相互依赖性和相容性，有某些合作、磋商或交换的余地；

（3）双方各自独立，互不信任，无法共同解决问题，但赢的赌注较多；

（4）采取强迫模式无法奏效，无法强迫或压服对方接受某方案；

（5）时间很紧，没有机会采取合作模式。

在有足够的时间经营彼此的长期关系时，遇到冲突时采取折中模式也是可行的。发生冲突后，首先寻求合作，也即先采取合作模式；无法达到合作目的时，再退一步采取折中模式。

2. 折中的谈判技巧

采用折中模式时的讨价还价技巧有四种：

（1）不做实际承诺，但表明愿意灵活处理的立场；

（2）做很少让步，但须等对方作出反应之后才会有实际进展；

（3）提供双方都能接受的具体交易条件；

（4）非正式地暗示对对方的让步将有所报答。

（五）合作模式的应用

1. 适用合作模式的情况

如果有足够的时间处理冲突，所有人都想得到一个既可以满足各方的要求又可以维持人际关系的解决方案，那就尽量采取合作模式处理冲突。

同时满足以下情况，也最好采取合作模式：

（1）冲突双方没有权力之争；

（2）双方都是独立的问题解决者；

（3）双方未来的正面关系很重要；

（4）冲突各方力量对等或利益互相依赖。

2. 合作模式的沟通策略

实施合作模式的双方都需要持有一系列信念：合作胜于竞争；双方都是平等的、可信的；能够找到彼此都接受的解决方法。在具体沟通时，应注意做到以下几点：

（1）使用中立的词汇，如"我还是喜欢我的方法"；而不是带感情色彩的词汇，如"你的想法没有用"。

（2）避免绝对陈述，如"这是唯一的方法"，应改为"我认为这是……的方法"。

（3）引导对方换位思考，如："你的观点有道理，同时我们是不是可以从另外一个角度看一下这个问题。"

（4）使用双方都能清楚理解的词语。

（5）提开放式问题。

（6）避免指令性句式。

（7）重复关键词，确保双方在没有误解的情况下沟通，确保双方都能完全理解对方的意见。

四、人际冲突的处理策略

（一）巧妙控制对方的情绪

只有保持平稳的情绪，双方的沟通才能顺利进行。我们除了应克服自己的情绪化问题，还可以采用以下技巧控制对方的情绪，帮助对方平息情绪，以利于彼此更理性地探讨冲突的解决之道：

1. 当对方情绪表现激动时，说一些暂时让步的话，避免责备或攻击对方，以稳定对方的情绪。

2. 当对方表现得咄咄逼人、不依不饶时，可以采取迂回方针，减弱对方的僵硬情绪，尽量避免正面回答对方的质问，否则可能加剧彼此之间的冲突。

3. 当对方失去理智，作出不冷静的行为或者说出极端的话语时，向对方表明自己的情感和态度。例如，你可以说："如果不是因为咱们共事这么多年，彼此很熟悉的话，你刚刚那句话真的会让我很生气。"注意表达时表情要诚恳，语意要明确清晰，措辞要委婉，否则可能被对方视为威胁而使冲突升级。

4. 当对方对解决矛盾现出失望、沮丧的情绪时，适当转移话题，以免双方不欢而散。例如，可以说："这个问题既然这样不容易解决，那咱们干脆以后再谈，不如先去喝一杯，你看如何？"

（二）暂时中断冲突话题

在冲突过程中，如果双方都死抠着产生分歧话题不放，很容易因为陷入思维或情感的定势而钻牛角尖，使冲突难以得到灵活地、建设性地解决。这时如果能设法暂停争执，让双方都有机会从当前的僵局中解脱出来，非常有利于双方缓解对立情绪，愿意尝试分析和解决问题的新思路。

暂时中断争执的常见方法，一是借口喝点饮料、抽跟烟、去洗手间等，提议双方休息一会儿；二是突然转换话题，将话题转到双方都感兴趣的、有利于重拾友谊的话题上。

案 例

　　陶伟年轻有为，是公司研发中心的总监。他手下有十几个人，但每一位下属都比他年长，这给他的管理工作平添了几分难度。

　　一天，陶伟发现下属江东利用上班时间做私活，他便将江东叫到办公室狠狠批评了一顿。江东则以自己常常利用私人时间加班反驳，办公室里充满了火药味。正在两人争执不下时，江东看见陶伟的桌子上放了一瓶维生素片，便说道："总监，你也吃这个牌子的维生素啊？"陶伟点点头，说："是啊，你也在吃吗？"

　　接下来的时间里，两个人开始讨论如何保养身体的话题。陶伟还请教哪个哪个品牌的保健品比较好。江东忠告陶伟："总监，身体是最重要的，一定要保养好。如果年轻的时候不注意，等你到了我这个年纪就知道多辛苦了。"

　　经过短短几分钟的谈话，办公室的火药味消失殆尽，两人的情绪也逐渐缓和了下来。

　　陶伟笑着说道："看来我真的要接受你的建议，去试试别的牌子的保健品了。"

　　江东也说道："你的批评我也要接受啊，上班干私活的确不对，我保证以后不会再这样了。"

上面的案例中，江东及时中断了产生争执的话题，转向了双方能产生共鸣的话题，将彼此反对变成了彼此关心，矛盾就这样轻而易举化解了。

（三）适当打打"人情牌"

当双方发生冲突时，如果表现为将对方视为竞争者、敌人，则很容易演化为互不相让、你死我活的斗争；如果能将对方视为自己的合作伙伴甚至亲人，则双方都会意识到建设性地处理冲突的必要性，从而可能采取解决冲突的合作模式，愿意花时间和精力来寻求双方都满意的解决之道。中国是一个人情社会，职场中人平时也经常以兄弟姐妹相称，即便刚认识的陌生人彼此也常常称兄道弟。巧妙利用这一特点，设法建立合作甚至亲情关系，则对立情绪可以得到释放，矛盾冲突也就可以得到缓解了。

> **案　例**
>
> 　　女士 A 在拥挤的公交上不小心用高跟鞋踩了男士 B 一脚，B 在剧烈疼痛之下大骂 A 瞎了眼睛乱踩。
>
> 　　A 很抱歉地对 B 说："对不起啊兄弟，看把你给痛的，我也心疼啊。姐看看你伤得怎样了？"说着试图艰难地弯下腰去看该男士受伤的情况。
>
> 　　B 有点儿不好意思，咕哝了一声"没事"，就挤到一边去了，一场冲突化解于无形。

　　A 女士亲切地称对方为兄弟，自称是对方的姐姐，这种"人情牌"对于我国日常冲突的化解，具有非常奇妙的作用。

（四）寻求第三方协调

　　如果冲突的某一方固执己见，不愿意妥协，那么光靠冲突各方自己的力量解决冲突希望就不大了。这时，可以请双方都信任的第三方来发挥协调作用。这个第三方可以是顶头上司，或者是地位较高有声望的人。

（五）尝试创造性地解决问题

　　一个问题的解决有多种方案，多种方法。我们要根据不同的冲突采取灵活多样的方式。比如：对于情绪激动、失去理智争吵的下属，上司可用"以静制动"的方式对待，因为和下属比音量、比气势，既有损于领导的形象和威严，也无利于冲突的化解。对于那些性格强硬、拒不合作的对手，可以采取"以柔克刚"的方式，当我们与对方沟通时放慢语速、温婉交谈、耐心倾听时，对方的怨气也就会逐渐消散。对于那些强词夺理、刻意刁难的人，则要予以严厉驳斥，以阻止他无休止的纠缠。

　　在考虑和选择冲突的处理方法时，除了要因人而异、因时因地而异，尽量做到灵活性之外，还可以尝试着跳出惯性思维的桎梏和常规解决办法的束缚，用创新性的方法建设性地处理冲突。

【思考与练习】

一、人际冲突管理能力自测

（一）请根据自己的实际情况，选择一个最适宜你的答案。

1. 假如你与同事产生了矛盾，关系开始紧张起来，你会怎么办？

A. 他不理我，我也不理他；他若主动打招呼我，我也与他打招呼

B．请别人帮助，缓和我们之间的紧张关系

C．从此不再答理他，并找机会报复他

D．我将主动去接近对方，争取消除矛盾

2．如果你被人误解干了某件不好的事情，你将怎么办？

A．找他们对质，指责他们

B．同样捏造莫须有的事情加在对方头上

C．置之一笑，不予理睬

D．要求单位调查，弄清事实真相

3．如果你的父母之间关系紧张，你将怎么办？

A．谁厉害倒向谁一边

B．采取不介入的态度，不得罪任何人

C．谁正确就站在谁一边

D．努力调解两人之间的关系

4．假如你的父母老是为一些小事争吵不休，你会怎么办？

A．根据自己的判断，支持其中正确的一方

B．尽量少回家，眼不见为净

C．设法阻止他们争吵

D．威胁他们如果再争吵就不理他们了

5．假如你的朋友和你发生了严重的意见分歧，你将怎么办？

A．暂时避开这个问题，以后再说

B．请与我俩都亲近的第三者确定谁是谁非

C．为了友谊，迁就对方，放弃自己的观点

D．下决心中断我们之间的朋友关系

6．当别人嫉妒你所取得的成就时，你将怎么办？

A．以后再也不冒尖了

B．走自己的路，不管别人对我持什么态度

C．同这些嫉妒者进行争辩，保护自己的名誉

D．一如既往地工作，但同时反省自己的行为

7．假如需要你去处理一件事，这件事的处理结果可能会得罪你的两个朋友，你怎么办？

A．向他们两个说明这件事的性质，想办法取得他们的谅解，再处理这件事情

B．瞒住他们悄悄把这件事情处理完

C．事先不告诉他们，事后再告诉得罪的一方

D．为了不得罪他们两个，宁可不顾当事人，而不去做这件事

8．假如你的一位好朋友虚荣心太强，使你看不惯，你会怎么办？

A．检查一下对方的虚荣心是否与自己有关

B．利用各种机会劝导他（她）

C．听之任之，以保持良好的关系

D．只要他有追求虚荣心的表现，就和他争吵

9．假如你对某一问题的正确看法被上司否定了，你将怎么办？

A．向上司反映，争取得到上司的支持

B．消极行事，以发泄自己的不满

C．一如既往地认真工作，在恰当的时候向上司陈述自己的看法

D．同上司争辩

10．假如你与朋友在假日活动的安排上意见很不一致，你会怎么办？

A．双方意见都不采纳，另外商量双方都不反对的意见

B．放弃自己的意见，接受朋友的主张

C．与朋友争论，迫使朋友接受自己的意见

D．届时自己单独活动，不和朋友一起度假

（二）记分办法

根据下面的表格，将各题的得分相加，统计总分：

选项＼题号	1	2	3	4	5	6	7	8	9	10
A	1	1	0	1	3	0	3	2	2	2
B	2	0	1	0	2	2	1	3	1	3
C	0	3	2	3	1	1	2	0	3	0
D	3	2	3	2	0	3	0	1	0	1

0～6分：表明处理人际冲突的能力很弱

7～12分：表明处理人际冲突的能力较弱

13～18分：表明处理人际冲突的能力一般

19～24分：表明处理人际冲突的能力较强

25～30分：表明处理人际冲突的能力很强

二、案例分析

【案例一】

上周五的一个课间，林萧因急事急匆匆从外面跑进教室。没想到，还没跑到自己的位置，就被杨雷的脚绊倒了。当时他正将腿伸到过道上跟同学聊天。顿时，林萧摔了个跟头，杨雷的脚也被踩痛了。可还没等林萧爬起来，杨雷就生气地吼道："你没长眼睛呀，怎么往我脚上踩呀？"

问题：如果你是林萧，你会怎么办？

【案例二】

牛彦对她的上司很不满，常忍不住当面明嘲暗讽、背后牢骚满腹。牛彦认为，上司的一些做法令人十分恼火，比如，他为了送孩子上学经常迟到，到之前牛彦和同事们已经安排好了一天的工作计划，但上司一来就让他们先处理他交给的任务。这种打破下属工作计划的习惯让人气愤，因为下属得重新安排计划，经常是一圈忙下来都错过中午就餐的最佳时间了。

牛彦是完美型性格的人，对更改计划感到尤其痛苦，而这一切只是为了方便总是迟到的上司！现在牛彦看到上司都害怕，因为这意味着自己的工作安排又得改变了。

牛彦很希望上司能留意到她难看的脸色，感觉到她的处境，能把时间安排得好一些。但她发现上司还是每天我行我素。现在她真的不知道该怎么做才好。

问题：

1. 牛彦面对与上司的矛盾冲突，采取的处理方式恰当吗，为什么？

2. 你认为牛彦该如何处理，才能让上司乐意改变工作方式？

三、沟通反思

完整描述你与别人发生的最激烈的冲突，或你观察到的一次他人之间的激烈冲突。并作以下分析：

1. 这次冲突的原因和结果。

2. 冲突双方所运用的处理模式是什么，是否有效？

3. 对方具体运用了什么沟通策略，这些策略的效果如何？

4. 如果冲突处理的结果是消极的，经过本章的学习，你认为运用什么冲突处理模式和策略会产生更积极的结果？

参考文献

1. 〔美〕梅尔·西尔伯曼等著,杜华译:《人际智慧:高效沟通的 8 项修炼》,北京:团结出版社,2013 年。

2. 〔美〕莫里克·罗森伯格等著,段鑫星等译:《最靠谱的行为观察术:人际交往中的识人相处之道》,北京:人民邮电出版社,2013 年。

3. 〔美〕科里·帕特森等著,毕崇毅译:《关键对话:如何高效能沟通》(第二版),北京:机械工业出版社,2012 年。

4. 〔美〕罗杰·费希尔等著,王燕译:《沟通力》(第二版),北京:中信出版社,2012 年。

5. 〔美〕戴尔·卡耐基著,朱凡希、王林译:《人性的弱点》(第二版),南京:译林出版社,2012 年。

6. 〔美〕科里·弗洛伊德著,《沟通的力量》,北京:机械工业出版社,2011 年。

7. 〔美〕道德拉斯·斯通著,王甜甜译:《高难度谈话》,北京:中国城市出版社,2011 年。

8. 〔美〕约翰·格雷著,黄钦、尧俊芳译:《男人来自火星,女人来自金星》,长春:吉林文史出版社,2010 年。

9. 〔美〕马克·郭士顿著,苏西译:《只需倾听》,重庆:重庆出版社,2010 年。

10. 〔美〕马修·麦肯等著,灵思泉、蒋亮智译:《720°全景沟通》(第三版),北京:京华出版社,2010 年。

11. 〔美〕马蒂·布朗斯坦著,《有效沟通》,北京:机械工业出版社,2009 年。

12. 〔澳〕克里斯·科尔等著,刘永俊等译:《怎样说话才打动人:智慧沟通的 35 种策略》(第二版),北京:中央编译出版社,2005 年。

13. 〔美〕艾伦·加纳著,林华译:《谈话的力量》,北京:水利水电出版社,2004 年。

14. 〔美〕苏珊娜·杰纳兹、卡伦·多德、贝丝·施奈德著,时启亮、杨静译:《组织中的人际沟通技巧》(第 3 版),北京:中国人民大学出版社,2011 年。

15. 石真语、孙科炎:《怎么沟通领导才放心,怎么做事领导才信任》(第二版),北京:电子工业出版社,2012 年。

16. 钱振波:《上司与下属沟通秘籍》,北京:清华大学出版社,2012 年。

17. 赵瑜让:《别人喜欢你的 18 种沟通方式》,北京:中国纺织出版社,2011 年。

18. 齐忠玉、孙科炎:《与下属沟通的 7 个技术》,北京:中国电力出版社,2010 年。
19. 齐忠玉、孙科炎:《与客户沟通的 7 个技术》,北京:中国电力出版社,2010 年。
20. 易书波:《中层沟通技巧》,北京:北京大学出版社,2008 年。
21. 刘爱华:《经理人有效沟通技巧》,北京:北京大学出版社,2008 年。